社会的養護入門

芝野松次郎・新川泰弘・山川宏和

[編著]

ミネルヴァ書房

はじめに

　近年，児童虐待の防止対策の強化が図られているものの，全国の児童相談所における児童虐待相談件数は増加の一途を辿っており，深刻な児童虐待事件も後を絶たない。子育てのプレッシャー，子育て家庭の地域社会における孤立，経済的に苦境に陥った子育て家庭の貧困，地域のつながりの希薄化などさまざまな要因が児童虐待へとつながっていると思われる。そのため，児童虐待の予防的支援とともに児童虐待を受けた子どもと保護者への支援を質・量ともに拡充することが求められている。

　日本においては，保護者から適切な養育を受けられない子どもへの養育支援と，養育に困難を抱える家庭への子育て支援を含めて，すべての子どもの成長・発達を育む環境が保障されている。また，児童福祉法は，2016（平成28）年に改正され，児童虐待の発生予防から，被虐待児とその家族の自立支援までの一連の対策を強化するために，子どもの権利条約の理念の要である「子どもが権利の主体であること」と，「子どもの最善の利益の考慮」を踏まえ，児童福祉の理念が明確になっている。その後，厚生労働省の新たな社会的養育の在り方に関する検討会は，2011（平成23）年7月に示された「社会的養護の課題と将来像」を全面的に見直し，2017（平成29）年8月に，「全ての子どもの育ちを保証する観点から」子どもの育ちの環境としての実家庭（birth family）から，保護の必要性がある場合の実家庭に替わる代替養育までの全体を俯瞰する新たな社会的養育の在り方を提示することを目的として「新しい社会的養育ビジョン」を公表している。

　この「新しい社会的養育ビジョン」が発表されるよりも少し前の2015（平成27）年4月からは「子ども・子育て支援新制度」に基づいて，子どもや家庭を取り巻く様々な環境の変化等に対応した新たな子どもの育ちの支援と子育て家庭への支援が始まっており，2017（平成29）年3月31日には，「保育所保育指針」が約10年ぶりに改定されている。また，保育士養成課程を見直すための検討がなされ，新たな保育士養成課程が2019（平成31）年度から適用されている。そして，見直し後「社会的養護Ⅰ（講義2単位）」「社会的養護Ⅱ（演習1単位）」の内容も再度，検討されたのである。

　保育士には，社会的養護の理念，理論，歴史，法・制度と子どもと家庭への支援を学ぶことが，より重要なものであることが再度示され，本書は，それを学ぼうとする人のために編まれたものである。保育士が子どもと子育て家庭を支援するためには，社会的養護に関する実にさまざまな基礎的あるいは専門的な知識や技術が必要となるが，本書では，そうした内容を網羅して取り上げている。

　本書では，第1章「現代社会における社会的養護の意義」，第2章「社会的養護の歴史的変遷」，第3章「社会的養護の基本，制度，法体系」，第4章「社会的養護の仕組みと実施体系」，第5章「里親，ファミリーホーム，養子縁組」，第6章「社会的養護の実際①

児童養護施設，児童自立支援施設，自立援助ホーム」，第7章「社会的養護の実際②　乳児院，母子生活支援施設，児童心理治療施設」，第8章「社会的養護の専門職」，第9章「社会的養護の施設等の運営管理」，第10章「社会的養護における子ども理解と支援の実際」，第11章「社会的養護における生活特性と支援の実際」，第12章「社会的養護における支援の計画と記録及び自己評価」，第13章「母子生活支援施設におけるDV被害者・被虐待児と家庭への支援」，第14章「社会的養護に関わる専門的技術」，第15章「社会的養護の課題と展望」から構成されている。各章の終わりには，内容の確認・応用・深化のために，「演習問題」を設けている。また，第10章〜14章においては，「演習事例」が提示されているので，事例を通してさまざまな問題について考えることができる。なお，「演習課題」に対応した「解説」を設けているので，個人でもグループでも省察を通して学びを深めることができる。

　さらに，これ加えて，「ケアリーバー」「アフターケア」「子ども理解と支援」「里親支援専門相談」「小規模化」「地域分散化」「多機能化」「地域小規模児童養護施設」「要保護児童対策地域協議会」「子どもの権利擁護」といった社会的養護にかかわる重要なトピックスを取り上げて，コラムで解説している。

　全編を通して，社会的養護の理念，理論，歴史，法・制度と子どもと家庭への支援に精通している専門家が各章とコラムを執筆担当している。本書により，社会的養護の理念，理論，歴史，法・制度と子どもと家庭を支援する専門的知識・技術を学ばれ，将来，子どもと子育て家庭の支援を担う専門職になっていただくことになれば，編者にとって望外の幸せである。

　最後に，本書の出版を快くお引き受けいただいたミネルヴァ書房に，とりわけいろいろとご助言ご援助をいただいた編集部長の浅井久仁人氏に，心より厚くお礼申し上げたいと思う。

編者一同

社会的養護入門　**目　次**

は じ め に
『社会的養護入門』と「保育士養成課程新カリキュラム」との対応表

コラム

『社会的養護入門』と「保育士養成課程新カリキュラム」との対応表

『社会的養護入門』	保育士養成新カリキュラム 「社会的養護Ⅰ」と「社会的養護Ⅱ」
1．現代社会における社会的養護の意義	1．現代社会における社会的養護の意義と歴史的変遷 （1）社会的養護の理念と概念 （2）社会的養護の歴史的変遷
2．社会的養護の歴史的変遷	
3．社会的養護の基本，制度，法体系	2．社会的養護の基本 （1）子どもの人権擁護と社会的養護 （2）社会的養護の基本原則 （3）社会的養護における保育士等の倫理と責務 3．社会的養護の制度と実施体系 （1）社会的養護の制度と法体系 （2）社会的養護の仕組みと実施体系
4．社会的養護の仕組みと実施体系	
5．里親，ファミリーホーム，養子縁組	4．社会的養護の対象・形態・専門職 （1）社会的養護の対象 （2）家庭養護と施設養護
6．社会的養護の実際①　児童養護施設，児童自立支援施設，自立援助ホーム	
7．社会的養護の実際②　乳児院，母子生活支援施設，児童心理治療施設	
8．社会的養護の専門職	4．社会的養護の対象・形態・専門職 （3）社会的養護に関わる専門職
コラム1．「里親支援専門相談」	
9．社会的養護の施設等の運営管理	5．社会的養護の現状と課題 （1）社会的養護に関する社会的状況 （2）施設等の運営管理 （3）被措置児童等の虐待防止 （4）社会的養護と地域福祉
コラム2．「児童養護施設における小規模化・地域分散化・多機能化の取り組み」	
10．社会的養護における子ども理解と支援の実際	1．社会的養護の内容 （1）社会的養護における子どもの理解 （2）日常生活支援 （3）治療的支援 （4）自立支援
コラム3．「社会的養護における子どもの理解と支援」	
11．社会的養護における生活特性と支援の実際	2．社会的養護の実際 （1）施設養護の生活特性及び実際 （2）家庭養護の生活特性及び実際
コラム4：「社会的養護経験者の思いを知る──インケアとつながるアフターケア」	
12．社会的養護における支援の計画と記録及び自己評価	3．社会的養護における支援の計画と記録及び自己評価 （1）アセスメントと個別支援計画の作成 （2）記録及び自己評価
コラム5．「地域小規模児童養護施設（ホーム）での取り組み」	
13．母子生活支援施設におけるDV被害者・被虐待児と家庭への支援	4．社会的養護に関わる専門的技術 （1）保育の専門性に関わる知識・技術とその実践 （2）社会的養護に関わる相談援助の知識・技術とその実践
コラム6．「児童養護施設における子どもの権利を擁護するための支援」	
14．社会的養護に関わる専門的技術	
コラム7．「要保護児童対策地域協議会における発達支援相談票の活用」	
15．社会的養護の課題と展望	5．今後の課題と展望 （1）社会的養護における家庭支援 （2）社会的養護の課題と展望

第1章　現代社会における社会的養護の意義

　文献を読んだり，人と議論をしたりする際には，共通の言語あるいは概念をもつ必要がある。そうでなければ，お互いに同じ用語を使っていても，その意味するところが違ってくることになる。

　そこで，本章では，まず社会的養護と，社会的養育，代替的養護，家庭養護，家庭的養護など，それに関連する用語について，概念整理をおこなう。

　続いて，社会的養護の基本的考え方と体系について，社会的養護の意義，社会的養護の理念，社会的養護の原理，の3つの観点から解説する。

　最後に，社会的養護の現状と方向について解説する。なお，現状については，子ども家庭福祉相談，社会的養護のもとで生活する子どもたちの状況，社会的養護の利用理由，虐待により死亡した子どもの状況を取り上げている。

1．社会的養護と関連概念

（1）社会的養護の定義

　社会的養護に関する共通の定義はないが，厚生労働省では，「保護者のない子どもや，保護者に監護させることが適当でない子どもを，公的責任で社会的に養育し，保護するとともに，養育に大きな困難を抱える家庭への支援を行うこと」（厚生労働省HPを一部修正）としている。ここでいう保護者とは，特別の場合を除き，「親権を行う者，未成年後見人その他の者で，児童を現に監護する者」（児童福祉法第6条）を指す。多くの子どもの場合，親（養親，養父母を含む）ということである。

　「保護者に監護させることが適当でない状況」とは，「保護者が監護することが十分にできない状況」も含む。具体的には，虐待，薬物依存，心身疾患や障がい，拘禁状況等であって，保護者の家庭において，日常的に養育することが困難な状況などが該当する。

　一方，社会的養護は限定的，硬直的にとらえてはならない。制度的には，独立させてとらえることも可能であるが，これはサービス供給者側あるいは制度設計者側の論理に過ぎない。生活者の側に立つと，日常生活の連続線上に重なりあって存在するものである。すなわち家庭養育，社会的養育，社会的養護の境界を明確化したり，自分自身が利用したサービスが社会的養護なのか，社会的養育なのかを考えたりすることは意味がない。社会的養護に限

らず，福祉サービスは，常に利用者あるいは生活者の視点で考える必要がある。

（2）社会的養護の関連概念

　社会的養護に関連する概念であって，本著を理解するうえで重要と考えられる，①社会的養育，②代替的養護，③家庭養護，④家庭的養護，⑤要保護児童，⑥要支援児童，⑦特定妊婦，⑧里親等委託率，の８項目について簡単に紹介しておく。

① 社会的養育

　社会的養育は，『新しい社会的養育ビジョン』（新たな社会的養育の在り方に関する検討会 2017）以降に積極的に使われるようになった概念である。この報告書では明確に定義しているわけではないが，表１-１のように説明している。

　この説明によると，社会的養育は，社会的養護よりは広い概念であり，保育所も含む福祉に限らず，保健や医療など，さまざまな在宅サービスを積極的に位置づけている。

② 代替的養護

　代替的養護は，子どもが親権者である保護者のもとを離れ，措置制度など，公式の手続きを経て，別の養育者（制度的に親権行使者となるか否かは問わない）もしくは養育の場で生活することをいう。具体的には，乳児院，児童養護施設，里親家庭などでの生活である。養子縁組を含める場合もある。代替的ケア，代替養護，代替的養育，代替的監護，分離保護，分離ケアなどと表記されることもある。

　子どもの権利条約（児童の権利に関する条約）等では，「alternative care」と表記されている。

③ 家 庭 養 護

　家庭養護とは，里親および小規模住居型児童養育事業（以下，ファミリーホーム）における養育のことをいう。論者によっては，養子縁組をこれに含

表 1-1　社会的養育の概念

> 　社会的養育の対象は全ての子どもであり，家庭で暮らす子どもから代替養育を受けている子ども，その胎児期から自立までが対象となる。そして，社会的養育は，子どもの権利，子どものニーズを優先に，家庭のニーズも考慮して行われなければならない。そのためには，子育て支援事業を中心とした支援メニューの充実のみならず，基礎自治体である市区町村において子どもと家庭の個別的支援ニーズを把握し，それに応じた適切な支援を構築するソーシャルワークが必要である。

出典：新たな社会的養育の在り方に関する検討会（2017：6-7）。

めている場合もある。児童福祉法では，これを「家庭における養育環境と同様の養育環境」（児童福祉法第3条の2）と説明している。

子どもの権利条約等では，「family-based care（setting）」と表記されている。

④　家庭的養護

家庭的養護とは，小規模な施設における，小規模な生活単位での養育のことをいう。地域小規模児童養護施設や小規模グループケアの取り組みがこれに該当する。児童福祉法では，これを「できる限り良好な家庭的環境」（児童福祉法第3条の2）と説明している。

子どもの権利条約等では，「family-like care（setting）」と表記されている。

⑤　要保護児童

要保護児童とは，「保護者のない児童又は保護者に監護させることが不適当であると認められる児童」（児童福祉法第6条の3第8項）をいう。冒頭に示した厚生労働省による社会的養護の定義は，これを根拠にしている。

具体的には，保護者が家出，死亡，離婚，入院，服役などの状況にある子どもや，虐待を受けている子ども，非行傾向のある子ども，心理面で支援が必要な子どもなどがこれに含まれる。

⑥　要支援児童

要支援児童とは，「乳児家庭全戸訪問事業の実施その他により把握した保護者の養育を支援することが特に必要と認められる児童（要保護児童を除く）」（児童福祉法第6条の3第5項要約）をいう。

具体的には，育児不安（育児に関する自信のなさ，過度な負担感等）を有する親の下で監護されている子どもや，養育に関する知識が不十分なため不適切な養育環境に置かれている子どもなどがこれに含まれる。

要保護児童と要支援児童は明確に分断されるものではなく，連続性のある概念ととらえることが重要である。

⑦　特 定 妊 婦

特定妊婦とは，「出産後の養育について出産前において支援を行うことが特に必要と認められる妊婦」（児童福祉法第6条の3第5項）をいう。

具体的には，妊娠中から家庭環境におけるハイリスク要因を特定できる妊婦であり，不安定な就労等収入基盤が安定しないことや家族構成が複雑，親の知的・精神的障がいなどで育児困難が予測される場合などがある。

⑧　里親等委託率

里親等委託率は，国際比較でも用いられる概念で，里親，ファミリーホーム，乳児院および児童養護施設で生活している子どものなかで，里親および

ファミリーホームで生活している子どもの割合のことをいう（児童養護施設等の社会的養護の課題に関する検討委員会・社会保障審議会児童部会社会的養護専門委員会2011：5）。家庭養護委託率と表記されることもある。

　この定義では，一般に，社会的養護関係施設等ととらえられる，児童心理治療施設，児童自立支援施設，母子生活支援施設，児童自立生活援助事業（以下，自立援助ホーム）が，分母に含まれていないため実際より高い値となることに留意する必要がある。

2．社会的養護の基本的考え方と体系

（1）社会的養護の意義

　社会的養護の定義の項で示したように，社会的養護は，連続した概念である。これを，対象となる子どもの方からみると，すべての子どもが対象となっているということになる。社会的養護の意義は，このような視点から考える必要がある。以下，子どもの視点，保護者の視点，社会の視点から，その意義を考える。

　子どもにとっての意義は，深刻な社会的養護問題に陥らないように予防的な役割があるということである。養護問題が発生すると，保護者とともに，自らの育ちを支える存在となり，さらに深刻化すると，里親や施設などの社会的養護制度が，保護者に代わって直接的な養育の主体となる。保護者による養育が期待できないと判断された場合には，養子縁組など，新たに親権をおこなうものを確保する仕組みにつなぐことになる。すなわち，子どもにとっての意義は，保護者がいかなる状況であっても，子どもの最善の利益を考慮した養育の主体が確保され，適切な養育が図られるということである。

　保護者にとっての意義は，自らの養育を支えてくれるものであるということである。保護者の養育能力はそれぞれ異なる。また，保護者中心の養育が困難となった場合に，自ら活用できる私的資源も人によって異なる。社会的養護は，保護者の置かれている状況に応じて，必要なサービスを提供することで，できるだけ，保護者主体の養育環境を確保するということである。

　社会にとっての意義は，すべての子どもを視野に，必要に応じて，社会的養護施策を導入することで，子どもの養育を確保することができるということである。SDGs（Sustainable Development Goals：持続可能な開発目標）では，誰一人取り残さない（leave no one behind）という理念を掲げているが，社会的養護はそれにかかわるものといっても良い。

（2）社会的養護の理念

　社会的養護関係施設（乳児院，児童養護施設，母子生活支援施設，児童自立支援施設，児童心理治療施設），自立援助ホームには，種別ごとの「運営指針」，里親およびファミリーホームについては「養育指針」を明らかにし，ケアの標準を示している。

　そのなかでは，社会的養護の共通の基本理念として，① 子どもの最善の利益のために，② すべての子どもを社会全体で育む，の2つを掲げている。これが，広い意味での，わが国の社会的養護の援助観になる。

　「子どもの最善の利益のために」とは，子どもの権利擁護を図ることを目的として，「全て児童は，児童の権利に関する条約の精神にのつとり，適切に養育されること，その生活を保障されること，愛され，保護されること，その心身の健やかな成長及び発達並びにその自立が図られることその他の福祉を等しく保障される権利を有する」（児童福祉法第1条），「児童に関するすべての措置をとるに当たっては，公的若しくは私的な社会福祉施設，裁判所，行政当局又は立法機関のいずれによって行われるものであっても，児童の最善の利益が主として考慮されるものとする」（子どもの権利条約第3条第1項）などの規定を実現することである。

　「すべての子どもを社会全体で育む」とは，保護者の適切な養育を受けられない子どもを，公的責任で社会的に保護・養育するとともに，養育に困難をかかえる家庭への支援をおこなうことをいう。児童福祉法では，子どもの養育の第一義的責任を保護者に課しつつも，国や地方公共団体にも，同様に養育の責任を課している。さらに，国民には努力義務として課している（表1-2）。

表1-2　児童育成の責任（児童福祉法第2条）

> 　第1項　全て国民は，児童が良好な環境において生まれ，かつ，社会のあらゆる分野において，児童の年齢及び発達の程度に応じて，その意見が尊重され，その最善の利益が優先して考慮され，心身ともに健やかに育成されるよう努めなければならない。
> 　第2項　児童の保護者は，児童を心身ともに健やかに育成することについて第一義的責任を負う。
> 　第3項　国及び地方公共団体は，児童の保護者とともに，児童を心身ともに健やかに育成する責任を負う。

（3）社会的養護の原理

　前項に示した施設種別ごとの運営指針では，社会的養護の共通の原理として，① 家庭的養護と個別化，② 発達の保障と自立支援，③ 回復をめざした支援，④ 家族との連携・協働，⑤ 継続的支援と連携アプローチ，⑥ ライフ

サイクルを見通した支援，の6つを掲げている。社会的養護の実践においては，この6つの原理を意識した取り組みが必要である。以下，これらの原理について簡単に解説する。

① 家庭的養護と個別化

　子どもは，安心と安全を実感できる場で，できるだけ安定した大人との関係のもとで育つことが必要である。社会的養護サービスを利用する子どもには，安心と安全を実感できる場での生活経験が少ないものが多い。このような状況を受け止め，一人ひとりに合った援助（個別化）を実現するには，家庭的養護体制が必要である。それをより実現する可能性があるのが，家庭養護である。

② 発達の保障と自立支援

　子どもは，育てられる存在であると同時に，自ら育つ力をもつ存在でもある。育ちとは，発達という言葉で言い換えることも可能である。「育ち，育てられる関係」を通じて，子どもは成長発達し，自立していく。子どもたちの育ちの目標は，自立にある。社会的養護サービスを利用する子どもたちにおいてもこれは同様である。すなわち，社会的養護の目標は，発達の保障と自立ということである。

③ 回復をめざした支援

　社会的養護を必要とする子どものなかには，虐待体験や分離体験などにより，心身にさまざまな傷を負っているものも少なくない。このような経験は，自己肯定感を低くさせ，時には，生きていることの意味を否定したり，自暴自棄になったりすることもある。社会的養護サービスのもとで生活している子どもたちの支援では，自己肯定感を取り戻し，「生きていていいんだ」，「自分のせいで，家族の問題が発生しているのではない」など，前向きに生きていく力を回復するための取り組みが必要である。

④ 家族との連携・協働

　社会的養護の目標は，家族との関係の再構築にある。支援の実践においては，保護者の生きる力の回復や支援をしつつ，親子関係を再構築していくための取り組みが必要となる。なお，親子関係の再構築とは，一緒に住むことだけを指すのではない。親子の心理的関係を維持しながら別々に暮らすことも再構築の形態のひとつである。

⑤ 継続的支援と連携アプローチ

　社会的養護の支援はどこまで必要かということに対する結論を出すことはなかなか困難である。支援においては，その始まりからアフターケアまでの「継続性」と，できる限り特定の養育者による養育の「一貫性」が望まれる。また，そのプロセスでは，特定の養育者あるいは少数の養育者グループを核

にした，他機関，他資源との連携による取り組みが求められる。

⑥　ライフサイクルを見通した支援

　子どもはやがて成人し，社会生活を営む必要がある。たとえば，就労の安定，家族の形成，子育てする親としての養育能力などは，社会的養護のもとで育つ子どもには，一般の家庭で育つ子どもよりも，より重要となる。

　さらに，子ども期の育ちという視点のみならず，その子が大人あるいは親になった時の生活を意識した見守り体制と，社会的養護システムとを，どのように連続あるいは継続させていくかという視点が求められるということである。いわゆる，切れ目のない支援である。

（4）社会的養護の体系

　社会的養護は，家庭養育から親子分離による公的資源を中心とした養護までの連続線上でとらえる必要がある。その境界線は曖昧で，論者によって，分類が変わることもある。ここでは，より広義にとらえた体系を示しておく（図1-1）。

　在宅養護は，保護者が公的資源に積極的に支援を求めてきたり，保護者は消極的である場合であっても，公的資源が子どもにとっての必要性を認識し，生活拠点は家庭においたままで，積極的にかかわったりする際に活用されるサービスである。

　具体的には，児童相談所，子ども家庭総合支援拠点，養育支援訪問事業，子育て短期支援事業（ショートステイ，トワイライトステイ）などがある。

　家庭養護は，前節で解説したように，子どもが定位家族から離れ，里親，ファミリーホームなど，原則として，代替養育者の家庭で生活する形態をいう。

　自立援助ホームは，家庭養護の要素と施設養護の要素の双方が混在した生

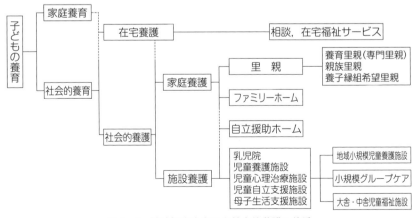

図1-1　関連概念も含めた社会的養護の体系

出典：筆者作成。

活形態である。

　施設養護は，子どもが定位家族から離れ，家庭的養護をめざしつつ，集団を基盤とする施設で生活する形態をいう。これには，乳児院，児童養護施設，児童心理治療施設，児童自立支援施設が該当する。母子で生活する母子生活支援施設も社会的養護の施設と位置づけることが可能である。

3．社会的養護の現状と方向

（1）社会的養護の現状

① 子ども家庭福祉相談

　児童相談所における相談受付件数は，統計が公表され始めた1955年以降，3回，急上昇している。1回目は，1950年代半ばから1960年代半ばまでの時期で高度経済成長期にあたる。2回目は，1990年頃からの10数年間で，バブル経済崩壊後の不況の時期である。3回目は2015年前後から現在までで，子どもの貧困や虐待が社会的関心を集めるようになった時期であり，2018年度には50万件を超え，2019年度には55万件近くとなっている。

　相談種別では，一貫して第1位を占めていた障がい相談を，2015年度に養護相談が超える状況となった。その後も養護相談は増え続け，2019年度には全体の49.0％と，ほぼ5割となっている。ちなみに，このうち73.4％（全体の36.0％）は，子ども虐待相談である。

　市町村については，児童福祉法改正で，子ども家庭福祉相談の第一義的窓口と位置づけられた2005年度以降の統計であるが，増加の一途をたどり，2019年度には45万件近くとなっている。

　相談種別では，一貫して養護相談が多く，2019年度では59.2％を占めている。子ども虐待相談は，このうち57.1％（全体の33.8％）である（図1-2）。

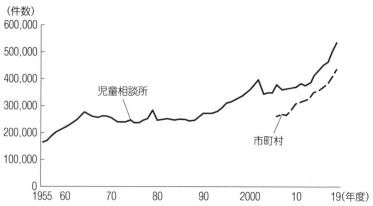

図1-2　児童相談所および市町村における子ども家庭福祉相談受付件数

出典：福祉行政報告例（厚生労働省）各年板をもとに，筆者作成。

② 社会的養護のもとで生活する子どもたち

　社会的養護のもとで生活する子どものうち，里親等委託率に関係する施設等で生活するものは，1960年前後は４万７千人程度であったが，その後2000年前後までは減少した。2000年から2010年頃まで再び増加したが，その後は再度減少し，ここ数年は再び増加傾向にある。

　生活の場所は一貫して児童養護施設が多いが，家庭養護推進のなかで，近年は減少傾向にあり，里親およびファミリーホームの増加傾向が明らかである（図1-3）。

　里親等委託率は，1960年頃までは20％前後であったが，その後低下し，1976年度には10％を割り込み，2000年前後は６％程度に過ぎなかった。その後は，上昇の兆しを見せ始め，2008年度には10％を，2017年度には20％を超えた。2019年度では，21.8％にまで回復している。

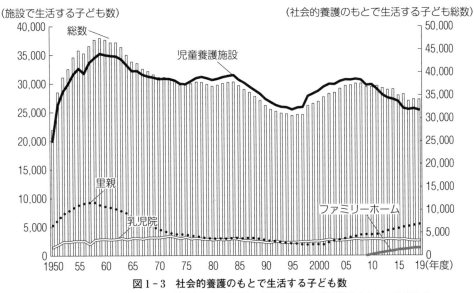

図1-3　社会的養護のもとで生活する子ども数

出典：社会福祉施設等調査（厚生労働省），福祉行政報告例（厚生労働省）各年版をもとに，筆者作成。

③ 社会的養護関係施設等の利用理由

　社会的養護関係施設等の利用理由は，表1-3の通りである。

　支援目的を特定化している児童自立支援施設については，「児童の問題による監護困難」が多くなっているが，家庭養護（里親，ファミリーホーム），乳児院，児童養護施設では虐待を理由とするものが多い。

　児童心理治療施設では，両者がほぼ半々である。これは，発達障害など，心理支援の必要な子どもは，障がいに対する保護者の理解が十分でないと虐待に結びつきやすいということを意味している。主な項目を一つ選ぶという回答方式であるため，児童自立支援施設の利用理由として虐待は20％程度に

表1-3　社会的養護関係施設等の利用理由

	乳児院	児童養護施設	児童自立支援施設	児童心理治療施設	里親・ファミリーホーム
両親の死亡・行方不明	1.9	5.3	1.2	1.5	18.6
両親の離婚・未婚・不和	6.4	2.9	2.1	0.4	2.6
両親の拘禁・入院等	7.1	7.7	0.7	1.7	5.8
両親の就労・経済的理由	10.3	9.2	0.5	1.0	8.1
両親の精神疾患等	23.4	15.6	3.0	7.2	13.3
虐待・放任・酷使・棄児等	32.6	45.2	19.4	39.6	40.2
児童の問題による監護困難	1.3	4.3	69.5	41.4	2.5
その他	16.6	9.2	2.9	6.0	8.0
不　詳	0.5	0.6	0.6	1.2	0.9
総　　数	100.0 (3,023)	100.0 (27,026)	100.0 (1,448)	100.0 (1,367)	100.0 (6,895)

出典：厚生労働省子ども家庭局（2020）「児童養護施設入所児童等調査結果の概要」（2018年2月1日現在）を修正。

とどまっているが，複数回答の形式の結果では50％台となっており，非行の背景に虐待があることを理解しておく必要がある。

　以上のように，保護者が存在していても，自ら育てることが困難な状況が，現代の社会的養護問題の中心であることがわかる。

④ 虐待による死亡

　厚生労働省の統計では，心中を含めると，年間100人以上の子どもが虐待により死亡していた時期もあったが，その後はやや減少し，ここ5年間は60〜70人程度で推移している（図1-4）。

　心中以外の虐待死についていうと，虐待の種別では，身体的虐待とネグレクトがほぼ半々である。虐待者は少なくとも実母が関係しているものが7割

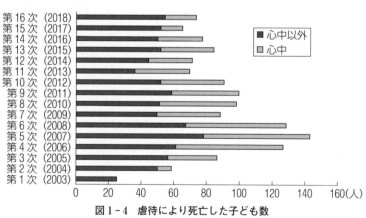

図1-4　虐待により死亡した子ども数

注：第1次報告は対象期間が半年間，第5次報告は1年半である。
出典：社会保障審議会児童部会児童虐待等要保護事例の検証に関する専門委員会（2020）「子ども虐待による死亡事例等の検証結果等について（第16次報告）」。

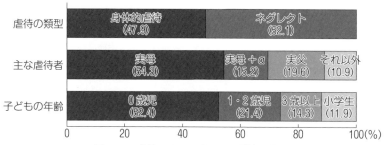

図1-5　虐待により死亡した子どもの状況

注：第16次報告のみのデータ。「不明」は除いて集計。
出典：図1-4に同じ。

を占める。子どもの年齢でみると，0歳児が半数強を占めている（図1-5）。さらに，この多くが新生児であり，妊娠の届出をしておらず，妊婦健診未受診のまま，自宅で出産している場合がほとんどと推察される。

（2）社会的養護の推進方向

① 社会的養護改革の背景

この10年間，社会的養護は，何段階かで大きな変化を遂げてきた。その背景にあるのが，子どもの権利条約（1989），子どもの代替的養育に関する国連ガイドライン（2009），それらに基づく国連子どもの権利委員会の総括所見（第1回1998，第2回2004，第3回2010，第4・5回2019）である。

日本はこれらの勧告のなかで，表1-4に示すような内容を繰り返し受けていた。改革の多くは，これらの指摘への対応としておこなわれたものである。

② 在宅サービス・予防的サービスの強化

社会的養護問題に限らず，福祉問題は発生の予防を第一に考える必要がある。問題の発生がなければ代替的養護は必要がない。早期発見・早期対応により問題が深刻化しなければ，同様に代替的養護の必要性は低い。これは，子どもの権利条約第20条第3項あるいは児童福祉法第3条の2に示す，保護者による養育が可能となるような支援をまず実施するという原則とも一致す

表1-4　第1回から第3回までの国連子どもの権利委員会総括所見の主旨

1．在宅福祉・地域福祉サービスの強化による親子分離の回避
2．分離の際には家庭養護の重視
3．施設は小規模化（定員，生活単位）の推進
4．家庭養護も含めケア期間の短期化，一時的ケア化
5．被措置児童等虐待の根絶と虐待者の訴追
6．子どもの意見の尊重
7．サービスの基準の明示と質の管理

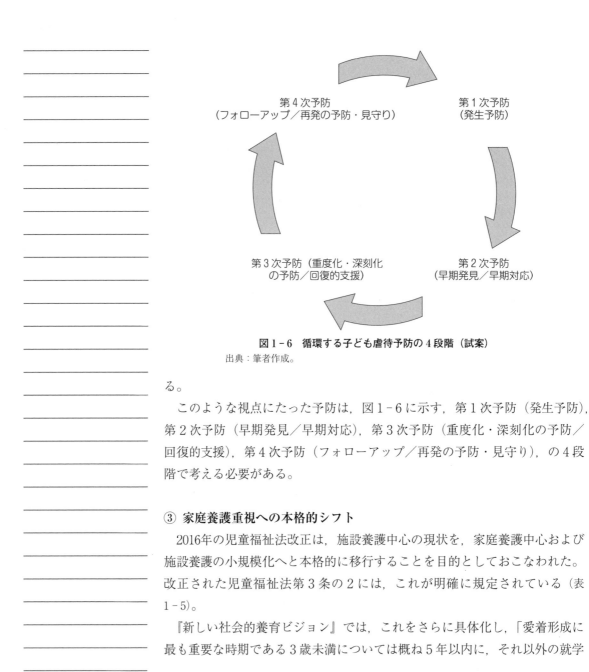

図1-6　循環する子ども虐待予防の4段階（試案）

出典：筆者作成。

る。

　このような視点にたった予防は，図1-6に示す，第1次予防（発生予防），第2次予防（早期発見／早期対応），第3次予防（重度化・深刻化の予防／回復的支援），第4次予防（フォローアップ／再発の予防・見守り），の4段階で考える必要がある。

③　家庭養護重視への本格的シフト

　2016年の児童福祉法改正は，施設養護中心の現状を，家庭養護中心および施設養護の小規模化へと本格的に移行することを目的としておこなわれた。改正された児童福祉法第3条の2には，これが明確に規定されている（表1-5）。

　『新しい社会的養育ビジョン』では，これをさらに具体化し，「愛着形成に最も重要な時期である3歳未満については概ね5年以内に，それ以外の就学

表1-5　児童福祉法第3条の2

> 　国及び地方公共団体は，児童が家庭において心身ともに健やかに養育されるよう，児童の保護者を支援しなければならない。ただし，児童及びその保護者の心身の状況，これらの者の置かれている環境その他の状況を勘案し，児童を家庭において養育することが困難であり又は適当でない場合にあつては児童が家庭における養育環境と同様の養育環境において継続的に養育されるよう，児童を家庭及び当該養育環境において養育することが適当でない場合にあつては児童ができる限り良好な家庭的環境において養育されるよう，必要な措置を講じなければならない。

表1-6　里親等委託率

国名	里親等委託率 （2000年前後）	施設入所児数 ／万人
フランス	53	48
ドイツ	44.6	41.2
イギリス	60	22.6
デンマーク	42.3	60
オースラトリア	91.5	4.2
カナダ	58.5	45.2
アメリカ	76.7	15.4
日本	6.2	15.9

出典：厚生労働省子ども家庭局長（2018：14）を修正。

前の子どもについては概ね7年以内に里親委託率75％以上を実現し，学童期以降は概ね10年以内を目途に里親委託率50％以上を実現するべきである」（新たな社会的養育の在り方に関する検討会 2017：47）という高い目標値を掲げた（2019年度の里親等委託率は21.8％）。ただし，この目標値を達成したとしても，国際的には決して高い割合ではないが，親子分離をできるだけ避けるという観点に着目すると，日本はむしろ低い方である（表1-6）。

　また，この目標値を実現するために，里親支援のためのフォスタリング機関の強化，子どもの養育プランに基づくソーシャルワークの充実，特別養子縁組の積極的推進などが図られている。

　社会的養護におけるこのような取り組みについて，国連子どもの権利委員会は第4・5回総括所見において，「家庭を基盤とする養育の原則を導入した2016年の児童福祉法改正，また，6歳未満の児童は施設に措置されるべきではないとする『新しい社会的養育ビジョン』（2017年）の承認に留意する」（第28パラグラフ）と，一定の評価をしている。ただし，それに続く文書は，「しかしながら，委員会は以下を深刻に懸念する」として，一時保護の短期化，里親の研修・管理の強化，保護された子どもの保護者との面接交渉の制限の緩和など，6つの課題が示されている。

④　施設改革

　表1-5に示したように，施設養護については，「家庭及び当該養育環境（筆者注：家庭養護）において養育することが適当でない場合にあつては児童ができる限り良好な家庭的環境において養育されるよう，必要な措置を講じなければならない」とされている。

　法律の内容を実現する際に重要となるのは，「家庭および家庭養護において養育することが適当でない場合」，および「できる限り良好な家庭的環境」とは何かを明らかにすることである。

『新しい社会的養育ビジョン』では，前者については，① 家庭環境では養育が困難となる問題を持つケアニーズが高い子ども，② 家庭内でのトラウマ体験や里親不調を経験した子どもで，家庭環境に対する拒否感が強い場合，の2つを例示している（27〜28頁）。

後者については，① 特に重視されるべき養育の機能，② 当該養育環境とみなされる要件，③ 生活単位を集合させる必要がある場合，④ 養育以外に必要な機能，の4つに分け，詳細に解説している（28〜29頁）。加えて，「できる限り良好な家庭的環境」については，「小規模施設における，小集団を生活単位とした養育環境を意味しており，具体的には，地域小規模児童養護施設や分園型グループケアを指す」（30頁）としている。

⑤ 子どもの権利擁護システムの構築

国連子どもの権利委員会の総括所見で一貫して指摘されてきた課題が，意見表明権に代表される子どもの能動的権利の保障である。第4・5回総括所見でもこれは継承され，新たに「児童による申立てを児童に配慮した方法で受理，調査，及び対応することが可能な，児童の権利を監視するための具体的メカニズムを含む人権監視のための独立したメカニズムを迅速に設置すること」（第12パラグラフ(a)）という，行政から独立した権利擁護機関の設置を求めている。

『都道府県社会的養育推進計画の策定要領』では，これを受け，社会的養育推進計画への記載事項の2番目に，「当事者である子どもの権利擁護の取組（意見聴取・アドボカシー）」を示している（8頁）。

演習問題

1. 国連子どもの権利委員会第4・5回総括所見を読んで，社会的養護に関するポイントを整理してみましょう。
   (https://www.mofa.go.jp/mofaj/files/100078749.pdf)
2. 家庭養護と施設養護の長所と短所を整理してみましょう。
3. 第1次予防から第4次予防のそれぞれに該当するサービスや制度について，具体的に考えてみましょう。

引用・参考文献
新たな社会的養育の在り方に関する検討会（2017），新しい社会的養育ビジョン。
児童養護施設等の社会的養護の課題に関する検討委員会・社会保障審議会児童部会社会的養護専門委員会（2011）「社会的養護の課題と将来像」

厚生労働省 HP「社会的養護とは」

　　https://www.mhlw.go.jp/stf/seisakunitsuite/bunya/kodomo/kodomo_kosodate/

　　syakaiteki_yougo/index.html　（閲覧日2021年 3 月13日）

厚生労働省子ども家庭局長（2018）「都道府県社会的養育推進計画の策定要領」。

社会保障審議会児童部会児童虐待等要保護事例の検証に関する専門委員会（2020）

　　「子ども虐待による死亡事例等の検証結果等について（第16次報告）」。

（山縣文治）

第2章　社会的養護の歴史的変遷

　本章では，欧米におけるエリザベス救貧法以降の社会的養護に関する制度や人物について，また，日本においては，古代・中世の子どもの救済事業について，そして，明治時代から戦後復興期の社会的養護の主な動向について学ぶ。

1．欧米における社会的養護の歴史的変遷

（1）エリザベス救貧法に見られる孤児対策

▶エリザベス1世

　イギリスでは，16世紀になると，領主や地主が農民から畑や土地を取り上げる囲い込みや，農奴制の崩壊により，多くの農民が浮浪して，ロンドンなどの都市部に流入し，そのために，治安が悪化するなどの社会問題が起こった。そこで，エリザベス1世在位の下，1601年にはそれまでの救貧対策を再編成したエリザベス救貧法が成立した。同法は世界で初めての公的救貧法で，現在の社会福祉，社会保障制度の原点ともいうべきもので，救済の対象を有能貧民，無能貧民，児童に分け，有能貧民には働ける者としてワークハウスにおける労役を課し，傷病や高齢のため働けない者には金銭を支給し，孤児や保護者が養育できない子どもに対しては徒弟奉公を課した。この制度自体の主たる目的は治安維持であり，そこで行われる処遇は成人に対しても現在のような人権保障の観点はなかった。後に社会福祉，社会保障の先進国と呼ばれるイギリスでも，子どもの労働を制限した工場法や義務教育を定めた基礎教育法が制定されたのは19世紀後半のことである。

（2）ルソーによる子どもの発見

▶ルソー

　ルソー（1721-1778）は，『社会契約論』などにより，フランスをはじめ欧米各国の市民革命に大きな影響を与えた人物として知られている。彼は，著書『エミール』において，主人公であるエミールと家庭教師の関わりをとおして，自然教育の重要性を説くとともに，子どもは当時考えられていたような「小さな大人」ではなく，大

人と違う独自の存在であるという新しい子ども観を打ち出した。これがルソーによる「子どもの発見」といわれるものである。これ以降，ルソーの子ども観と教育論は徐々に社会に受け入れられ，フレーベルやペスタロッチなどの後の教育家にも多大な影響を与えた。

（3）バーナードとバーナード・ホーム

▶バーナード
出典：バーナーズHP.

　トーマス・ジョン・バーナード（1845-1905）は，アイルランド出身の社会事業家である。1867年貧民学校に勤め，貧困児童，浮浪児の窮状を目の当たりにし，こうした子どもたちのために，1870年にロンドンのステプニーに施設を創設した。バーナード・ホーム（Dr. Bernado's Home）の始まりである。1876年にはビレッジ・ホームと呼ばれる小舎制の施設を設立したが，その後，この種の施設は，イギリス国内以外にもカナダ，オーストラリア，ニュージーランドなどで100カ所を超えて建てられた。入所児童の里親委託にも精力的に取り組んだ。彼の施設は，現代の児童養護施設の先駆けとして世界に広く認知されており，現在はバーナーズ（Bernado's）と組織名を改称し，里親支援や養子縁組などを中心とした事業をおこなっている。

（4）エレン・ケイと『児童の世紀』

▶ケイ

　エレン・ケイ（1849-1926）はスウェーデンの思想家，女性運動家である。母性の重要性を説き，女性の解放や地位向上に大きく貢献した。著書『児童の世紀』（1900）では，19世紀が女性の世紀だとすれば，20世紀は「児童の世紀」にならなければならないとし，子どもの権利に立った教育を主張することによって，当時の新教育運動において指導的な役割を演じた。白亜館会議を行ったアメリカのセオドア・ルーズベルト大統領も大いに影響を受けている。

（5）セオドア・ルーズベルトと第1回白亜館会議

　17世紀のアメリカの社会福祉施策は，イギリスのエリザベス救貧法に倣ったもので，孤児に対する救貧も徒弟制度を採っていた。しかし，1653年にはニューヨークに初めての救貧院が建てられ，次第に救貧院による保護・救済に移っていった。さらに，18世紀になると，よりよい児童への教育や養育環境を求めて孤児院による保護が主流となったが，家庭とは環境がかけ離れた

▶ T.ルーズベルト

大舎制の施設での処遇が問題であった。

　エレン・ケイに大きな影響を受けた大統領セオドア・ルーズベルト（1858-1919）は，1909年に第一回白亜館（ホワイトハウス）会議を開催した。この会議は，子どもはやむを得ない事情がない限り，家庭から引き離されてはならないという基本原理を定め，孤児の養育は原則的に里親委託によること，孤児院は家庭的な環境のコテージ式（小舎制）とすることを決めるなど，非常に画期的だったといえる。その後，白亜館会議は10年に1度の頻度で定例化した。

（6）ジョン・ボウルビィーと愛着理論

▶ボウルビィー

　イギリスの精神科医であったジョン・ボウルビィー（1907-1990）は，現在の社会的養護のあり方に大きな影響を与えた人物である。1950年にWHO（世界保健機関）の精神衛生コンサルタントとなり，施設で養育された乳幼児は，人間関係の障害や社会的不適応を引き起こすホスピタリズム（施設症）が起こりやすいことを指摘した。

　1950年代には研究者や実践家の間にホスピタリズム論争が起こり，日本でも大きな議論となった。彼は，その後も母子の愛着について研究し，1967年の著書『乳幼児の精神衛生』では，母性的養育の喪失（マターナル・ディプリヴェーション）が子どもの心身の発達に大きな影響をもたらすと論じ，広く世間に認知された。また，「内的ワーキングモデル」理論を展開し，乳幼児期には母親もしくはそれに代わる養育者による継続的なケアが必要とし，現在の社会的養護実践における施設の小規模化，里親委託の推進に貢献した。

（7）ケンプとバタード・チャイルド・シンドローム

　チャールズ・ヘンリー・ケンプ（1922-1984）は，ユダヤ系ドイツ人，アメリカに移民した小児科医で，児童虐待の先駆的研究者として知られる。1962年の論文「殴打された子どもの症候群（Battered Child Syndrome）」で，医学的観点から，家庭内での児童虐待が被虐待児の心身に深刻な影響をもたらすことを発表し，親による児童虐待の存在を広く一般に知らしめた。これによりアメリカの各州で虐待通告法が制定され，1972年にはコロラド州に虐待の予防と早期発見を目的としたケンプセンターが設立された。次いで1974年に連邦法として児童虐待防止法が制定され，アメリカが児童虐待問題について

先進的に取り組むきっかけとなった。虐待の早期発見のための尺度であるケンプ・アセスメントも広く利用されている。

2．日本における社会的養護の歴史的変遷

（1）古代・中世に見られる社会的養護の原型

① 聖徳太子と悲田院

▶聖徳太子

　　十七条の憲法や冠位十二階制などで知られる聖徳太子（574-622）は，推古天皇の摂政として活躍し，同時代に伝来した仏教を信仰し，その教えに従い，593年に摂津国難波（現大阪市阿倍野区）に天王寺を建立した。四天王寺には敬 田院，悲田院，施薬院，療病院のいわゆる四箇院が設けられた。このうち悲田院では成人の貧困者と共に身寄りのない孤児を養育したという。資料に残る公的な孤児救済の取り組みとしては日本最古のものとされている。

② 光明皇后と悲田院

　光明皇后（701-760）は，厚く仏教を信仰して大仏を建立した聖武天皇の后であった。彼女もまた，強い信仰心をもち，疫病が流行する当時にあって，病気や貧困にあえぐ庶民を救済する施設として，奈良の平城京に，四天王寺の四箇院同様の悲田院と施薬院を建てた。

③ 和気広虫による孤児養育活動

　和気広虫（730-799）は，称徳天皇や桓武天皇の信任を得た女官で，藤原仲麻呂の乱の鎮定等で知られる和気清麻呂の姉である。彼女は，戦乱や疫病が多かった当時，夫である葛 木戸主とともに80余名の孤児たちを引き取り養育し，孤児たちが成人した後に葛木姓を与えたという。これらの活動は日本における孤児院，里親の最古の例とされている。

（2）明治時代の社会的養護

① 恤救規則の制定

　社会的養護に関連する制度としては，1874（明治7）年に制定された恤救 規則がある。これは，近代国家となった日本で初めての社会福祉関係法で，その内容は「無告の窮民」として身寄りのない生活困窮者に年米7斗を支給するというものであった。その対象者には13歳以下の児童も含まれたが，あくまでその扶養は地域社会や血縁関係者による相互扶助が前提となってい

た。このように，日本国憲法下の社会福祉法制度が成立するまでの制度は，対象者が限定され，国民の権利を保障したものではなかった。多くの孤児の保護，養育は，篤志家と呼ばれる民間人たちが私的に設立した孤児院などの施設が担っていたのである。

② 石井十次と岡山孤児院

　石井十次（1865-1914）は，最初は小学校の教員，警察官などを勤めたが，医師を目指し，岡山県の医学校に進んだ。キリスト教に入信していた石井は，1887年に一人の女性から子どもを引き取ることになり，その後も子どもの数が増えていったことから孤児教育会を設立し，後に岡山孤児院と改称し，孤児の養育事業に専念した。1891（明治24）年の濃尾地震（美濃と尾張を合わせた東海地方）では，90名以上の震災孤児を引き取り，1905（明治28）年に勃発した日露戦争や1905〜6（明治38〜39）年にかけて起きた東北地方の大飢饉でも，多くの子どもを現地から連れ帰り，一時は岡山孤児院の孤児数は1200名以上に膨らんだ。以前から岡山孤児院を故郷である宮崎県の茶臼原に移転させる計画をしていた石井は，1912（大正元）年には移転を完了させ，それを見届けるように1914（大正3）年に永眠した。

▶石井十次　　　　　　　▶岡山孤児院とたくさんの孤児たち

　石井十次の孤児養育の実践は「岡山孤児院十二則」に沿って行われた。それは，家庭的な環境を重視した家族主義，乳幼児の里親委託を原則とした委託主義，非体罰主義，自立するための職業訓練を施す実業主義など，現在の社会的養護でも重要視されている内容であった。ルソーの『エミール』を読み自然教育を取り入れたり，イギリスのバーナードホームの実践を取り入れるなど，非常に研究熱心でもあった。

③ 石井亮一と滝乃川学園

　石井亮一（1867-1937）は，立教大学で学びキリスト教に入信し，卒業後は立教女学校で教鞭をとった。1891（明治24）年の濃尾地震で，孤児となった女児らが人身売買の対象となっていることを知り，石井十次らと協力し20数

名の女児を連れ帰り，聖三一孤女学園を設立した。保護した女児に知的障がい児が多くいたことから，アメリカにも留学し知的障がい児教育を学び，帰国後，聖三一孤女学園を滝乃川学園と改称し，知的障がい児の支援を専門とする施設とした。石井亮一は知的障がい児教育・福祉の父とも称され，滝乃川学園は日本で最初の知的障害児施設として知られ，現在まで存続している。

▶石井亮一

▶滝乃川学園

④　留岡幸助と家庭学校

▶留岡幸助

　　留岡幸助（1864-1934）は，18歳でキリスト教の洗礼を受け，同志社英学校（現同志社大学）で神学を学び牧師となった。その後，京都の福知山教会の牧師となり，さらに北海道空知監獄で，受刑者を更生させる教誨師を経験し，感化教育を学ぶためアメリカの感化監獄で実習した。帰国後，触法・虞犯少年を保護，教育する感化院の設立に注力し，1899（明治32）年に，家庭的な環境の感化院として，東京の巣鴨に家庭学校を設立，また1914（大正3）年には北海道の網走に分校として北海道家庭学校を設立した。政府はそれまで民間が担ってきた感化教育事業の重要性に鑑み，1900（明治33）年に感化法を制定し，各都道府県での設置を義務化した。1933年には少年教護法が制定され，感化院は少年教護院と改称し，さらに戦後の児童福祉法制定に伴い，教護院となった。現在は1997（平成9）年の児童福祉法改正に伴い児童自立支援施設となっている。

⑤　小橋勝之助と博愛社

　小橋勝之助（1863-1893）は，神戸医学校予科（現神戸大学医学部）を卒業後，高瀬真卿と出会い，その感化教育の影響を受け孤児の養育・教育を志した。その後，キリスト教に入信，受洗し，伝道活動を行いつつ，1890（明治23）年に地元の赤穂郡矢野村に孤児院，博愛社を設立し，孤児養育を開始した。石井十次とも協力し，濃尾地震では多くの震災孤児を救済した。30歳の若さ

▶博愛社

で死去したが，博愛社は大阪市に移転し，1899（明治32）年には現所在地（淀川区十三）へと移った。現在も社会福祉法人として児童養護施設以外にも認定こども園や老人ホームなどを運営している。

⑥ 野口幽香と貧民幼稚園

▶野口幽香（左）
森島峰（右）

野口幽香（1866-1950）は，東京師範学校女子部時代にキリスト教に入信し，東京女子師範学校付属幼稚園や華族女学校付属幼稚園に勤めたが，貧困家庭の子どもにこそ保育が必要と考え，1906（明治39）年，森島峰とともに麹町区（現千代田区）に二葉幼稚園（貧民幼稚園）を開園した。1910（明治43）年には貧民街であった四谷鮫河橋に移転させ，1916（大正5）年には二葉保育園と改称した。また野口らは，現在の母子生活支援施設の先駆けとなる母の家を設立した。野口の引退後も，二葉保育園は，貧困家庭のための社会事業を多く手掛け，戦後には乳児院や養護施設（現児童養護施設）なども設立し，現在に至るまで日本の社会福祉事業に貢献し続けてきた。

⑦ その他の同時代の社会的養護史上重要な人物や施設

松方正義（1834-1924）は，明治時代の代表的な政治家であるが，豊後日田県令の時期に，さまざまな事業，改革をおこなうなかで，1869（明治2）年に県内の孤児や捨て子を保護，養育する施設として日田養育館を設立した。運営難により1875（明治8）年で閉鎖したものの，日本で最初の孤児院とされている。

岩永マキ（1849-1920）は，長崎の浦上出身の隠れキリシタンであったが，明治になり禁教令が廃止されて浦上に戻り，1875年以降，相次いで起こった台風災害や，赤痢や天然痘などの疫病で孤児となった子どもを仲間の信者とともに養育した。この施設は，後に浦上養育院と改称され，現在は社会福祉法人うみのほし会となって，児童養護施設として運営されている。

池上雪枝（1826-1891）は，1883（明治16）年に大阪市北区に設けた神道祈祷所に池上感化院を併設したが，これが日本で最初の感化院とされている。

高瀬真卿（1853-1924）は，ジャーナリスト・小説家でもあったが，監獄教誨師の経験から感化教育事業の必要性を感じ，1885（明治18）年に東京市本

郷区（現東京都文京区本郷）に予備感化院を開設し，翌年には東京感化院と改称した。

（3）戦後の戦災孤児救済の動き

① 戦災孤児問題と児童福祉法制定

　敗戦で終戦を迎えた日本は，民主主義国家として生まれ変わることになり，1946（昭和21）年には日本国憲法が公布され，その第25条には社会保障，公衆衛生とともに，社会福祉をおこなうことは国の責任であることが明確に記された。特に戦災孤児・浮浪児の問題は戦争末期からの喫緊の課題であり，すでに，戦後早々の1945（昭和20）年9月には厚生省が「戦災孤児等保護対策要綱」を策定し，各地方長官に応急措置的に戦災孤児等の保護をおこなうように求めていた。そして，1947（昭和22）年に，戦災孤児等の問題の根本的解決を目指した児童福祉法が施行されることとなった。

② 糸賀一雄と近江学園

　このような状況下で，戦災孤児や浮浪児を養護，救済しようという民間の動きが起こっていた。終戦した1945年から1950年の間に実に約200か所もの養護施設が開設されている。その代表的な取り組みの一つが糸賀一雄（1914～68）による近江学園の設立である。糸賀一雄は，京都大学卒業後，京都市で小学校教員を経て，滋賀県職員となり，池田太郎，田村一二らとともに1946（昭和21）年11月に，当時の滋賀県大津市南郷町に孤児，そして精神薄弱児（現在の知的障害児）を保護する生活施設として近江学園を開設した（戦中，戦後の混乱のなかで捨てられた子どもには知的障がい児が多く含まれていたため）。近江学園は，1948（昭和23）年には，県立の養護施設および精神薄弱児施設として認可され，1961（昭和36）年には養護施設を閉園し，精神薄弱児施設のみとなったが，1971（昭和46）年には現在の湖南市石部の住所に移転し，現在も児童福祉法上の福祉型障害児入所施設として存続している。また，1963（昭和38）年には，医療と教育の両方の機能をもつ施設と

▶糸賀一雄

▶当時の近江学園

して大津市に重症心身障害児施設第一びわこ学園（その後，草津市に移転，現医療型障害児入所施設びわこ学園医療福祉センター草津），1966（昭和41）年には，第二びわこ学園（現医療型障害児入所施設びわこ学園医療福祉センター野洲）が開設されている。

糸賀はその著書『この子らを世の光』（1965）において，近江学園での20年の実践を振り返り，知的障害児や重症心身障害児が将来社会のために役立つかどうかということは問題ではなく，自身の考え方が，すべての人が生まれた時からその発達が保障されるべき存在であると変わっていったと述べている。障がいをもつ子どもたちもその"全ての人たち"のなかに含まれ，他の子どもたちと何ら変わりのない，世の中の光になれる存在であるという捉え方は，まだまだ障がい児・者に対する差別や偏見が多かった当時では非常に先進的だったといえる。しかし，糸賀の近江学園での実践と障がい児の発達保障という考え方は，同時代から現在に至るまでの障がい児・者福祉，社会的養護に携わる人たちに大きな影響を与えている。

③ 沢田美喜とエリザベス・サンダースホーム

▶沢田美喜

その他，戦後の戦災孤児・浮浪児などへの保護活動は多く行われたが，よく知られるものには，沢田美喜（1901-1980）により1948（昭和23）年に神奈川県に設立されたエリザベス・サンダースホームがある。沢田は，進駐軍の兵士と日本人女性の間に生まれたGIベビーと呼ばれる混血児が多かったことから，彼らを引き取り養育する目的で同施設を設立し，その後，小学校，中学校も併設し，現在も児童養護施設として存続している。

演習問題

1．自分の住んでいる都道府県内にある児童養護施設や乳児院などの社会的養護を担う施設について，大舎制，中舎制，小舎制，地域小規模児童養護施設（グループホーム）など，どのような形態なのかを調べてみよう。
2．岡山孤児院十二則とは具体的にどういうものか，調べてみよう。
3．近江学園，びわこ学園以外の糸賀一雄が設立に関わった施設にはどのようなものがあるか調べてみよう。

引用・参考文献

糸賀一雄（1965）『この子らを世の光に』柏樹社。

上野加代子（2020）「多文化社会と児童虐待問題」『家族関係学』39：5-13。
　　　J-stage　https://www.jstage.jst.go.jp/article/jjfr/39/0/39_5/_pdf

小木曽宏・宮本秀樹・鈴木崇之編（2012）『よくわかる社会的養護内容』ミネルヴ
　　　ァ書房。

木村武夫（1964）『日本近代社会事業史』ミネルヴァ書房。

芝野松次郎・新川泰弘・宮野安治・山川宏和編著（2020）『子ども家庭福祉入門』
　　　ミネルヴァ書房。

社会福祉法人うみのほし会　児童養護施設　浦上養育院ホームページ
　　　https://www.ans.co.jp/u/uragamiyouikuin/index.html

全社協養護施設協議会「養護施設三十年」編集委員会編『養護施設30年資料篇』。

日本財団ホームページ「日本子ども虐待防止学会　日本財団スポンサードセッショ
　　　ン「子どもが家庭で育つ社会に向けて」のご案内」
　　　https://happy-yurikago.net/2016/09/3531/

三上邦彦（2012）「ドクター・バーナード・ホームの慈善事業による子どものケア
　　　に関する研究——創設の背景と設立前史」『岩手県立大学社会福祉学部紀要』
　　　14：49-54。

室田保夫（2010）『人物で読む社会福祉の思想と理論』ミネルヴァ書房。

山縣文治編（2012）『よくわかる子ども家庭福祉』第 8 版，ミネルヴァ書房。

（花岡貴史）

第3章　社会的養護の基本，制度，法体系

　　日本の社会的養護は，長らく施設養護中心に展開されてきた。しかしながら，近年の子ども家庭福祉における一連の制度改革によって，社会的養護のあり方も転換期を迎えている。2016（平成28）年の児童福祉法改正により，社会的養護の基本原則が「家庭養育優先の原則」であることが法的に確認されたのである。本章では，そうした近年の動向を踏まえ，子どもの人権擁護や基本原則，保育士等の倫理と責務といった，社会的養護の基本について理解する。

1．社会的養護における子どもの人権擁護

（1）社会的養護と子どもの人権擁護

　　社会的養護における子どもの人権擁護は，子どもの生活そのものと子どもの生き方をどのようにとらえるかということに密接に関係する。生活の豊かさを創出するためには，そこに住まう人々の衣食住などの各要素における居心地の良さや人間関係，地域とのつながりなど，さまざまな環境の質を複眼的にとらえていかなければならない。そのひとつひとつが，子どもたちの生活の“快”に影響を及ぼしているからである。

　　また，人間は自らの感情を統制しながら，他者や組織との折り合いをうまくつけながら生活していくものであるが，社会的養護に携わる大人と子ども，子ども同士，そして地域社会との関係性において，さまざまな障壁に直面するだろう。子どもの人権を護るためには，そうした障壁について子どもを含めて話し合い，その都度問題解決を図っていく必要があることを意味する。それがすなわち，生活の場の安全を保障し，安心を得ることができる環境を創出することに結びついていくのである。

　　その安全や安心を脅かす，人権を侵害する行為のひとつに虐待がある。蔑まれ，意見に耳を傾けてもらえず，著しく自己肯定感を低下させた状態で入所してくる子どもたちも少なくない。ドメスティック・バイオレンス（DV）によって母子共にビクビクした生活を送ってきたかもしれない。障がいの傾向を示す子どもに向けられる社会の目や貧困による，生きづらさを感じてきた子どもたちもいるであろう。

　　こうした子どもや家族一人ひとりの特性や生きてきた歩みを大切にしながら，その人権を保障することが社会的養護に課せられた社会的使命なのであ

る。と同時に，それがより良く機能するよう日々の業務を見直し，生活の場として，子どもたちのQOL（生命・生活・人生の質）の向上を目指すことが求められている。

（2）子どもの人権擁護と児童福祉法の理念

　日本における子ども家庭福祉を支える基本的かつ総合的な法律として1947（昭和22）年に制定された児童福祉法は，制定から70年の節目を迎える2016（平成28）年に初めてその理念規定に手を入れることになった。児童の権利に関する条約（以下，子どもの権利条約）の精神が反映されるべきものであることが明確になったのである。これにより，子どもの最善の利益が優先され，権利の主体として子どもをとらえるという視点が明らかにされた。

　子どもの権利条約は，1989（平成元）年の第44回国連総会で採択され，日本では1994（平成6）年に批准された。2019（令和元）年は国連で採択されて30年，日本で批准されて25年であり，子どもの人権に関わる動きが活発化した。児童福祉法では，2016（平成28）年に親権者等による体罰禁止が盛り込まれ，体罰に関する規定が強化されるなどの動きがみられた。

　児童福祉法では「児童」を「満18歳に満たない者」と定めており，第1条では，「全て児童は，児童の権利に関する条約の精神にのつとり，適切に養育されること，その生活を保障されること，愛され，保護されること，その心身の健やかな成長及び発達並びにその自立が図られることその他の福祉を等しく保障される権利を有する」ことが述べられる。このことにより児童福祉法が，①すべての児童を対象とした法律であること，②子どもの権利条約の精神を反映した理念を有すること，が明らかにされた。

　第2条もまた，児童の権利に関する条約の理念が反映されており，「社会のあらゆる分野において，児童の年齢及び発達の程度に応じて，その意見が尊重され，その最善の利益が優先して考慮され」ることを，国民の責務であるとしている。

　この児童福祉法の改正により，子どもが権利の主体であることが明記された。保障されるべき子どもの権利とは，子どもの権利条約に定められる「生きる権利」「育つ権利」「守られる権利」「参加する権利」である。

　しかしながら，子どもの人権を護る場であるはずの社会的養護において虐待の二次的被害に遭う子どもたちもいた。この事実に鑑み，児童福祉法では2008（平成20）年の改正で，「被措置児童等虐待の防止等」（第33条の10〜第33条の17）が条文に加わった。施設における虐待事例が相次いだことがこの法改正に結びついている。その後も，家庭における虐待は増加し，施設等での虐待事例もみられた。そして，2000（平成12）年5月には「児童虐待の防止

等に関する法律」（通称，児童虐待防止法）が成立したのである。

　子どもの最善の利益を保障する社会的養護の場において，子どもの人権擁護に向けた取り組み事例を積み上げることにより，社会的養護実践の質の底上げを図っていかねばならない。

（3）「児童福祉施設の設備及び運営に関する基準」と「里親が行う養育に関する最低基準」

　厚生省令（当時）として制定された「児童福祉施設最低基準」は，施設運営における最低基準を示したものであり，2011年に改正されることにより，現行の「児童福祉施設の設備及び運営に関する基準」へとその名称が改められた。

　第3条では都道府県に最低基準を常に向上させるように努めることを求め，第4条では児童福祉施設は「最低基準を超えて，常に，その設備及び運営を向上させなければならない」とされている。つまり，この最低基準を規定することにより，子どもたちの安心や安全につながるより豊かな生活基盤を創るために，職員に不断の努力を求めているのである。

　また，第5条第1項には，児童福祉施設の一般原則として「入所している者の人権に十分配慮するとともに，一人一人の人格を尊重して，その運営を行わなければならない」ことが明記される。そして，第7条では，児童福祉施設における職員の一般的要件が次のように示される。

> 第7条　児童福祉施設に入所している者の保護に従事する職員は，健全な心身を有し，豊かな人間性と倫理観を備え，児童福祉事業に熱意のある者であつて，できる限り児童福祉事業の理論及び実際について訓練を受けた者でなければならない。

　さらに，入所した者を平等に取り扱う原則（第9条），虐待等の禁止（第9条の2），懲戒に係る権限の濫用禁止（第9条の3），秘密保持等（第14条の2）などがそれぞれ定められており，「豊かな人間性」を備えるべき児童福祉施設の施設長や職員に対して，高い倫理観を求めている。

　これらの規定は，児童福祉施設に入所している子どもの人権擁護に深くかかわっており，児童福祉施設に従事する職員一人ひとりの意識に根ざしている必要がある。こうした規定が定められた背景にも，先に述べた施設内における虐待事例の存在がある。

　里親については，「里親が行う養育に関する最低基準」が定められている。家庭養護という第三者の目が届きにくい環境において養育を受ける子どもたちの人権に配慮されており，第4条では養育の一般原則が次のように定めら

れている。

> 第4条　里親が行う養育は，委託児童の自主性を尊重し，基本的な生活習慣を確立するとともに，豊かな人間性及び社会性を養い，委託児童の自立を支援することを目的として行われなければならない。
> 　2　里親は，前項の養育を効果的に行うため，都道府県（指定都市及び児童相談所設置市を含む。）が行う研修を受け，その資質の向上を図るように努めなければならない。

　その他，おおよそ児童福祉施設の設備及び運営に関する基準と共通するが，最低基準を超えて養育の内容を常に向上させるよう努めること（第3条）や児童を平等に養育する原則（第5条），虐待等の禁止（第6条），懲戒に係る権限の濫用禁止（第6条の2），義務教育のほか必要な教育を受けさせるよう努めること（第7条）などが定められている。

2．社会的養護の基本原則

（1）運営指針で示される社会的養護の原理

　原理は社会的養護において根本となる考え方を示し，原則はその考え方に基づき実践をおこなう際の規則を表しているものといえる。つまり，原則を適用するためには，まず，原理を理解しておかなければならない。そこで，原理を踏まえた上で，原則について述べることとなる。

　2012（平成24）年3月に厚生労働省雇用均等・児童家庭局長通知（当時）として，社会的養護施設運営指針や里親及びファミリーホーム養育指針が発出されたことに伴い，施設間または地方自治体間の格差を是正することや，これを指標として第三者評価を受けることが義務付けられるようになった。

　施設ごとに定められた運営指針において，社会的養護の原理はおおよそ共通しており，①家庭養育と個別化，②発達の保障と自立支援，③回復をめざした支援，④家族との連携・協働，⑤継続的支援と連携アプローチ，⑥ライフサイクルを見通した支援，といった6つの原理が挙げられている。

　子どもは未来ある存在である。安心できる環境において心身の安らぎを得て，未来に向けた自立へと歩み出すための支援体制を構築することが私たちの責務である。継続的に"当たり前の生活"を保障するための支援のあり方を追究していくよう努めなければならない。

（2）2016年の児童福祉法改正と家庭養育優先の原則

　2016（平成28）年6月の児童福祉法改正では，国および地方公共団体（都

道府県・市町村）の責務として第3条の2において，家庭と同様の環境における養育の推進が明記されている。

第3条の2　国及び地方公共団体は，児童が家庭において心身ともに健やかに育成されるよう，児童の保護者を支援しなければならない。ただし，児童及びその保護者の心身の状況，これらの者の置かれている環境その他の状況を勘案し，児童を家庭において養育することが困難であり又は適当でない場合にあつては児童が家庭における養育環境と同様の養育環境において継続的に養育されるよう，児童を家庭及び当該養育環境において養育することが適当でない場合にあつては児童ができる限り良好な家庭的環境において養育されるよう，必要な措置を講じなければならない。

　この規定は，「家庭養育優先の原則」と呼ばれるものである。できるかぎり，子どもが家庭において養育されるよう保護者を支援することを第一に考えるが，家庭において養育を受けることが困難な場合は，家庭における養育環境と同様の養育環境（家庭養護）で継続的に養育を受けることができるよう必要な措置が取られることとされる。それが適当でない場合は，できる限り良好な家庭的環境（家庭的養護）で養育を受けることができるよう必要な措置がとられることとしている。図3-1は「社会的養育の推進に向けて」（2020年10月，厚生労働省子ども家庭局家庭福祉課）で示された家庭養育優先の原則のイメージである。

　実親や親族等による家庭での養育が困難な場合は，養子縁組や里親委託などの家庭養護を優先的に検討し，それも難しい場合は次に小規模グループケアやグループホームなどの家庭的養護を検討することになる。施設で生活する場合も，ユニット化するなどできるかぎり少人数の単位でケアできる環境を整備することが求められる。

　なお，里親委託の推進を目的として，2011（平成23）年に里親委託における基本的事項を定めた「里親委託ガイドライン」が発表されており，そこで

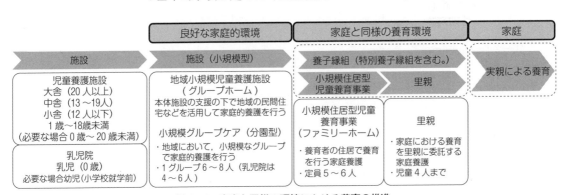

図3-1　家庭と同様の環境における養育の推進

出典：厚生労働省子ども家庭局家庭福祉課「社会的養育の推進に向けて」2020年10月。

はすでに里親委託優先の原則が示されている。

（3）代替養育としての社会的養護

　改正児童福祉法により，その理念が子どもの権利条約の精神が反映されたものであることは先に述べた。社会的養護は，生まれた家庭での養育を受けることが困難な子どもを社会的に養育する代替養育の場であるが，家庭養育優先の原則は，子どもの権利条約に加えて，第64回国連総会（2008年12月24日）において採択決議がなされた「児童の代替的養護に関する指針」の影響をみることができる。児童の代替的養護に関する指針は，表3-1にある項目で構成されている。

　第3項では，「家族は社会の基本的集団であると同時に，児童の成長，福

表3-1　国連による「児童の代替的養護に関する指針」見出し項目

```
Ⅰ．目的（1項～2項）
Ⅱ．一般原則及び展望
    A．児童とその家族（3項～10項）
    B．代替的養護（11項～23項）
    適用を促すための措置（24項～26項）
Ⅲ．指針の範囲（27項～31項）
Ⅳ．代替的養護の必要性の予防
    A．親による養護の促進（32項～38項）
    家族の分離の防止（39項～48項）
    B．家族への復帰の促進（49項～52項）
Ⅴ．養護の提供の枠組み（53項～56項）
Ⅵ．最適な養護の形態の決定（57項～68項）
Ⅶ．代替的養護の提供
    A．政策（69項～75項）
    1．非公式の養護（76項～79項）
    2．あらゆる形態の公式の代替的養護策に当てはまる一般的な条件（80項～100項）
    B．児童に対する法的責任（101項～104項）
    1．公式の養護を担当する機関及び施設（105項～117項）
    2．里親による養護（118項～122項）
    C．施設養護（123項～127項）
    D．検査及び監視（128項～130項）
    E．アフターケアに対する支援（131項～136項）
Ⅷ．児童の通常居住する国以外での養護提供
    A．児童の海外への養護委託（137項～139項）
    B．すでに海外にいる児童への養護提供（140項～152項）
Ⅸ．緊急事態における養護
    A．指針の適用（153項～154項）
    分離の防止（155項～156項）
    B．養護の取り決め（157項～161項）
    C．追跡及び家庭への復帰（162項～167項）
```

出典：厚生労働省ホームページ「国連総会採択決議64/142。児童の代替的養護に関する指針（厚生労働省雇用均等・児童家庭局家庭福祉課仮訳）」（https://www.mhlw.go.jp/stf/shingi/2r98520000018h6g-att/2r985200000018hly.pdf，2021年3月1日閲覧）に基づき筆者作成。

社及び保護にとって自然な環境である」とされ，できるかぎり家族（家庭）による養護のもとに戻れるようあらゆる支援をすべきだとしている。

　そして，第123項では，「施設養護を提供する施設は，児童の権利とニーズが考慮された小規模で，可能な限り家庭や少人数グループに近い環境にあるべき」であって，「当該施設の目標は通常，一時的な養護を提供すること，及び児童の家庭への復帰に積極的に貢献すること」であるとされている。これが不可能な場合は，「代替的な家族環境における安定した養護を確保すること」としている。

　このことから，家庭養育優先の原則を規定する児童福祉法の法改正が，子どもの権利条約と相まってこの国連の指針に影響を受けていることがわかる。

　さて，2023（令和5）年4月1日より，「こども基本法」が施行される。その第3条にはこども施策の基本理念が明記されており，第5号において「子どもの権利条約」の前文及び第18条の趣旨を踏まえて児童福祉法との整合性を図り，次のように述べている。

第3条

五　こどもの養育については，家庭を基本として行われ，父母その他の保護者が
　　第一義的責任を有するとの認識の下，これらの者に対してこどもの養育に関し
　　十分な支援を行うとともに，家庭での養育が困難なこどもにはできる限り家庭
　　と同様の養育環境を確保することにより，こどもが心身ともに健やかに育成さ
　　れるようにすること。

　2023年（令和5）年度以降は，新たに設置される「こども家庭庁」のもとで関係各省庁が連携を確保しながら，国として子ども家庭支援の体制を構築していくこととなる。

3．社会的養護における保育士等の倫理と責務

（1）専門職と倫理綱領

　専門職は，実践場面で一定の判断が求められることとなる。「価値」とは，専門職が大切にしている判断の基準になるものであり，「倫理」とは，その判断基準を具体化した行動の指針である。

　専門職には，判断や行動の基準となる価値や倫理を文章として明らかに（明文化）したものが必要である。専門職であることの誇りをもち，その自己を信頼し，自己が拠り所とする「価値」と「倫理」を定めたものである。それが社会的認知を高める。同じ有資格者であれば共通してわかり合える，専門職の共通言語である。それが倫理綱領である。自らの実践にゆらぎが生

じた時は，私たちは倫理綱領に立ち返る必要がある。

　社会的養護における倫理と責務という点において，保育士等は全国保育士会倫理綱領とソーシャルワーカーの倫理綱領（または，社会福祉士の倫理綱領）を理解しておきたい。

　「全国保育士会倫理綱領」は，全国社会福祉協議会，全国保育協議会，全国保育士会の連名により，2003（平成15）年に採択されたものであり，前文と8つの行動原理によって構成される。

　前文では，子どもと，子どもを取り巻く環境としての保護者や地域社会に対する保育士の責任について，次のように述べる。

> 　すべての子どもは，豊かな愛情のなかで心身ともに健やかに育てられ，自ら伸びていく無限の可能性を持っています。
> 　私たちは，子どもが現在（いま）を幸せに生活し，未来（あす）を生きる力を育てる保育の仕事に誇りと責任をもって，自らの人間性と専門性の向上に努め，一人ひとりの子どもを心から尊重し，次のことを行います。
> 　　私たちは，子どもの育ちを支えます。
> 　　私たちは，保護者の子育てを支えます。
> 　　私たちは，子どもと子育てにやさしい社会をつくります。

　そして，①子どもの最善の利益，②子どもの発達保障，③保護者との協力，④プライバシーの保護，⑤チームワークと自己評価，⑥利用者の代弁，⑦地域の子育て支援，⑧専門職としての責務，といった8つの行動原理が明らかにされている。

　また，現行の「ソーシャルワーカーの倫理綱領」は，国際ソーシャルワーカー連盟（IFSW）が2014（平成26）年に採択した「ソーシャルワーク専門職のグローバル定義」を踏まえ，日本ソーシャルワーカー協会が2020（令和2）年8月に承認したものである。

　その前文では，「人間の尊厳」「人権」「社会正義」「集団的責任」「多様性の尊重」「全人的存在」という原理にのっとり，「人々がつながりを実感できる社会への変革と社会的包摂の実現」をめざす専門職であることが述べられる。そして，専門性と倫理性を維持・向上に努める責務について確認がなされている。その上で，「クライエントに対する倫理責任」「組織・職場に対する倫理責任」「社会に対する倫理責任」「専門職としての倫理責任」によって倫理基準を構成している。

　社会的養護における保育士や社会福祉士などの対人援助専門職は，これら倫理綱領を実践の基盤として，子どもや家族と，地域社会との橋渡し役としての責務を果たしていくことになる。

表3−2　全国児童養護施設協議会倫理綱領

原則

　児童養護施設に携わるすべての役員・職員（以下，『私たち』という。）は，日本国憲法，世界人権宣言，国連・子どもの権利に関する条約，児童憲章，児童福祉法，児童虐待の防止等に関する法律，児童福祉施設最低基準にかかげられた理念と定めを遵守します。

　すべての子どもを，人種，性別，年齢，身体的精神的状況，宗教的文化的背景，保護者の社会的地位，経済状況等の違いにかかわらず，かけがえのない存在として尊重します。

使命

　私たちは，入所してきた子どもたちが，安全に安心した生活を営むことができるよう，子どもの生命と人権を守り，育む責務があります。

　私たちは，子どもの意思を尊重しつつ，子どもの成長と発達を育み，自己実現と自立のために継続的な援助を保障する養育をおこない，子どもの最善の利益の実現をめざします。

倫理綱領

1．私たちは，子どもの利益を最優先した養育を行います

　　一人ひとりの子どもの最善の利益を優先に考え，24時間365日の生活をとおして，子どもの自己実現と自立のために，専門性をもった養育を展開します。

2．私たちは，子どもの理解と受容，信頼関係を大切にします

　　自らの思いこみや偏見をなくし，子どもをあるがままに受けとめ，一人ひとりの子どもとその個性を理解し，意見を尊重しながら，子どもとの信頼関係を大切にします。

3．私たちは，子どもの自己決定と主体性の尊重につとめます

　　子どもが自己の見解を表明し，子ども自身が選択し，意思決定できる機会を保障し，支援します。また，子どもに必要な情報は適切に提供し，説明責任をはたします。

4．私たちは，子どもと家族との関係を大切にした支援をおこないます

　　関係機関・団体と協働し，家族との関係調整のための支援をおこない，子どもと，子どもにとってかけがえのない家族を，継続してささえます。

5．私たちは，子どものプライバシーの尊重と秘密を保持します

　　子どもの安全安心な生活を守るために，一人ひとりのプライバシーを尊重し，秘密の保持につとめます。

6．私たちは，子どもへの差別・虐待を許さず，権利侵害の防止につとめます

　　いかなる理由の差別・虐待・人権侵害も決して許さず，子どもたちの基本的人権と権利を擁護します。

7．私たちは，最良の養育実践を行うために専門性の向上をはかります

　　自らの人間性を高め，最良の養育実践をおこなうために，常に自己研鑽につとめ，養育と専門性の向上をはかります。

8．私たちは，関係機関や地域と連携し，子どもを育みます

　　児童相談所や学校，医療機関などの関係機関や，近隣住民・ボランティアなどと連携し，子どもを育みます。

9．私たちは地域福祉への積極的な参加と協働につとめます

　　施設のもつ専門知識と技術を活かし，地域社会に協力することで，子育て支援につとめます。

10．私たちは，常に施設環境および運営の改善向上につとめます

　　子どもの健康および発達のための施設環境をととのえ，施設運営に責任をもち，児童養護施設が高い公共性と専門性を有していることを常に自覚し，社会に対して，施設の説明責任にもとづく情報公開と，健全で公正，かつ活力ある施設運営につとめます。

出典：全国児童養護施設協議会ホームページ「全国児童養護施設協議会倫理綱領」（http://www.zenyokyo.gr.jp/what.htm，2021年3月1日閲覧）。

（2）社会的養護における専門職の価値と倫理

　社会的養護は，生活や地域の環境において生きづらさや痛みを抱えてきた子どもたちへの支援を目的としている。そして，その家族もまた支援の対象である。虐待，貧困，ひとり親家庭，障がいなど，個別の配慮を必要とするさまざまな課題を抱えた子どもや家族に対応していかなければならない。では，社会的養護において保育士等に求められる倫理や責務とはどのようなものなのだろうか。

　とりわけ，社会的養護に関わる倫理を明文化したものとして，全国児童養護施設協議会倫理綱領，乳児院倫理綱領，児童心理治療施設倫理綱領，全国児童自立支援施設協議会倫理綱領，全国母子生活支援施設協議会倫理綱領，里親信条が挙げられる。

　表3-2に例として取り上げたのは，全国児童養護施設協議会が2010（平成22）年5月に全国社会福祉協議会との連名で制定した「全国児童養護施設協議会倫理綱領」である。日本全国の児童養護施設に従事する職員は，活動する地域や施設は異なっていても，これを共通の指針として職務に従事することになる。

（3）社会的養護における倫理的課題

　このように，私たちは職業上の倫理と共に，子どもや家族という感情をもった存在と常に向き合いながら職務に従事していくこととなる。家族と共に生活することが適当でないとされる場合，より家庭に近い環境で支援していく，あるいは家庭的環境に近づけていくということは，子どもたちの素の感情をより受けとめていかなければならない場面に直面する頻度が増えるということでもある。

　家庭には，親子が互いの感情をぶつけ合う機会が数多くある。ある意味，親子だからこそ遠慮なく伝え合える感情のぶつかり合いがある。虐待とは一線を画する，わかってほしいという願いや思いからあふれ出す感情もある。社会的養護の場において，他者であって他者ではない関係性の深まりによって，押さえられない感情の表れを感じた時，改めて私たちは自らの倫理観を問い直し，感情を統制しながら対話的支援を模索することになる。そうでなければ，容易に一線を越え，体罰や虐待へと関係性を変容させてしまうからである。

　社会的養護の現場は常に倫理的課題を突きつけられ，苦悶しながら，子どもや家族と向き合う場所なのである。

> **演習問題**
>
> 1．「児童福祉施設の設備及び運営に関する基準」について，各施設ごとの基準
>   を調べてみよう。また，「里親が行う養育に関する最低基準」について調べて
>   みよう。
> 2．社会的養護にかかわる各施設の運営指針や里親及びファミリーホーム養育指
>   針を調べ，共通点や各指針のごとの特色についてまとめてみよう。
> 3．本文中で挙げた専門職や施設等の倫理綱領について調べ，社会的養護で大切
>   にされるべき倫理観についてまとめてみよう。

引用・参考文献

柏女霊峰（2019）『子ども家庭福祉学序説――実践論からのアプローチ』誠信書房。

柏女霊峰（2017）『これからの子ども・子育て支援を考える――共生社会の創出を
　めざして』ミネルヴァ書房。

倉石哲也・伊藤嘉余子監修，伊藤嘉余子・福田公教編著（2018）『社会的養護』ミ
　ネルヴァ書房。

公益財団法人児童育成協会監修，相澤仁・林浩康編（2019）『社会的養護Ⅰ』中央
　法規。

橋本好市・原田旬哉編（2019）『演習・保育と社会的養護実践――社会的養護Ⅱ』
　みらい。

（渡邊慶一）

第4章　社会的養護の仕組みと実施体系

　本章では，社会的養護の仕組みの特徴を紹介し，関係する公的機関や要保護児童対策地域協議会の役割，児童福祉施設との関係について触れる。また，施設養護と家庭養護を中心に社会的養護の全体像を示し，児童福祉法の理念改正や「新しい社会的養育ビジョン」，「都道府県社会的養育推進計画」について解説する。

1. 社会的養護の仕組み

（1）社会的養護の仕組みの特徴

　社会的養護の対象者は，保護者を亡くした子どもや，保護者が病気だったり虐待をしたりするなどの理由によって安全に養育できない家庭にいる子どもである。そして，経済的に困難な妊産婦なども含まれる。

　実施主体は，要保護児童の公的責任を果たす機関として，都道府県，政令指定都市，児童相談所設置市（児童相談所）が挙げられる。また，要保護児童の早期発見・早期対応の必要性から市町村に求められる役割も大きくなっている。

　利用方式は措置制度であり，措置費（国庫負担2分の1）によって支弁されている。たとえば，身寄りがない子どもの場合，誰が施設と交渉して契約，入所することができるだろうか。親による利用契約ができない場合や不適当な場合は，行政が保護者の代わりになって施設の利用などを決定することになっている。その財源は，公的責任において国・都道府県で確保されている。

（2）市町村の役割

　市町村は，児童および妊産婦の福祉に関する行政事務をおこなう，住民に身近な相談窓口である。市町村の業務内容は，児童福祉法第10条に規定されている通り，児童および妊産婦の福祉に関して，実情の把握に努め，必要な情報提供，調査・指導をおこなうこととなっている。そして，専門的な知識および技術を必要とするものや，医学的，心理学的，教育学的，社会学的および精神保健上の判定を必要とする場合には，児童相談所の技術的援助および助言，判定を求めなければならないとされている。市町村は，住民に一番身近な行政機関として中核的役割を担っており，要保護児童や要支援児童・特定妊婦の早期発見・早期対応が求められている。

（3）要保護児童対策地域協議会（子どもを守る地域ネットワーク）の役割

　地域の要保護児童などに対して適切な支援をするために，関係機関や民間団体等が情報共有をおこなって支援内容の協議がなされる協議体である。子ども家庭福祉分野のみならず，保健，医療，教育，司法，警察など，複数の機関との連携・協働の必要性から2004（平成16）年の児童福祉法改正によって法定化された。

　具体的には虐待を受けている子どもや要保護児童の早期発見，適切な保護，見守りをおこなうために，保育所や児童家庭支援センター，民生・児童委員といった子ども家庭福祉関係者，保健福祉センターや医療機関などの保健・医療関係者，幼稚園や小学校などの教育関係者，警察や弁護士などの警察・司法関係者，NPO などで構成されている。

　厚労省は，要保護児童対策地域協議会の意義（利点）について，① 要保護児童等を早期に発見することができる，② 要保護児童等に対し，迅速に支援を開始することができる，③ 各関係機関等が連携を取り合うことで情報の共有化が図られる，④ 情報の共有化を通じて，それぞれの関係機関等の間で，それぞれの役割分担について共通の理解を得ることができる，⑤ 関係機関等の役割分担を通じて，それぞれの機関が責任をもってかかわることのできる体制づくりができる，⑥ 情報の共有化を通じて，関係機関等が同一の認識の下に，役割分担しながら支援をおこなうため，支援を受ける家庭にとってより良い支援が受けられやすくなる，⑦ 関係機関等が分担をしあって個別の事例にかかわることで，それぞれの機関の限界や大変さを分かち合うことができるとしている。

（4）福祉事務所（家庭児童相談室）の役割

　福祉事務所は，社会福祉行政の第一線機関として，福祉六法（生活保護法，児童福祉法，身体障害者福祉法，知的障害者福祉法，老人福祉法，母子及び父子並びに寡婦福祉法）に基づく援護や事務をおこなっており，都道府県（政令指定都市の区，特別区を含む），市について設置が義務づけられている。福祉事務所における子ども家庭福祉に関する相談は，家庭児童相談室が担当することになっており，① 地域的実情の把握，② 児童および妊産婦の福祉に関する相談など，③ 助産，母子保護の実施，④ 被虐待児の通告や母子父子寡婦福祉貸付資金の申請受理，⑤ 施設入所措置等を要する事例の児童相談所への送致が業務となっている。

　家庭児童相談室は，児童相談所に比べて比較的軽易な相談事例を扱うことになっているが，児童相談所から市町村への事案送致が新設されたこと（平成28年度児童福祉法改正）や，要保護児童対策地域協議会の事務局を担うこと

など，ますます住民に身近な相談窓口として期待されている。

（5）児童相談所の役割

　児童相談所は，児童福祉法（第12条）に基づく児童とその家庭に対する相談援助に特化した専門機関である。都道府県・政令指定都市に設置することが義務づけられており，児童福祉司，児童心理司，医師，児童指導員，保育士，弁護士等の専門職が配置されている。児童の福祉に関する問題について，市町村からの送致や家庭その他からの相談に応じ，調査，診断，判定の上，子どもや家庭にとって最良の援助をおこなうことを目的としている。都道府県知事から権限委任され，子どもの児童福祉施設への入所措置，措置解除の業務を行っている。児童相談所は，図4-1「児童相談所における相談援助活動の体系・展開」に沿って，次の8つの業務をおこなうことになっている。

① 子どもに関するさまざまな問題について，専門的な知識・技術を必要とする相談に応じること

② 必要な調査ならびに医学的，心理学的，教育学的，社会学的，精神保健上の判定をおこなうこと

③ 調査，判定に基づき必要な指導をおこなうこと

④ 児童の一時保護をおこなうこと

⑤ 里親について，相談・助言・研修等の援助をおこなうこと

⑥ 施設入所や里親委託等の措置をおこなうこと

⑦ 市町村が行う相談等の業務について，市町村相互間の調整，市町村への情報提供等をおこなうこと

⑧ 市町村に対する必要な助言をおこなうこと

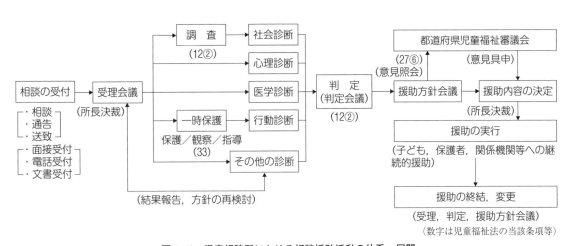

図4-1　児童相談所における相談援助活動の体系・展開
出典：厚労省HP「児童相談所の運営指針について」。

その他，児童相談所の業務や運営の詳細は，「児童相談所運営指針」に基づいて行われている。

施設入所や里親委託等の措置は，要保護児童に対する具体的な対応方法の一つであり，社会的養護実施に向けた重要な手続きを児童相談所が担っている。

２．社会的養護の実施体系

（１）社会的養護の体系

社会的養護の体系は，言い換えれば，子どもや家庭の状況に応じて制度化された児童養護の全体像である。子どもの養育には，実親等の家庭で行われる家庭養育と社会的養護に大別されるが，家庭養育が何らかの理由で困難になる場合，「施設養護」か「家庭養護」によって子どもたちの生活を保障している。社会的養護の体系と施設の役割を理解するためには，「対象者」「年齢」「障がいの有無」「生活上の困難と施設の役割」「通所（通い）・入所（宿泊）」を視点に考えるとよい。

（２）施設養護

社会的養護のうち，乳児院，児童養護施設，児童心理治療施設，児童自立支援施設など，子どもを児童福祉施設において養育することを施設養護という。施設養護は，① 集団養育をおこなう大・中・小舎の養護（本体施設），② ６～８人の生活単位を敷地内で複数提供する小規模グループケア（園内型），③ 敷地外で小規模グループケア（分園型）および６人を定員とする地域小規模児童養護施設（グループホーム）に分けられている。

児童養護施設舞鶴学園全景　７戸の二階建ての小舎と緑が調和する敷地内

舎寮室内。木材がふんだんに使われ，広く落ち着く空間が広がる。

出典：社会福祉法人舞鶴学園 HP（http://www.maizurugakuen.org）

近年では，家庭と同様の養育環境を実現するために施設の小規模化がめざされており，地域小規模児童養護施設（グループホーム）や小規模グループケアなど施設形態も多様になってきた。

（3）家庭養護

　社会的養護のうち，里親・小規模住居型児童養育事業（ファミリーホーム）といった子どもを養育者の家庭において養育する形態を家庭養護という。

　里親とは，要保護児童の養育することを希望する者で，都道府県の委託を受けて子どもを養育する者である（児童福祉法第6条4）。里親には，目的や内容によって養育里親（専門里親含む），養子縁組里親，親族里親に分けられる。

　小規模住居型児童養育事業（ファミリーホーム）は，養育者が自宅で6人程度の児童を受託し養育するものである。養育者は，里親や施設職員として一定の経験があることを要件とし，家事や養育の補助人員を配置することができる。

3．児童福祉法改正と「新しい社会的養育ビジョン」

（1）児童福祉法改正と社会的養護

　社会的養護に関わる大きな動きでは，2016年の児童福祉法改正が挙げられる。この改正では，すべての児童が健全に育成されるよう，児童虐待の発生予防から自立支援までの対策強化が図られた。子ども家庭福祉の根本的な理念規定に，子どもが権利の主体であること（同法第1条），子どもの最善の利益が優先されること（同法第2条1項）が明確に位置付けられた。

　また，社会的養護を必要とする子どもについては，「家庭における養育環境と同様の養育環境において継続的に養育される」こと，「できる限り良好な家庭的環境において養育される」ことが定められた（同法第3条の2）。

　その他，関連する法改正も含めて，子育て世代包括支援センターの法定化，市町村における支援拠点の整備，市町村の要保護児童対策地域協議会の機能強化，児童相談所設置自治体の拡大，児童相談所の体制強化，児童相談所の権限強化，親子関係再構築支援，里親委託等の推進，18歳以上の者に対する支援の継続等が改正されている。

　2019年の児童福祉法改正では，改正時に目黒区や野田市の児童虐待死亡事例が相次いだこともあり，児童の権利擁護，児童相談所の体制強化及び関係機関間の連携強化等が改正された。児童の権利擁護では，親権者等（児童相談所長，児童福祉施設の長も含む）による体罰の禁止，児童が意見を述べる場合における配慮及び児童の意見表明権，児童の安全確保業務が明文化された。児童相談所の体制強化では，児童相談所職員の機能分化，法律関連業務を円滑におこなうための弁護士の配置，児童福祉司の任用要件の見直し等である。関係機関間の連携強化等では，関係機関の職員等の守秘義務，配偶者

暴力相談支援センター等関係機関間の連携協力である。

（2）「新しい社会的養育ビジョン」

　前述した2016（平成28）年児童福祉法改正における理念に基づき「新しい社会的養育ビジョン」（2017）が示された（図4－2）。新しい社会的養育ビジョンの意義は，これまで自治体が社会的養護の改革に取り組んできた「社会的養護の課題と将来像」（2011）を抜本的に見直し，具体的な年限や数値目標を示して改革のための道筋を明らかにしたところにある。特に，自立支援（リービング・ケア，アフターケア）の充実や，特別養子縁組の推進など，これまで不十分であった課題が挙げられた意義は大きい。また，「新しい社会的養育ビジョン」の骨格には，「市町村におけるソーシャルワーク体制の構築と支援メニューの充実を図る」ことや，「代替養育の全ての段階において，子どものニーズに合った養育を保障」することが掲げられており，次の9つの行程に基づいて着実に推進されなければならないとされている。

①　市区町村の子ども家庭支援体制の構築

　　市区町村において子ども家庭総合支援拠点を整備し，子どものニーズにあったソーシャルワークの展開と人材養成をめざすものである。

②　児童相談所・一時保護改革

　　児童相談所職員の研修とその効果検証を図るとともに，通告窓口一元化のための業務整理を行う。また，一時保護の機能を分割し，子どもの権利が保障された処遇をめざしている。

③　里親養育の包括的支援体制（フォスタリング機関）の抜本的強化と里親制度改革

　　里親支援の充実，里親の確保をするとともに，一時保護里親，専従里親など，新しい里親類型を創設することがめざされている。

④　永続的解決（パーマネンシー保障）としての特別養子縁組の推進

　　養親希望者を増加させるため児童相談所と民間機関が連携し，強固な養親・養子支援体制を構築することが図られている。

⑤　乳幼児の家庭養育原則の徹底と，年限を明確にした取り組み目標

　　乳幼児を最優先にしつつ，全年齢層の里親委託率をあげることが目標となっている。また，小規模・地域分散化された養育環境で子どもをみる場合は在所期間を限定し，事前のアセスメントに基づいた里親委託準備，親子関係再構築支援などをおこなうとされている。

⑥　子どもニーズに応じた養育の提供と施設の抜本改革

　　子どものケアニーズに応じた措置費・委託費の加算制度を設けるとともに，施設の小規模化・地域分散化がめざされている。また，施設の専

門性を活かした事業の多様化についても言及されている。

⑦　自立支援（リビングケア，アフターケア）

　ケア・リーバー（社会的養護経験者）の実態把握をおこなうとともに，自立支援ガイドラインの作成，里親等の代替養育機関，アフターケア機関の機能強化をおこなう。措置をおこなった自治体の責任を明確化し，

①　意　義	②　骨　格
●平成28年児童福祉法改正の理念を具体化 　⇒「社会的養護の課題と将来像（H23.7）」を全面的に見直し，「新しい社会的養育ビジョン」に至る工程を示す 〈平成28年児童福祉法改正〉 ◆子どもが権利の主体であることを明確にする ◆家庭への養育支援から代替養育までの社会的養護の充実 ◆家庭養育優先の理念を規定し，実親による養育が困難であれば，特別養子縁組による永続的解決（パーマネンシー保障）や里親による養育を推進	●市町村におけるソーシャルワーク体制の構築と支援メニューの充実を図る ◆保育園における対子ども保育士数の増加，ソーシャルワーカーや心理士の配置 ◆貧困家庭の子ども，医療的ケアを要する子どもなど，状態に合わせてケアを充実 ◆虐待，貧困の世代間連鎖を断つライフサイクルを見据えたシステムの確立 ◆虐待の危険が高く集中的な在宅支援を要する家庭に対する分離しないケアの充実 ●代替養育の全ての段階において，子どものニーズに合った養育を保障 ◆代替養育は家庭での養育が原則，高度に専門的なケアを要する場合「できる限り良好な家庭的な養育環境」を提供し，短期の入所が原則 ◆フォスタリング業務の質を高める里親支援事業等の強化，フォスタリング機関事業の創設 ◆児童相談所は永続的解決を目指し，適切な家庭復帰計画を立て市町村・里親等と実行，それが不適当な場合は養子縁組等のソーシャルワークが行われるよう徹底

③　実現に向けた工程

●29年度から改革に着手し，目標年限を目指し計画的に進める（市町村支援の充実による潜在的ニーズの掘り起し，代替養育を要する子どもの数の増加可能性に留意）

〈市町村の子ども家庭支援体制の構築〉 ・子どものニーズにあったソーシャルワークをできる体制の確保【概ね5年以内】 ・支援メニューの充実【30年度から開始，概ね5年後までに各地で行える】 ・在宅措置，通所措置の支援内容に応じた公費負担制度の構築【できるだけ早く】 〈児童相談所・一時保護改革〉 ・中核市による児童相談所設置が可能となるような計画的支援【法施行後5年目途】 ・養育体制の強化等により，子どもの権利が保障された一時保護【概ね5年以内】 ・養子縁組推進を図るソーシャルワークを行える十分な人材確保【概ね5年以内】 〈里親への包括的支援体制（フォスタリング機関）の抜本的強化と里親制度改革〉 ・フォスタリング機関による質の高い里親養育体制の確立【32年度には全国実施】 ・フォスタリング機関事業実施のためのプロジェクトチームの発足【29年度中】 ・新しい里親類型（一時保護里親，専従里親等）の創設【33年度を目途】 〈永続的解決（パーマネンシー保障）としての特別養子縁組の推進〉 ・「特別養子縁組制度の利用促進の在り方」報告に沿った法制度改革【速やかに】 ・児童相談所と民間機関が連携した養親・養子支援体制の構築【一日も早く】 ・年間1,000人以上の特別養子縁組成立【概ね5年以内】	〈乳幼児の家庭養育原則の徹底と，年限を明確にした取組目標〉 ・全年齢層にわたる里親委託率向上に向けた取組【今から】 ・3歳未満：75％以上【概ね5年以内】，3歳以上・就学前：75％以上【概ね7年以内】学童期以降：50％以上【概ね10年以内】 〈子どものニーズに応じた養育の提供と施設の抜本改革〉 ・ケアニーズに応じた措置費・委託費の加算制度の創設【できるだけ早く】 ・小規模化，地域分散化，常時2人以上の職員配置【概ね10年以内】 〈自立支援（リービング・ケア，アフター・ケア）〉 ・ケア・リーバー（社会的養護経験者）の実態把握，自立支援指針の作成【30年度まで】 ・代替養育機関，アフターケア機関の自立支援の機能を強化【概ね5年以内】 〈担う人材の専門性の向上など〉 ・社会的養護に係る全機関の評価を行う専門的評価機構の創設【概ね5年以内】 ・業務統計や虐待関連統計の整備，データベースの構築【概ね5年以内】 ・防げる死から子どもを守る制度，Child Death Review 制度の確立【概ね5年以内】 〈都道府県計画の見直し，国による支援〉 ・「社会的養護の課題と将来像」に基づく都道府県計画について，「新しい社会的養育ビジョン」に基づく見直し【30年度末まで】

図 4 - 2　新しい社会的養育ビジョン（要約編）

出典：厚労省（2017）「新しい社会的養育ビジョン（要約編）」。

包括的な制度的枠組みを構築するとしている。

⑧ 担う人材の専門性の向上など

　児童福祉司等の研修，要保護児童対策地域協議会の専門職研修等の実施状況とその効果判定をおこなうとしている。また，社会的養護に関わる機関の評価をおこなうため，専門的評価機構の創設やアドボケイト制度の構築がなされる。

⑨ 都道府県計画の見直し，国による支援

　「社会的養護の課題と将来像」（平成23年7月）を見直し，家庭養育の実現と永続的解決（パーマネンシー保障），施設改革，児童相談所と一時保護所の改革，中核市・特別区児童相談所設置支援，市区町村の子ども家庭支援体制構築への支援策などを盛り込むとしている。

　「社会的養育の推進に向けて」（厚生労働省 2020）では，前述した児童福祉法改正（2016年），「新しい社会的養育ビジョン」（2017）を踏まえ，家庭養育優先原則に基づいた具体的な取り組み，予算化した拡充内容を次のように示している。

　「① 包括的な里親養育支援体制の構築」は，フォスタリング機関の体制整備，里親家庭への支援の充実などである。「② 特別養子縁組の推進」では，民間あっせん機関における支援体制の強化，養親希望者の負担軽減である。「③ 施設の小規模かつ地域分散化，高機能化及び多機能化・機能転換等に向けた取組の推進」では，母子生活支援施設等の多機能化，児童養護施設等における職員配置の充実である。「④ 自立支援の充実」では，児童養護施設等の体制強化である。

（3）都道府県社会的養育推進計画

　前述した「新しい社会的養育ビジョン」が示されたことによって，国は都道府県に対して「子どもの権利や子どもの最善の利益はどの地域においても実現されるべきものである」との基本的考えから，具体的な数値目標と達成期限などを設定した「都道府県社会的養育推進計画」を2020年3月末までに策定するよう求めた。

　求められた計画の内容は，① 都道府県における社会的養育の体制整備の基本的考え方及び全体像，② 当事者である子どもの権利擁護の取り組み（意見聴取・アドボカシー），③ 市区町村の子ども家庭支援体制の構築等に向けた都道府県の取り組み，④ 各年度における代替養育を必要とする子ども数の見込み，⑤ 里親等への委託の推進に向けた取り組み，⑥ パーマネンシー保障としての特別養子縁組等の推進のための支援体制の構築に向けた取り組み，⑦ 施設の小規模かつ地域分散化，高機能化及び多機能化・機能転

換に向けた取り組み，⑧ 一時保護改革に向けた取り組み，⑨ 社会的養護自立支援の推進に向けた取り組み，⑩ 児童相談所の強化等に向けた取り組み，⑪ 留意事項である。

　特に「家庭養育優先原則」を徹底するために「里親やファミリーホームへの委託子ども数の見込み」を明示することなど，より具体的な内容が求められた。策定された各都道府県等の「都道府県社会的養育推進計画」では，里親等委託率の数値目標など，国で掲げる目標に近いものから現状水準にとどまるものまで，地域によってばらつきがある状況となっている。

演習問題

1. 社会的養護の仕組みの特徴と実施体系についてまとめてみよう。
2. 要保護児童対策地域協議会の役割についてまとめ，その意義をグループで話し合おう。
3. 「新しい社会的養育ビジョン」が作成された背景と具体的取り組みについてまとめてみよう。

引用・参考文献

新たな社会的養育の在り方に関する検討会（2017）『新しい社会的養育ビジョン』厚労省

厚生労働省「要保護児童対策地域協議会設置・運営指針」

　　https://www.mhlw.go.jp/bunya/kodomo/dv11/05-01.html#02

厚生労働省「児童相談所の運営指針について」

　　https://www.mhlw.go.jp/bunya/kodomo/dv-soudanjo-kai-zuhyou.html

厚生労働省（2017）「新しい社会的養育ビジョン（要約編）」

厚生労働省（2020）「社会的養育の推進に向けて」

芝野松次郎・新川泰弘・宮野安治・山川宏和編（2020）『子ども家庭福祉入門』ミネルヴァ書房。

（本田和隆）

第5章　里親，ファミリーホーム，養子縁組

　本章では，家庭養護の実際にかかわって，里親（養育里親，専門里親，養子縁組を希望する里親，親族里親），小規模住居型児童養育事業（ファミリーホーム），養子縁組（特別養子縁組・普通養子縁組）について，「児童福祉法」や「里親及びファミリーホーム養育指針」等に基づきつつ，その概略を学ぶ。

1．家庭養護の推進

　厚生労働省（2017）は，平成28年改正児童福祉法を踏まえた「子ども家庭福祉」の構築に伴い，「家庭と同様の環境における養育の推進」を掲げている。対応として次のものを挙げている。

　①　児童が家庭において健やかに養育されるよう，保護者を支援
　②　家庭における養育が適当でない場合，児童が「家庭における養育環境と同様の養育環境」において継続的に養育されるよう，必要な措置
　③　②の措置が適当でない場合，児童が「できる限り良好な家庭環境」で養育されるよう必要な措置

　養育においては，保護者が第一義的責任を負うこととしている。児童が身体的にも精神的にも健やかに成長していくためには，保護者への支援は必要不可欠である。では，「家庭と同様の養育環境」とはどのようなものなのか。

　厚生労働省（2017）は，「家庭と同様の養育環境」として，里親（養育里親，専門里親，養子縁組を希望する里親，親族里親），小規模住居型児童養

図5-1　家庭と同様の環境における養育体系図
出典：厚生労働省（2017）を基に筆者作成。

育事業（ファミリーホーム），養子縁組（普通養子縁組，特別養子縁組）を位置づけている（図 5 - 1）。これらの養育形態は，養育者の家庭に子どもを迎え入れて養育する「家庭養護」といえる。

２．里 親 制 度

　里親制度とは，家庭での養育を受けることが困難になってしまった児童等が，人としてのあたたかみがあり，子育ての在り方を理解している家庭のもとで養育を受け，愛着関係を形成し，基本的信頼感を養うことによって，児童の心身ともに健全な育みを図るものである。里親は，児童福祉法第 6 条の 4 に規定されている。

（1）対 象 児 童
　里親委託する児童は，施設入所や将来的に家族再統合する可能性の有無にかかわらず，乳児から高年齢まで，すべての児童が対象となる。障害や非行の問題を抱えているなど，個別の支援を必要とする児童や，親族から養育支援を受ける児童もこの制度が適用される（表 5 - 1）。

（2）里親の形態
①　養育里親（児童福祉法第 6 条の 4 第 2 項）
　保護者のない児童または保護者に監護させることが不適当であると認めら

表 5 - 1　里親制度の概要（平成31年 3 月現在）

種類	養育里親	専門里親	養子縁組里親	親族里親
対象児童	要保護児童	次に挙げる要保護児童のうち，都道府県知事がその養育に関し特に支援が必要と認めたもの ①児童虐待等の行為により心身に有害な影響を受けた児童 ②非行等の問題を有する児童 ③身体障害，知的障害又は精神障害がある児童	要保護児童	次の要件に該当する要保護児童 ①当該親族里親に扶養義務のある児童 ②児童の両親その他当該児童を現に監護する者が死亡，行方不明，拘禁，入院等の状態となったことにより，これらの者により，教育が期待できないこと
登録里親数	10,136世帯	702世帯	4,238世帯	588世帯
委託里親数	3,441世帯	193世帯	317世帯	558世帯
委託児童数	4,235人	223人	321人	777人

出典：厚生労働省（2020）「社会的養育の推進に向けて」。

れる児童を養育することを希望し，かつ省令で定める要件を満たす者であって，都道府県知事が要保護児童を委託する者として適当と認め，養育里親名簿に登録されたものをいう。

② **専門里親**（児童福祉法施行規則第１条の36）

　省令で定める要件に該当する養育里親であって，① 児童虐待等の行為により心身に有害な影響を受けた児童，② 非行のある若しくは非行に結び付くおそれのある行動をする児童，または③ 身体障害，知的障害若しくは精神障害がある児童のうち，都道府県知事がその養育に関し特に支援が必要と認めたものを養育するものとして養育里親名簿に登録されたものをいう。

③ **養子縁組里親**（児童福祉法第６条の４第１項）
（児童福祉法施行規則第１条の33第２項第１号）

　要保護児童を養育することを希望する者であって，養子縁組によって養親となることを希望するもののうち，都道府県知事が児童を委託する者として適当と認めるものをいう。

④ **親族里親**（児童福祉法第６条の４第１項）
（児童福祉法施行規則第１条の33第２項第２号）

　要保護児童の扶養義務者及びその配偶者である親族であって，要保護児童の両親その他要保護児童を現に監護する者が死亡，行方不明，拘禁，疾病による入院等の状態となったことにより，これらの者による養育が期待できない要保護児童の養育を希望する者のうち，都道府県知事が児童を委託する者として適当と認めるものをいう。

（３）里親支援の体制

　厚生労働省は，『里親及びファミリーホーム養育指針』（2012）において，「児童相談所，里親支援機関，市町村の子育て支援サービスを活用し，…（中略）…社会的つながりを持ち，孤立しないことが重要である」と家庭養護の担い手について提言している。中途からの養育の困難さを里親自身も周囲の人間も理解する必要があるからであり，場合によれば，心も体も疲弊してしまい，結果的に子どもの最善の利益に結びついていかないこともあるからである。

　里親支援機関としては，児童相談所，里親会，児童家庭支援センター，児童養護施設や乳児院，公益法人やNPO等が挙げられる。里親支援内容は相談をはじめ多岐にわたる。各機関が分担，連携をおこないながら支援を実施

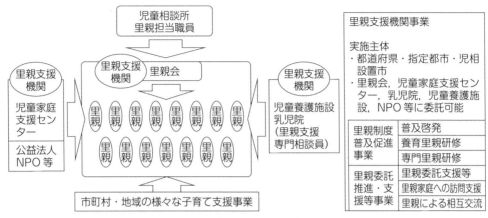

図 5-2　里親支援機関の役割分担について

出典：厚生労働省（2012）。

表 5-2　里親支援内容

里親支援機関	支援内容
児童相談所	養育上の指導，養育状況の把握，実親との関係調整，自立支援計画の策定など
里親会	里親サロンなどの相互交流。里親経験を生かした訪問支援，里親によるレスパイトなど
児童家庭支援センター	専門職員による養育相談，電話相談など
児童養護施設・乳児院	施設から里親への移行支援，里親への訪問相談，電話相談，レスパイトなど

出典：厚生労働省（2012）を基に筆者作成。

している（図 5-2，表 5-2）。里親サロン，里親会の交流イベントといった機会は，里親にとっても"養育を開く"という意味で大切な場である。

3．小規模住居型児童養育事業（ファミリーホーム）

　小規模住居型児童養育事業（以下，ファミリーホーム）は，事業を展開する養育者の家庭に児童を迎え入れ，児童間の相互作用を活かしながら養育をおこなう家庭養護である。小規模住居型児童養育事業は，児童福祉法第 6 条の 3 第 8 項に規定されている。

（1）対象児童

　対象児童は，要保護児童のうち，家庭的な環境において養育されることが望ましい児童であって，児童福祉法第27条第 1 項第 3 号の規定に基づき措置された者である。

（2）ファミリーホームの形態

　養育者は，養育里親の経験を有しているとか，児童福祉施設で従事していた者であるとか，要保護児童に対しての養育経験をもっている。これまでの経験を踏まえ，きめ細やかな養育をおこなうことが期待されている。また，児童間のかかわりや児童の主体性を尊重した養育をおこなうこと，児童相談所，児童家庭支援センターをはじめとする関係機関との連携をおこないながら養育していくことが求められている。

（3）ファミリーホームのとらえ方

　厚生労働省（2012）は，『里親及びファミリーホーム養育指針』において，ファミリーホームは"里親家庭が大きくなったものであり，施設が小さくなったものではない"と提言をしている。ファミリーホームの養育者は，児童にとっての職員ではなく，家族を一緒に形成する存在であるという姿勢が求められる。家庭をともに築き上げていこうとする養育者のまなざしは，児童の安心感や信頼感につながるであろう。このような信頼関係は，他者との人間関係を形成する上での基盤となる。

4．養子縁組（特別養子縁組・普通養子縁組）

　養子縁組は，保護者のない児童，または家庭において養育されることが適当でない児童に対して，家庭を提供し，法的安定性のあるなかで健全な育成を図る家庭養護の一種である。普通養子縁組と特別養子縁組の2種類が存在する（表5-3）。

（1）対　象

　普通養子縁組の対象は，尊属または養親より年長でない者となっている。特別養子縁組は，原則，15歳に達していない者となっている。2019（令和元）年に民法が改正され，特別養子縁組の対象年齢は拡大された。従来は，幼少の頃から養育を開始した方が愛着関係や基本的信頼感を形成しやすいという視点から原則，6歳未満となっていたが，高年齢の児童が特別養子縁組を活用することができないという児童福祉の現場などからの指摘により，上限年齢は引き上げられた。

（2）養子縁組の形態
① 普通養子縁組

　普通養子縁組は，戸籍の上で養親と実親が並んで記載され，実親と法律上，

表5-3　養子縁組制度の概要

普通養子縁組	特別養子縁組
〈縁組〉の成立 養親と養子の同意により成立	〈縁組の成立〉 養親の請求に対し家族の決定により成立 実父母の同意が必要（ただし，実父母が意思を表示できない場合や実父母による虐待など養子となる者の利益を著しく害する理由がある場合は，このかぎりではない）
〈要件〉 養親：成年に達した者 養子：尊属又は養親より年長でない者	〈要件〉 養親：原則25歳以上（夫婦の一方が25歳以上であれば，一方は20歳以上で可） 養子：原則，15歳に達していない者 　　　子の利益のために特に必要がある場合に成立
〈実父母との親族関係〉 実父母との親族関係は終了しない	〈実父母との親族関係〉 実父母との親族関係が終了する
〈監護期間〉 特定の設定はない	〈監護期間〉 6か月以上の監護期間を考慮して縁組
〈離縁〉 原則，養親及び養子の同意により離縁	〈離縁〉 養子の利益のため特に必要があるときに養子，実親，検察官の請求により離縁
〈戸籍の表記〉 実親の名前が記載され，養子の続柄は「養子（養女）」と表記	〈戸籍の表記〉 実親の名前が記載されず，養子の続柄は「長男（長女）」等と記載

出典：厚生労働省（2020）「社会的養育の推進に向けて」。

関係が継続する形式である。

② 特別養子縁組

　特別養子縁組は，児童の権利を積極的に擁護する観点から戸籍上も実親子と同様の記載である。また，実親との親族関係は終了する。

（3）養子縁組を実施していく上での留意点

　全国里親委託等推進委員会は，『里親及びファミリーホーム養育指針ハンドブック』（2013）において，養子縁組里親は，養子縁組が成立するとともに，「里親」から「養親」へ立場が変わり，里親支援の場に参加しなくなることが危惧されるとしている。子どもへの真実告知や発達に応じた養育，思春期の養育，進学や医療に関することなど，養親が抱えるニーズは，里親が抱えるニーズと共通している点が多い。家庭養護を担う養親や里親が喜びや悩みを分かち合える場を設け，積極的に参加してもらう機会を創造していかなければならない。

引用・参考文献

厚生労働省（2012）『里親及びファミリーホーム養育指針』
　　　https://www.mhlw.go.jp/bunya/kodomo/pdf/tuuchi-56.pdf
厚生労働省（2012）『里親及びファミリーホーム養育指針ハンドブック』
　　　http: //www. zensato. or. jp/home/wp-content/uploads/2017/03/yoiku_hand
　　　book2013.pdf
厚生労働省（2017）『社会的養育の推進に向けて』
　　　https://www.mhlw.go.jp/content/00784817.pdf

（松本充史）

第6章　社会的養護の実際①

児童養護施設，児童自立支援施設，自立援助ホーム

　本章では，社会的養護の施設の中でも，児童養護施設，児童自立支援施設，自立援助ホームといった児童福祉施設を取り上げ，対象・形態・運営指針・ガイドライン（運営指針ハンドブック等）を通して，社会的養護の実際を学ぶ。

1．児童養護施設

　児童養護施設は，「児童福祉法」第41条により規定されている施設で，保護者のない児童（乳児を除くが，必要のある場合は乳児を含む）や虐待されている児童，その他環境上養護を要する児童を入所させて養護する。

　また施設を退所した者に対する相談，その他の自立のための援助をおこなうことを目的とする施設である。

　さらに入所児童およびその保護者に対して，市町村，児童相談所，教育機関，医療機関などと緊密な連携を図りつつ，親子の再統合のための支援や入所児童が家庭（家庭における養育環境と同様の養育環境および良好な家庭的環境を含む）で養育されるために必要な対応をしなければならない（児童福祉法第48条の3）。

　また入所児童の保護に支障がない範囲で地域の住民に対して，児童の養育に関する相談に応じ，助言をおこなう努めを有する（児童福祉法第48条の2）。

（1）対象児童

　児童養護施設に入所する児童は，保護者のいない児童（乳児を除くが，必要のある場合には乳児を含む）や虐待されている児童，その他環境上養護を要する児童である。

　表6-1において，児童養護施設に入所に至った主な理由とその割合を示す。

　また，児童養護施設入所児童等調査の結果（2018（平成30）年2月1日現在）によると，入所児童のうち，虐待を受けた児童（被虐待児）は65.6％，何らかの障がいをもつ児童は36.7％と前回の調査結果（2015（平成25）年2月1日現在）より増加しており，専門的なケアの必要性が求められている。入所児童の平均在所期間は5.2年だが，10年以上の在所期間の児童は14.5％となっており，前回の調査結果（同上）より増加している。

表6-1 児童養護施設入所児童の主な養護問題発生理由

(2018（平成30）年2月1日現在)

主な養護問題発生理由	人	％	主な養護問題発生理由	人	％
父の死亡	142	0.5%	父の精神疾患等	208	0.8%
母の死亡	542	2.0%	母の精神疾患等	4,001	14.8%
父の行方不明	60	0.2%	父の放任・怠だ	544	2.0%
母の行方不明	701	2.6%	母の放任・怠だ	4,045	15.0%
父母の離婚	541	2.0%	父の虐待・酷使	2,542	9.4%
父母の不和	240	0.9%	母の虐待・酷使	3,538	13.1%
父の拘禁	284	1.1%	棄児	86	0.3%
母の拘禁	993	3.7%	養育拒否	1,455	5.4%
父の入院	104	0.4%	破産等の経済的理由	1,318	4.9%
母の入院	620	2.3%	児童の問題による監護困難	1,061	3.9%
家族の疾病の付き添い	29	0.1%	児童の障害	97	0.4%
次子出産	60	0.2%	その他	2,480	9.2%
父の就労	579	2.1%	不詳	164	0.6%
母の就労	592	2.2%	総数	27,026	100.0%

出典：厚生労働省（2020）「児童養護施設入所児童等調査の概要」をもとに筆者が作成。

表6-2 措置児童の保護者の状況（2018（平成30）年2月1日現在)

保護者の状況	総 数	父母有り（養父母含む）	父のみ（養父含む）	母のみ（養母含む）	両親ともいない	両親とも不明	不詳
人	27,026	9,920	2,866	12,302	1,384	359	195
％	100.0	36.7	10.6	45.5	5.1	1.3	0.7

出典：厚生労働省（2020）「児童養護施設入所児童等調査の概要」をもとに筆者が作成。

児童養護施設は，かつては「孤児院」といわれており，両親や祖父母その他の親戚がまったくいない児童が入所しているイメージが残っているが，現在では表6-2のように父母，またはそのいずれかがいる児童が9割以上を占めている。

（2）児童養護施設の形態

① 大舎・中舎・小舎制

児童養護施設は，大舎制，中舎制，小舎制の3形態に大別される。

・大舎制…児童が生活している建物（1養育単位）の児童の定員が20名以上の施設形態である。大きな建物の中に必要な設備が配置され，一般的には一部屋5～8人の児童が男女や年齢により分けられているが，高年齢児の場合は個室もある。共同の設備，生活空間，プログラムのもとに運営されており，管理しやすい反面，児童のプライバシーが守られにくく，家庭的雰囲気が得にくいとの指摘もある。

・中舎制…1養育単位の児童の定員数が13～19名の施設形態である。大きな建物の中を区切って小さな生活集団の場を作り，それぞれの建物に必

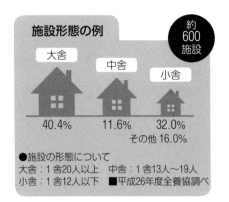

施設形態の例
約
600
施設
大舎
中舎
小舎
40.4%
11.6%
32.0%
その他 16.0%
●施設の形態について
大舎：１舎20人以上　中舎：１舎13人～19人
小舎：１舎12人以下　■平成26年度全養協調べ

図６－１　施設形態の例

出典：全国児童養護施設協議会（2019）パンフレット「もっと，もっと知ってほしい児童養護施設」。

要な設備が備えられている。

・小舎制…１養育単位の児童の定員が12名以下の施設形態である。一つの施設の敷地内に独立した家屋が複数あり，その家屋ごとに必要な設備が備えられている。大舎制に比べると生活単位が小さく，家庭的な雰囲気での生活がしやすくなっている。

② 小規模グループケア・地域小規模児童養護施設（グループホーム）

近年，社会的養護が必要な児童に対して，できる限り家庭的な環境のなか

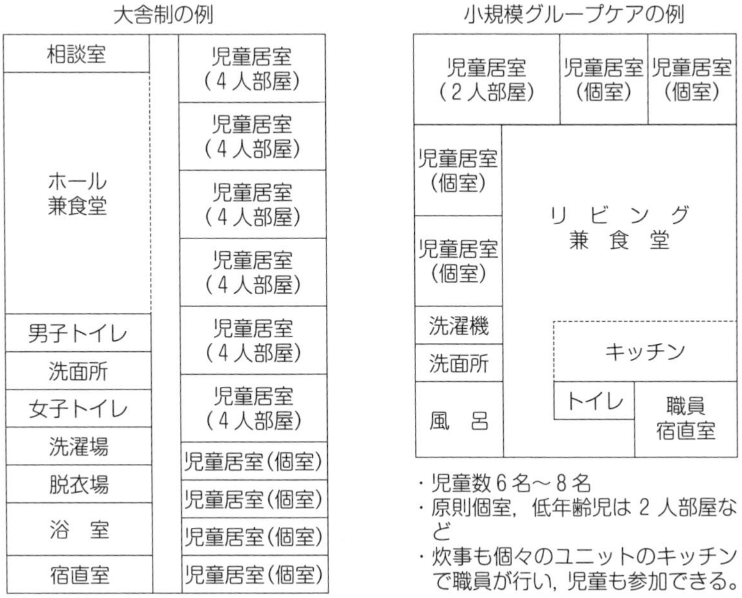

大舎制の例
相談室
ホール
兼食堂
男子トイレ
洗面所
女子トイレ
洗濯場
脱衣場
浴　室
宿直室
児童居室（４人部屋）
児童居室（４人部屋）
児童居室（４人部屋）
児童居室（４人部屋）
児童居室（４人部屋）
児童居室（４人部屋）
児童居室（個室）
児童居室（個室）
児童居室（個室）
児童居室（個室）
小規模グループケアの例
児童居室（２人部屋）
児童居室（個室）
児童居室（個室）
児童居室（個室）
児童居室（個室）
リビング
兼食堂
洗濯機
洗面所
風　呂
キッチン
トイレ
職員
宿直室
・児童数６名～８名
・原則個室，低年齢児は２人部屋など
・炊事も個々のユニットのキッチンで職員が行い，児童も参加できる。

図６－２　大舎制，小規模グループケアの例

出典：厚生労働省（2020）「社会的養育の推進に向けて」。

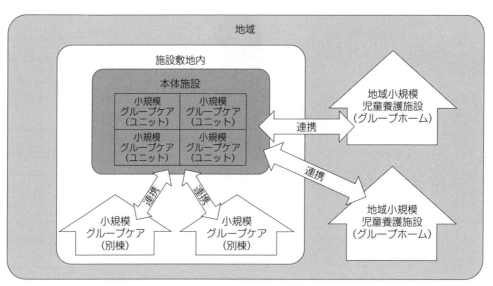

図6-3 児童養護施設の小規模化イメージ

出典：相澤・村井（2015：159）の図表を参考に筆者が作成。

で安定した人間関係の下で育てることができるよう，施設のケア単位の小規模化（小規模グループケア）やグループホーム化などの推進が図られている。いずれも前述の大舎制・中舎制の施設形態のなかでおこなわれており，児童養護施設の本体と連携しながら運営されている。

　・小規模グループケア…6～8名ほどの小規模なグループで，細やかな養育をおこなっている。施設の建物内を少人数のユニットに分ける形態と，施設の敷地内に本体とは別の建物を建てて養育をおこなう形態がある。
　・地域小規模児童養護施設（グループホーム）…児童養護施設が地域の一般住宅を借りるなどして，本体施設とは別に6名定員で児童を養育する形態である。一般住宅で生活をするため，大舎制・中舎制では得られない生活全般の技術の習得や地域との自然な交流をおこなうことができる。

（3）児童養護施設運営指針

　児童養護施設運営指針は，2011（平成23）年7月に厚生労働省より示された「社会的養護の課題と将来像」において，社会的養護の現状では施設等の運営の質の差が大きいとの理由から，「児童養護施設」，「乳児院」，「児童心理治療施設（旧：情緒障害児短期治療施設）」，「児童自立支援施設」，「母子生活支援施設」の社会的養護関係の5施設の運営等の質の向上を図るために作成されたものの1つである。

　作成の目的は，児童養護施設がもっている機能を地域に還元することや養育のモデルを示すような水準をもつことが求められていることを踏まえ，社

会的養護のさまざまな担い手との連携の下で，社会的養護を必要とする子ど
もたちへの適切な支援を実現していくことにある。

　運営指針の「第Ⅰ部 総論」では，目的，社会的養護の基本理念と原理，
役割と理念，対象児童等，養育等のあり方の基本が記されている。

　また，「第Ⅱ部 各論」は第三者評価基準の評価項目に対応させる構成とな
っており，児童養護施設運営の目指すべき方向を示し，第三者評価のA～C
の評価の最も達成度の高いA評価（よりよい福祉サービスの水準・状態，質
の向上を目指す際に目安とする状態）の内容に対応している。

　第三者評価は，社会福祉サービス事業者が事業運営における問題点を把握
し，質の向上に結びつけることを目的とする。社会的養護関係の5施設につ
いては，子どもが施設を選ぶ仕組みでない措置制度等であり，施設長による
親権代行等の規定もある。また被虐待児等が増加し，施設運営の質の向上が
必要であることから，2012（平成24）年度より第三者評価の受審およびその
結果の公表が義務づけられている。

（4）児童養護施設運営ハンドブック

　児童養護施設運営ハンドブックは，2014（平成26）年3月に厚生労働省よ
り発行（厚生労働省ホームページに掲載）された。

　児童養護施設運営指針の解説書という形式で，施設運営の考え方，必要な
知識，実践的な技術や知恵などを加え，各論ではエピソードやコラム，写真
を交えてわかりやすいものとし，読者も一緒に考えられる構成となっている。

　以下に児童養護施設運営指針の記述とそれに対する児童養護施設運営ハン
ドブックの内容についていくつか取り上げる。

「児童養護施設運営指針」第Ⅱ部各論　1．養育・支援（6）性に関する教育

> ①　子どもの年齢・発達段階に応じて，異性を尊重し思いやりの心を育てる
> 　よう，性についての正しい知識を得る機会を設ける。

「児童養護施設運営ハンドブック」の解説

> ・性をタブー視しない
> 　児童養護施設における性教育は，自立と共生の力を育てることを基本的
> な考え方として，年齢に応じたカリキュラムを用意し，性をタブー視せず，
> 子どもの疑問にも真摯に答える姿勢が必要である。子どもが性に対して関
> 心を持っていれば，異性を理解すること，相手を思いやることの大切さを
> 伝える機会としたい。また，職員自身が性について正しく理解するための
> 勉強会等を行うことも大切である。

「児童養護施設運営指針」第Ⅱ部各論　5．事故防止と安全対策

> ① 事故，感染症の発生時など緊急時の子どもの安全確保のために，組織として体制を整備し，機能させる。
> ・事故発生対応マニュアル，衛生管理マニュアル等を作成し，職員に周知する。定期的に見直しを行う。

「児童養護施設運営ハンドブック」の解説（エピソード）

> ・集団感染防止のための速やかで適切な対応
> 　1人の児童に急な発熱等がみられ通院し，感染症と判明，同伴職員が施設に連絡を入れた。連絡を受けた職員は施設長に報告，各ホーム責任者を招集し，概略を説明した。その後，対応マニュアルに基づいて，隔離室を確保，速やかに他の児童にマスクを用意し，手洗いやうがいの徹底を呼びかけた。また児童相談所や学校等へ連絡を入れ，施設内外に感染予防の体制をつくり，感染症の蔓延を防いだ。

2．児童自立支援施設

　児童自立支援施設は，「児童福祉法」第44条により規定されている児童福祉施設で，不良行為をなし，またはなすおそれのある児童及び家庭環境その他の環境上の理由により生活指導等を要する児童を入所させ，または保護者の下から通わせて，個々の児童の状況に応じて必要な指導をおこない，その自立を支援し，あわせて退所した者について相談その他の援助をおこなうことを目的とする施設である。また入所児童の保護に支障がない限り，地域の住民に対して児童の養育に関する相談に応じ，助言をおこなうよう努める役割ももっている（児童福祉法第48条の2）。

　加えて通所での支援，家庭環境の調整，アフターケアなどの機能充実に努めるとともに，非行ケースへの対応，他の施設（児童養護施設，児童心理治療施設等）での支援が難しくなった児童の受け入れ先としての役割を併せもつ。

　児童自立支援専門員，精神科医師または嘱託医，個別対応職員，家庭支援専門相談員，心理療法担当職員（必要な児童10人以上の場合），職業指導員（職業指導をおこなう場合）などの専門的な職員を配置し，児童の自主性を尊重しながら，家庭的・福祉的アプローチにより，入所児童一人ひとりの育ちなおしや立ち直り，社会的な自立に向けた支援をおこなっている。

表6-3　児童自立支援施設入所児童の主な養護問題発生理由

（2018（平成30）年2月1日現在）

主な養護問題発生理由	人	％	主な養護問題発生理由	人	％
父の死亡	5	0.3％	父の精神疾患等	2	0.1％
母の死亡	6	0.4％	母の精神疾患等	42	2.9％
父の行方不明	2	0.1％	父の放任・怠だ	21	1.5％
母の行方不明	5	0.3％	母の放任・怠だ	72	5.0％
父母の離婚	25	1.7％	父の虐待・酷使	86	5.9％
父母の不和	6	0.4％	母の虐待・酷使	57	3.9％
父の拘禁	2	0.1％	棄児	4	0.3％
母の拘禁	5	0.3％	養育拒否	41	2.8％
父の入院	2	0.1％	破産等の経済的理由	2	0.1％
母の入院	1	0.1％	児童の問題による監護困難	988	68.2％
家族の疾病の付き添い	0	0.0％	児童の障害	19	1.3％
次子出産	0	0.0％	その他	42	2.9％
父の就労	0	0.0％	不詳	8	0.6％
母の就労	5	0.3％	総数	1,448	100.0％

出典：厚生労働省（2020）「児童養護施設入所児童等調査の概要」をもとに筆者が作成。

表6-4　児童自立支援施設入所児童の入所時の保護者の状況 （2018（平成30）年2月1日現在）

保護者の状況	総数	父母有り（養父母含む）	父のみ（養父含む）	母のみ（養母含む）	両親ともいない	両親とも不明	不詳
人	1448	545	138	663	78	17	7
％	100.0	37.6	9.5	45.8	5.4	1.2	0.5

出典：厚生労働省（2020）「児童養護施設入所児童等調査の概要」をもとに筆者が作成。

（1）対象児童

　児童自立支援施設に入所する児童は，不良行為をなし，またはなすおそれのある児童及び家庭環境その他の環境上の理由により生活指導等を要する児童である。具体的には窃盗，浮浪・家出，性非行などが挙げられ，少年法に基づく家庭裁判所の保護処分等により入所する児童もいる。

　また，虐待や複雑な問題を抱える養育環境下で生活を送ってきた児童，乳幼児期に保護者等との基本的信頼関係が形成されなかった児童，トラウマを抱えている児童，知的障害やADHD（注意欠如・多動症）などの発達障害のある児童なども少なくない。

　中学校卒業児童（高齢児童）は，定時制を含む外部の一般高校や，施設内で日中活動もおこなう高等部に通学している。施設内の高等部には，中学校卒業後に1年遅れで高校受験を希望する児童や，企業での実習や労働体験をしながら就職を希望する児童がいる。

（2）児童自立支援施設の形態

　児童自立支援施設の職員である実際の夫婦とその家族が，施設の敷地内に

建てられた小舎（少人数の単独の建物）に住み込んで，家庭的な生活のなかで入所児童に一貫性と継続性をもった支援をおこなう小舎夫婦制や，同様の小舎において担当の職員が交代で勤務する小舎交代制という形態をとり，小規模による家庭的な支援をおこなっている。近年，小舎夫婦制は減少し，小舎交代制が増えてきている。

（3）児童自立支援施設運営指針

　児童自立支援施設運営指針は，2011（平成23）年7月に厚生労働省より示された「社会的養護の課題と将来像」において，社会的養護の現状では施設等の運営の質の差が大きいとの理由から，児童自立支援施設の運営等の質の向上を図るために作成されたものの1つである。

　作成の目的は，施設で暮らす児童たちに健やかな育ちを保障する取り組みを創出すること，施設がもつ機能を地域に還元することや養育のモデルを示すような水準をもつことが求められていることを踏まえ，社会的養護のさまざまな担い手との連携の下で，社会的養護を必要とする子どもたちへの適切な支援を実現していくことにある。

　指針の「第Ⅱ部各論　1．支援（1）支援の基本」では，入所児童が施設において愛され大切にされていることを感じられるような家庭的・福祉的アプローチをおこなうことが記されている。

　学校教育の面では施設内にある学校（分校，分教室など）において就学義務への対応を図り（第Ⅰ部総論　6．児童自立支援施設の将来像（1）専門的機能の充実等），心身の育成と社会性を養うため野球・サッカー等のスポーツ活動や茶道・華道・楽器演奏などクラブ活動もおこなわれている（第Ⅱ部各論　1．支援（10）学習支援，進路支援，作業支援等）。

（4）児童自立支援施設運営ハンドブック

　児童自立支援施設運営ハンドブックは，2014（平成26）年3月に厚生労働省より発行（厚生労働省ホームページに掲載）され，運営指針に基づいた解説がなされている。

　その内容は，新任の新人職員等でも理解できるよう平易な文章で書かれ，第三者評価機関，評価調査者等が施設の特徴を把握できるものとなっている。また，施設で生活する児童の自立の支援やその家族の支援の方法，関係機関との連携の方法も具体的に記されている。

3．自立援助ホーム（児童自立生活援助事業）

　自立援助ホームは，「児童福祉法」第6条の3，第33条の6に「児童自立生活援助事業」として規定されている。他の宿泊を伴う児童福祉法に規定されている入所施設（乳児院，母子生活支援施設，児童養護施設，障害児入所施設，児童心理治療施設または児童自立支援施設）は第1種社会福祉事業であるが，自立援助ホームは第2種社会福祉事業である。

　児童援助ホームの目的は，児童の自立支援を図る観点から，義務教育終了後，児童養護施設や児童自立支援施設等への入所措置または里親やファミリーホームへの委託が解除された児童等に対し，共同生活を営むべき住居において，相談その他の日常生活上の援助，生活指導，就業の支援をおこなうとともに，児童自立生活援助の実施を解除された者への相談その他の援助をおこなうことにより，社会的自立の促進に寄与することである。

　その開設の歴史には，社会的養護を必要としながら，福祉，医療，労働，司法などの制度の狭間で支援を受けられなかった児童等に，「誰一人も見捨てない」，「最後の砦」という思いをもつ人々の熱意があった。

　表6-5に示したように，近年，自立援助ホームのニーズは高く，施設数は増加し続けている。

　全国自立援助ホーム協議会によれば2021（令和3）年3月1日現在で198ホーム（協議会未入会ホームを除く）となっている。

　また都道府県知事は，「児童自立生活援助事業（自立援助ホーム）実施要項」に定める要件を満たす場合，虐待を受けた児童等の緊急の避難先（子どもシェルター）を，自立援助ホームとして援助の実施を委託することができる。

（1）対象者（入居者）

　2017（平成29）年3月31日の厚生労働省の通知「「児童自立生活援助事業（自立援助ホーム）の実施について」の一部改正について」により従前の「児童養護施設等を退所した者またはその他の都道府県知事が必要と認めた

表6-5　自立援助ホーム（児童自立生活援助事業）数の推移
（各年10月1日現在）

年	2012 (H24)	2013 (H25)	2014 (H26)	2015 (H27)	2016 (H28)	2017 (H29)	2018 (H30)	2019 (R1)
施設数（か所）	99	113	118	123	143	154	176	193

出典：厚生労働省（2021）「社会的養育の推進に向けて」。

表6-6　入居者の入居経路（2018（平成30）年2月1日現在）

総数	家庭から	児童養護施設から	児童自立支援施設から	他の児童福祉施設から	里親家庭から	ファミリーホームから	医療医機関から	単身から	その他から	不詳
616（人）	267	131	30	35	14	14	11	20	91	3
100（%）	43.3	21.3	4.9	5.7	2.3	2.3	1.8	3.2	14.8	0.5

出典：厚生労働省（2020）「児童養護施設入所児童等調査の概要」をもとに筆者が作成。

表6-7　養護問題発生の主な理由（2018（平成30）年2月1日現在）

主な養護問題発生理由	人	%	主な養護問題発生理由	人	%
父の死亡	10	1.6%	父の精神疾患等	2	0.3%
母の死亡	12	1.9%	母の精神疾患等	46	7.5%
父の行方不明	2	0.3%	父の放任・怠だ	10	1.6%
母の行方不明	9	1.5%	母の放任・怠だ	44	7.1%
父母の離婚	13	2.1%	父の虐待・酷使	89	14.4%
父母の不和	3	0.5%	母の虐待・酷使	76	12.3%
父の拘禁	2	0.3%	棄児	3	0.5%
母の拘禁	9	1.5%	養育拒否	58	9.4%
父の入院	—	—	破産等の経済的理由	8	1.3%
母の入院	4	0.6%	児童の問題による監護困難	136	22.1%
家族の疾病の付き添い	2	0.3%	児童の障害	13	2.1%
次子出産	1	0.2%	その他	46	7.5%
父の就労	2	0.3%	不詳	14	2.3%
母の就労	2	0.3%	総数	616	100.0%

出典：厚生労働省（2020）「児童養護施設入所児童等調査の概要」をもとに筆者が作成。

20歳未満の児童等」に加え，2017（平成29）年4月1日から「22歳の年度末までの間にある大学等就学中の者（満20歳に達する日の前日に自立援助ホームに入居していた者に限る）」が対象となっている。また同通知により児童自立生活援助の対象者の表記が「児童」から「入居者」に改められている。

　他の児童福祉法に規定されている入所施設と大きく異なる点として，入居・退居は「入居者」の申請（意志）によるものであって，利用者の主体性が尊重されることが挙げられる。

　具体的には，虐待や貧困，非行などの問題で家庭に居場所がなくなった青少年等が入居している。自立援助ホーム設立当初は，児童養護施設の退所者の支援が主だったが，近年では表6-6のように家庭から直接入居する青少年の割合の方が高くなっている。

　また，入居の理由の割合は，親による放任・虐待が最も高く（表6-7網かけ部），他の理由も家庭の問題に起因することが多い。

（2）自立援助ホームの形態
　入居定員は，5人以上20人以下であるが，ほとんどが6名定員である。全

国自立援助ホーム協議会のホームページには2021（令和3）年3月1日現在，198ホーム（協議会未入会ホームを除く）中6名定員のホームが152か所（76.8%）となっており，家庭機能に近い小規模・小舎で運営されている。定員10人以上のホームは7か所（4%）とごく一部である。

　事業の実施主体は都道府県・政令指定都市で，経営主体は社会福祉法人やNPO法人等である。

（3）自立援助ホーム運営指針

　自立援助ホーム運営指針は，2015（平成27）年4月に厚生労働省より作成されている。基本構成は他の児童福祉法に規定されている入所施設（乳児院，母子生活支援施設，児童養護施設，障害児入所施設，児童心理治療施設または児童自立支援施設）の運営指針と共通しているが，義務教育終了後に生活に問題を抱えた青少年等を支援する自立援助ホームならではの特徴について詳しく記されている。

　「第Ⅰ部総論　3．自立援助ホームの役割と理念（2）自立援助ホームの理念③真剣に向き合う姿勢」において，入居者との真剣に向き合い，意見のぶつかり合いも含め信頼関係を構築してくことが自立援助ホームの理念の1つであることが記されている。

　スタッフは就労支援として，ハローワークや仕事ガイドなどの使い方や履歴書の書き方，面接のノウハウ等も丁寧に説明し，就労先が決まるまで一緒に動くように努め，就学支援としては定時制高校，通信制高校などの情報の提供を行う（第Ⅱ部各論　1．支援（11）就労・就学支援）。

　また複合的課題を抱えている利用者が必要とする支援を実現するため，企業，医療，福祉，保健，教育，警察，司法など公的，民間を問わずさまざまな機関や団体との連携の重要性と，限られた制度を有効に活用するための手続き等に関する正しい知識が求められる（第Ⅰ部総論　5．支援のあり方の基本（9）地域とのつながりと連携①地域社会の理解と連携）。

　なお，自立援助ホームのハンドブックは，児童福祉法に規定されている入所施設（乳児院，母子生活支援施設，児童養護施設，障害児入所施設，児童心理治療施設または児童自立支援施設）と違い，厚生労働省から発行されているものはない。

演習問題

1. 本章で取り上げた施設の特色や支援方針を，施設のホームページや各施設協議会のホームページなどで調べ，学びを深めよう。

２．各施設が地域でどのような役割をもつのか具体的に考えてみよう。

３．自立援助ホームが年々増加している理由を，児童等の社会的問題の観点から
考察してみよう。

引用・参考文献

相澤仁・村井美紀（2015）『基本保育シリーズ社会的養護内容』中央法規出版。

厚生労働省（2006）「「児童自立支援施設のあり方に関する研究会」報告書のとりま
とめについて」

　　https://www.mhlw.go.jp/shingi/2006/02/s0228-2.html　（2021年3月8日閲
覧）

厚生労働省（2012）「児童自立支援施設運営指針」

　　https://www.mhlw.go.jp/bunya/kodomo/pdf/tuuchi-54.pdf　（2021年3月4日
閲覧）

厚生労働省（2012）「児童養護施設運営指針」

　　https://www.mhlw.go.jp/bunya/kodomo/pdf/tuuchi-51.pdf　（2021年2月12日
閲覧）

厚生労働省（2014）「児童自立支援施設ハンドブック」

　　https://www.mhlw.go.jp/seisakunitsuite/bunya/kodomo/kodomo_kosodate/
syakaiteki_yougo/dl/yougo_book_5_0.pdf　（2021年3月4日閲覧）

厚生労働省（2014）「児童養護施設運営ハンドブック」

　　https://www.mhlw.go.jp/seisakunitsuite/bunya/kodomo/kodomo_kosodate/
syakaiteki_yougo/dl/yougo_book_2.pdf　（2021年2月12日閲覧）

厚生労働省（2015）「自立援助ホーム運営指針」

　　https://www.mhlw.go.jp/file/06-Seisakujouhou-11900000-Koyoukintoujidouka
teikyoku/0000083530.pdf　（2021年3月24日閲覧）

厚生労働省（2017）「児童自立生活援助事業（自立援助ホーム）の実施について
（別紙）児童自立生活援助事業（自立援助ホーム）実施要綱」

　　https://www.mhlw.go.jp/file/06-Seisakujouhou-11900000-Koyoukintoujidouka
teikyoku/0000167409.pdf　（2021年3月24日閲覧）

厚生労働省（2020）「児童養護施設入所児童等調査の概要（2018（平成30）年2月
1日現在）」

　　https://www.mhlw.go.jp/content/11923000/000595122.pdf　（2021年2月1日
閲覧）

厚生労働省（2020）「社会的養育の推進に向けて（令和2年10月）」

　　https://www.mhlw.go.jp/content/000711002.pdf　（2021年2月1日閲覧）

厚生労働省（2021）「社会的養育の推進に向けて（令和3年5月）」

　　https://www.mhlw.go.jp/content/000784817.pdf　（2021年8月3日閲覧）

厚生労働省ホームページ「社会的養護の施設等について」（各施設の概要）

　　https://www.mhlw.go.jp/stf/seisakunitsuite/bunya/kodomo/kodomo_koso

date/syakaiteki_yougo/01.html　（2021年3月4日閲覧）

自立援助ホームハンドブック製作実行委員会（2018）『自立援助ホームハンドブックさぽおとガイド（実践編）』全国自立援助ホーム協議会

全国児童養護施設協議会（2019）パンフレット「もっと，もっと知ってほしい児童養護施設」

http://www.zenyokyo.gr.jp/pdf/pamphlet_2019.pdf　（2021年2月16日閲覧）

全国自立援助ホーム協議会「自立援助ホームパンフレット」

http://zenjienkyou.jp/wp-content/uploads/2014/09/jiritu-0318.pdf　（2021年3月24日閲覧）

全国自立援助ホーム協議会ホームページ

http://zenjienkyou.jp/　（2021年3月24日閲覧）

（古川　督）

第7章　社会的養護の実際②

乳児院，母子生活支援施設，児童心理治療施設

本章では，社会的養護の施設のなかでも，乳児院，母子生活支援施設，児童心理治療施設といった児童福祉施設を取り上げて，対象・形態・運営指針・運営ハンドブックを通して，社会的養護の実際を学ぶ。

1．乳児院

乳児院は，乳児（特に必要のある場合には，幼児を含む）の養育を目的とする乳幼児のための児童福祉施設であることが児童福祉法第37条に規定されている。

2019（平成31）年の施設数は全国に144か所あり，約3,000名の乳幼児が入所している。また，その9割近くを社会福祉法人が運営し，自治体などが残り1割程度の運営を担っている。

入所理由は，母親の精神疾患含む病気23.2％，父親の精神疾患含む病気0.2％，母親のネグレクト15.7％，父親のネグレクト1％，破産等経済的理由／6.6％，母親からの虐待6.2％，父親からの虐待4％，養育拒否5.4％と続いており，母親の精神疾患・虐待が近年増加している（厚生労働省，2020）。

（1）対　象

原則としては1歳未満の乳児を対象としているが，2004（平成16）年の法改正により，特に必要のある場合，小学校就学前の幼児も入所できる。

（2）形　態

① 養育単位（厚労省「社会的養護の施設整備状況調査」）

乳児院は，「20人以上」「13人～19人」「12人以下」という「養育単位」を基準とした形態をとっている。また，4～6人の少人数を養育する小規模グループケアも家庭的養護の一つとして推進されている。

② 職　員

厚労省令・児童福祉施設の設備及び運営に関する基準によれば，配置基準は入所10人以上と10人未満の2つに分かれている。

〈10人以上〉

・医師または嘱託医（小児科の診療に相当の経験を有している）

・看護師（病虚弱児への対応・感染症の予防など健康管理を行っている）

　乳児及び満 2 歳に満たない幼児おおむね1.6人につき 1 人以上

　満 2 歳以上満 3 歳に満たない幼児おおむね 2 人につき 1 人以上

　満 3 歳以上の幼児おおむね 4 人につき 1 人以上

※看護師数が基準計算で 7 人未満となる時は 7 人以上必要である。

※また看護師は，保育士又は児童指導員が代替できる。その要件として，
　看護師の配置を乳幼児10人までに対し 2 人以上，さらに10人増すごとに
　1 人以上追加しなければならない。

・保育士：看護師規定のなかにある保育士のほかに，乳幼児20人以下を入
　所させる施設には，保育士を 1 人以上置かなければならない。

・個別対応職員：集団に馴染めない等の課題に個別対応する。

・家庭支援専門相談員：家族再統合に向けた家族支援をおこなう。

・栄養士：授乳や食事の栄養管理や食育，食物アレルギー対応等をおこな
　う。

・調理員：調理業務の全部を委託する施設は配置する必要はない。

・心理療法担当職員：心理療法をおこなう必要があると認められる乳幼児
　またはその保護者10人以上におこなう場合には置かなければならない。

〈10人未満〉

　嘱託医，保育士，家庭支援専門相談員，調理員（委託等可能），看護師
（ 7 人以上必要であるが， 1 人を除き保育士または児童指導員に代替可能と
なっている）

③ 施 設 設 備

　厚労省令・児童福祉施設の設備及び運営に関する基準によれば，施設設備
の基準も，10人以上と10人未満の 2 つに分かれている。

　10人以上の設備は，寝室（乳幼児 1 人につき2.47 m^2 以上），観察室（乳
児 1 人につき1.65 m^2 以上），診察室，病室，ほふく室，相談室，調理室，
浴室及び便所となっており，10人未満の設備は，養育専用室（ 1 室につき
9.91 m^2 以上，一人につき2.47 m^2 以上）・相談室である。

（ 3 ）運営指針

　乳児院運営指針（厚生労働省，2012）は，乳児院で生活する子どもたちへの
適切な支援の実現のための養育・支援・運営に関する指針を国が示したもの
である。

　乳児院の役割と理念，家庭や里親の支援，地域との支援連携，将来像など

「乳児院の基本的なあり方」に加えて，養育支援の基本として，遊びや食事，衣服などの生活体験，睡眠や発達に応じた支援，健やかな育ちのための健康と安全，乳幼児と保護者への心理的ケア，措置変更等のアフターケア，家族との関係再構築等に向けた家庭支援と自立支援計画，子どもの尊重と最善の利益などの権利擁護，事故・感染症・災害などの事故防止と安全対策，児童相談所等の機関連携と地域交流，職員の資質向上，施設運営と評価などが網羅されている。

（4）運営ハンドブック

「乳児院運営ハンドブック」は，乳児院で働く職員を対象とした乳児院運営指針の具体的な解説と施設運営の手引きとして2014（平成26）年に発刊された。特にリスクマネジメントについては，乳幼児の安全を守る取り組みと仕組みについて詳述されており，安全安心の信頼性が高い施設づくりを進めている。

また，「第Ⅲ部　乳児院における支援〜事例から学ぶ〜」には，① 一時保護，② 乳児院での生活（入所中のケア）について，③ 家族支援，④ 里親支援，⑤ 児童養護施設への養育のつなぎ，⑥ 地域支援事業の実際など，全19事例が紹介されている。

「乳児院での生活」にある一日の流れは，乳幼児の生活状態をイメージしやすい。起床・食事などいわゆる日課ではあるが，その本質は，「眠っている・目が覚めた」「お腹がすいた・いっぱいになった」など連続した子どもの「生理状態」に即してとらえなければならない。また，健康児・病児・虚弱児・障害児やケガの治療中など「身体の状態」，入所前の生育歴や背景，入所直後・退所前，母との面会直後など「心の状態」も深慮される必要がある。さらに，季節や天候などの環境によっても大きく変わる。

一日の活動を子どもにとって豊かな時間にするためには，安全を意識しながら，全体を見守るだけでなく，子ども一人ひとりの状態を観察しながら，目を合わせ，声をかけ，笑顔を交わして触れ合うなかで，体と心の温もりを感じ合うことを大切にしなければならない。

たとえば，おもちゃの片づけをしている様子を見た時に，養育担当者は何を意識し，どのような対応をとることが適切だろうか。子どもがほめてほしそうに養育者をちらちら見ている姿を見た時に，「昨日よりずっと早くできたね」「積み木とパズルをきちんと分けて上手にできたね」など子どもに言葉をかける際，喜びの気持ちを乗せて，笑顔やジェスチャーなどを交えて，子どもの発達に応じた働きかけをすることはとても重要である。また，子どもが乱暴に玩具を投げて片づけている際には，注意するのではなく，「おも

表 7-1　乳児院における生活日課の例

時刻	乳児	幼児
6：00	めざめ／着替え	めざめ／着替え／洗顔
7：00		あそび
8：00		朝食／はみがき
9：00	離乳食	あそび
10：00	おやつ・あそび	おやつ・あそび
12：00	おひるね	昼食／はみがき／おひるね
15：00	離乳食／入浴	おやつ
17：00	あそび	あそび／入浴
18：00		夕食／はみがき／あそび
20：00	おやすみ	おやすみ
深夜	授乳	

出典：全国乳児福祉協議会の資料を参照し，筆者作成。

ちゃさんが痛いって言ってるかもね」「どうしたのかな」などと声をかけることで，子どもの気持ちを理解しようとして心配する言葉かけが必要となる。他にも，「○○ちゃんにいじわるされた」と話してきた時に「そうなの」「ちゃんと言えてえらかったね」などと子どもの意思を尊重しながら，寄り添った支援を行うこととなる。

　このように，日々のさまざまな出来事のなかに，愛着を形成するための子どもとの濃密な関係作りが進められているので，日常生活の様子を観察し，子ども一人ひとりの状況・状態を把握した上で，子どもの発達に応じた支援をおこなうことが肝要となってくる。

　言語表現が未発達な乳幼児は，泣いたり，暴れたりして養育者が対応に苦慮することがしばしば見受けられる。具体的には，就寝時に大泣きを始めた場合の対応として，子どもの様子や体調をじっくり観察しながら，安心して寝付くまでの忍耐強い対応が求められる。

　また，虐待など不適切な養育を受けたことによる影響が，就寝時に現れることもあり，それを自立支援計画へのアセスメントや児童相談所との連携につなげることもある。さらに，家庭復帰や施設措置に向けた支援もおこなっている。

　表 7-1 に示した乳児院における生活日課の例は，起床から睡眠するまで生活の流れであるが，授乳においては，規定摂取量を適宜に与えている。

（大西清文）

2．母子生活支援施設

　母子生活支援施設は，「配偶者のない女子又はこれに準ずる事情にある女

子及びその者の監護すべき児童を入所させて，これらの者を保護するとともに，これらの者の自立の促進のためにその生活を支援し，あわせて退所した者について相談その他の援助を行うことを目的とする施設」である（児童福祉法第38条）。従来は，「母子寮」の名称で，生活に困窮する母親とその子どもに住む場所を提供して「保護」することを目的としていたが，1997（平成9）年の児童福祉法改正において，「保護」とともに「自立のための生活支援」をおこなうことが目的として明記された。

（1）対　象

　母子生活支援施設は，母親と子どもが一緒に入所できる唯一の児童福祉施設である。未婚や離婚・死別などの理由によって母子家庭となった場合に加えて，配偶者からの暴力（DV）から避難している場合など実質的に母子家庭となっている場合も対象となる。

　入所理由としては，配偶者からの暴力（DV）による入所が近年増加しており，半数を占めている（図7-1）。

　また日本では，ひとり親家庭の貧困率が高く，母子世帯の生活困難は深刻である。母子生活支援施設の利用者のなかには，貧困による生活環境の厳しさや，入所前の暴力被害によって心身に不調をきたしている利用者も多い。障がいを有する利用者や外国籍の利用者も増加しており，支援ニーズは多岐にわたっている。

　子どもは，乳児から18歳に至るまでの児童を対象としているが，必要があると認められる場合は，20歳に達するまで利用を延長することができる。入所している子どもの年齢の割合は0歳が3.1%，3歳未満児が17.0%，6歳以下の子どもの合計では48.8%となり，乳幼児が半数近くを占める（厚生労

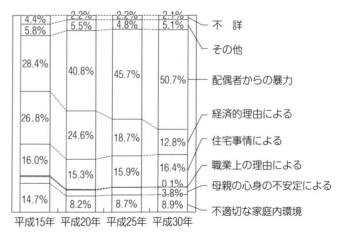

図7-1　入所理由

出典：厚生労働省「児童養護施設入所児童等調査の概要」より筆者作成。

働省，2012）。また入所している子どものうち，57.7%の子どもは虐待を受けた経験があり，54.1%の子どもは心身の障がいや発達障害など心身の状況に関するニーズを有している（厚生労働省，2020）。

（2）形　態

① 施設数，入所者数

　母子生活支援施設は全国に221か所あり，3,367世帯，5,626人の児童が入所している。（2020年3月現在）

② 利 用 方 法

　福祉事務所に申し込む利用契約型の施設である。

　DV被害者は，加害者から逃れるために遠隔地の施設を利用することが必要となる場合がある。その際には，居住地の福祉事務所の所管外の施設に入所する広域利用もおこなわれている。

　また，配偶者からの暴力の防止及び被害者の保護等に関する法律（DV防止法）第3条の4に基づき，DV被害世帯を緊急一時保護する委託施設としても利用される。

③ 設　備

　一世帯ごとに独立した母子室（居室）が提供され，各世帯単位で家事・育児などの日常生活が営まれる。母子室のほかには，集会や学習等をおこなうための設備や相談室が設けられている。

④ 職　員

　支援をおこなう職員としては，母子支援員，嘱託医，少年を指導する職員及び調理員を置かなければならないと定められている。また必要に応じて心理療法担当職員，個別対応職員，保育士を置くこととされている。

⑤ 機　能

　母子生活支援施設では，安全で安心できる環境で生活しながら，母親は就労し子どもは地域の学校などに通い，生活の安定と自立をめざす。

　このような，母親と子どもの自立のための生活支援のプロセスにおいては，①生活支援，②養育支援，③家族関係支援，④就労支援，⑤学習支援，⑥対人関係支援，⑦暴力等からの回復支援，⑧自立支援，などの支援が，利用者の状況に合わせておこなわれる。

（3）運営指針

　母子生活支援施設において実施される支援の質の確保と向上を図るため，2012（平成24）年に『母子生活支援施設運営指針』が作成された。ここではそのなかで示されている「支援のあり方の基本」の一部を確認する。

●基本的な考え方

　母子生活支援施設における支援は，母親と子どもの最善の利益を保障するために行われる。暴力や貧困などの危機的な状態から抜け出すだけでなく，母親と子どもが自ら課題解決できるよう支え，それぞれの自己実現に向けて歩めるよう支援する。

●生活の場であればこそできる支援

　母子生活支援施設においては，入所時の支援から，生活の安定への支援，就労支援，心理的問題やその他の問題への個別支援，退所支援，そしてアフターケアまで，一連の過程において切れ目のない支援を計画的に展開する。日常のかかわりのなかで「課題解決」と日常の「生活支援」を組み合わせて進めていくこのような支援は，生活の場であればこそできる支援であり，ソーシャルワークの考え方を基盤とした総合的支援である。

●母親と子どもへの支援をおこなううえでの職員の配慮

　多くの困難な状況を経験して入所してきた母親と子どもに対して，入所時には質的にも量的にも濃密な支援をおこなう必要がある。その後は支援の経過とともに，母親と子どものニーズに即して見守りの支援を含めた長期の支援を行う配慮が求められる。

　また，母親と子どもは入所前の厳しい生活環境のなかで自己肯定感が低められたり，社会や他者への信頼を傷つけられたりしている場合も多い。そのため，母親と子どもが自己肯定感や他者への信頼感を回復し高めることができるよう，受容的共感的対応によって関係を構築し，それを通じて支援を展開していく必要がある。

（4）運営ハンドブック

　『母子生活支援施設運営ハンドブック』は，『母子生活支援施設運営指針』の手引きとして2014（平成26）年に発刊された。ここでは「関係機関・地域支援」の項目について『運営ハンドブック』の解説に基づき確認する。

① 関係機関等との連携

　母親と子どもに対して良い支援をおこなうためには，関係機関との連携が不可欠である。行政機関およびフォーマルな関係機関としては，福祉事務所，配偶者暴力相談支援センター，児童相談所，保健所，公共職業安定所，病院，

学校，保育所等が挙げられる。母子生活支援施設への入所に関わる行政機関は福祉事務所であり児童相談所ではないため，母子生活支援施設の入所児童については必ずしも児童相談所がかかわっているわけではない。そのため入所児童のニーズを適切に判断し，必要に応じて児童相談所と連携を図ることが求められる。

　また，ボランティア団体，NPO，各種自助組織，町内会・自治会等のインフォーマルな関係者や団体との連携を図ることも，母親と子どもの地域における生活の充実のためには重要である。

②　地域社会への参加・交流の促進

　DV 被害者を保護し安全確保を図るという施設の役割を考えると，母子生活支援施設が地域に開かれた施設となるには難しい局面もある。しかしながら，地域社会とのつながりは子どもの日々の生活にとっては不可欠であり，また退所する母子が地域生活へスムーズに移行できるためにも，地域の人々と交流をもち，良好な関係を築くことは有意義である。

　施設側は，育児に関する講習会や研修会・講演会の開催，相談窓口の設置などにより，その機能を地域に開放・提供する取り組みを積極的に行い，同時に子どもの地域活動への参加を促し，人々と交流をもち良好な関係を築くことができるよう，施設と地域の相互交流を促進する。

（山本由紀子）

3．児童心理治療施設

　児童心理治療施設について，児童福祉法第43条の2では，次のように規定している。「児童心理治療施設は，家庭環境，学校における交友関係その他の環境上の理由により社会生活への適応が困難となつた児童を，短期間，入所させ，又は保護者の下から通わせて，社会生活に適応するために必要な心理に関する治療及び生活指導を主としておこない，あわせて退所した者について相談その他の援助をおこなうことを目的とする施設とする」。

　児童心理治療施設は，以前は，情緒障害児短期治療施設と呼ばれていたが，「心理的に困難を抱える子どもを一概に情緒障害を持つ子どもと表記してもよいのか」等の意見や，「実際には，短期治療を完結することは困難で平均在所期間が2年半を超えている」という状況等もあり，2016（平成28）年の児童福祉法改正に伴い，2017（平成29）年4月に「児童心理治療施設」へと名称変更された。施設数は，2018（平成30）年には全国に50か所，1,366人が入所しており，主に社会福祉法人がその運営をおこなっている。なお，2020

（令和2）年には全国53か所となっている。

（1）入所理由

　現在では7割が親からの虐待による入所となっている。なかでも身体的虐待によるものが顕著であり，本来，信頼すべき親からの暴力は時にはPTSD（心的外傷後ストレス障害）をもたらして，身体の傷が癒えても一度痛めた心の傷を癒やすことは容易なことではない。児童心理治療施設での入所治療は，心理的困難を抱えて生き辛さを感じている子どもに，まずは安心・安定した生活の場を提供することから始まり，一人ひとりの心とQOL（生活・生命の質）を尊重した生活支援を行っている。入所理由としては，他に児童の不登校や集団不適応等による監護困難や親の死亡や精神疾患，経済的理由等がある。

（2）対象

　主に小学生から高校生が対象であり，全国的には4歳から19歳頃まで入所している。（平均12.9歳）

（3）形態

① 養育単位

　児童心理治療施設は，児童養護施設・乳児院と同じく，「20人以上」「13〜19人」「12人以下」という「養育単位」を基準とした形態をとっている。また，通所施設としての機能も担っており，定員10人ほどの所に心理職やケースワーカー等が入り，子どもへのセラピーなどの個別支援や保護者との面接などの支援をおこなっている。

② 職員構成

　児童心理治療施設では，施設それぞれの独自性はあるが，福祉・心理・医療・教育・食育等それぞれの専門性から連携をはかり，子どもたち一人ひとりをきめ細やかにサポートしている。

　・生活担当職員（ケアワーカー）：安全・安心な環境の中で，人との関わり合いや社会に出た時に活かせる力を身につけていけるように生活支援を行っている。児童3人につき1人以上必要である。
　・心理担当（セラピスト）：週に1回50分間等，その専門性より遊びや対話を通して，自分自身の気持ちのありようについて考えたり，自分の思いを表現したりすることで，自分らしく成長していくことを支援している。児童7人につき1人以上必要である。

・精神科医師と看護師：精神科医と看護師が配置されており，心身の不調
や疾患についての相談や日々の健康管理等をおこなっている。
・地域の小・中学教師：児童心理治療施設には施設内学級があり，地域の
小・中学教師による一人ひとりに合わせた学習がおこなわれている。持
続して登校できる力・落ち着いて学習する力・学力を積み重ねていく力
を身につけることをめざしている。勉強や友人との関係性なども学びな
がら，地域の小・中学校に行く練習もおこなっている。
・栄養士：食育について力を入れており，栄養士が子どもの成長に必要な
栄養を考えておいしい食事を作っている。温かいものは温かいままに冷
たいものは冷たいままに食べられるように工夫したり，アレルギー対応
をしたり，きめ細やかな支援をおこなっている。

　具体的な例としてA園（定員52名）を挙げると，生活担当20名，心理担当
8名，医師1名，看護師1名，食育担当（栄養士）5名が配置されている。
生活担当（ケアワーカー）は，社会福祉主事任用，社会福祉士，精神保健福
祉士，保育士，教員免許等の資格所持者である。また，心理士（セラピス
ト）は，大学等の心理学部出身で臨床心理士，公認心理師等の資格所持者で
ある。それぞれの専門性をもって連携をはかりながら，子どもたちと真摯に
向き合っている。

（4）運営指針

　児童心理治療施設の運営指針については，現在のところ，まだ旧名称の
「情緒障害児短期治療施設」のままであるが，厚生労働省の「情緒障害児短
期治療施設運営指針」がこれを示しているので，ここでその内容を見ておく
ことにする。

　内容的には，総論として，児童心理治療施設の役割と理念，治療・支援の
あり方，治療・支援を担う人として各人が求められること，家族と退所児童
への支援，施設の将来像等が示されている。なかでも，福祉，医療，心理，
教育の協働は欠くことができない。児童福祉施設のなかでも治療施設として，
日常生活，学校生活，個人心理治療，集団療法，家族支援，社会体験等，有
機的に結びつけた総合的な治療・支援として「総合環境療法」の実践につい
て明記されている。

　また，各論として，治療・支援のあり方について，具体的に示されている。
治療については，必要に応じて，ケース会議やスーパービジョンを受けるこ
と等についても記されている。支援については，生活のなかでの支援のあり
方について衣食住について具体的に示されている。親子関係の再構築に向け

て，家族への支援のあり方，自立支援計画，記録について，権利擁護，関係機関連携・地域支援，職員の資質向上，施設運営等細やかに記されている。

（5）運営ハンドブック

　施設の具体的運営の手引きとしては，同じく現在のところでは，厚生労働省「情緒障害児短期治療施設（児童心理治療施設）運営ハンドブック」がある。これは，運営指針を基本に，「Ⅰ．児童心理治療施設の現状と課題」「Ⅱ．治療の場の営み」「Ⅲ．施設運営など」の3部から構成され，児童心理治療施設で働く職員が，より具体的な手引きとして活用できるようになっている。

　ハンドブックでは，24時間の生活・生命を護り育む場として，一人ひとりの子どもたちの個性・特性を大切にしながら，心身共に健康であるように職員が連携をはかりながら，治療，支援にあたることが細やかに明記されている。生活の中で子どもたちと個々に関わり合う時，職員の人生経験を活かしたオリジナルな視点は大切ではあるが，治療・支援の場として1人で抱え込まず連携をはかりながら，1人の子どもの自立に向けて支えていくことは不可欠である。施設の統一した基本的な方針や方向として，運営指針や運営ハンドブックに明記された内容は各職員が確認して応用していくことが必要である。

　次に，「職員間の連携」や「親子の再構築」については，運営指針や運営ハンドブックにも取り上げられている具体的な内容であるが，ここでは，実際の現場の取り組みをもとに記述することにする。また，その施設の日課を参考のため掲げておく。

（6）職員間の連携

　施設での職域は明確で，親代わりとして日常生活の面から子どもに関わるのは生活担当者となるケアワーカーである。心理士は生活の場に入って心理的な生活対応をするのではなく，その専門性を活かして「個別心理治療」を行っている。生活担当者的に言えば「生活に入るからこそ見えるものがある」のであり，心理士的に言えば「生活に入らないからこそ見える」のであって，それぞれの視点を照らし合わせて共有し，取り組むことが有意義である。

　なお，入所に際して，1人の子どもに，「生活担当」，「セラピー担当」，「保護者担当」が決められている。「セラピー担当」と「保護者担当」は，それぞれ別の心理担当（セラピスト）が受け持ち，「保護者担当」は，時に保護者からの相談にも応えつつ保護者と子どの「家族の再統合」をめざして模索していく。子どもにとって親との関わりはとてもデリケートなため，保護

者担当がいることで，親子関係の改善を図る支援にもつながっていくことが期待される。

（7）児童心理治療施設での親子の再構築について

　社会的養護のめざすところは，虐待する親から子どもを引き離して保護することだけではなく，最終的には親子の関係を再構築することにある。その道のりは長く険しく，施設のきめ細やかな子どもや親への相談援助，子ども家庭センターとの連携なしでは親子の再構築は成し得ない。

〔親子の再構築の過程〕

　先に触れたA園では，以下の流れで段階的に再構築に向けて試みている。

① 通信での親子の交流　手紙で「頑張っている？」，「頑張っているよ。」
　 等のやり取り。

② 面会による親子の交流　対面で言葉を交わし合う。一緒に作ったり，
　 遊んだりして共感・共有のひと時を過ごす。

＊ここまでは，生活担当（ケアワーカー）も同席する。

③ 外出　繰り返し親子の時間を作る。

④ 外泊　親子で外泊しても安心なら退所に向けていく。

⑤ 退所　時には振出しに戻りながら繰り返し親子の再構築をめざし支援
　 していく。

　なお，A園では家族療法棟があり，親子の再構築に向けて親子が自宅で生活する前段階としてそこで生活体験をすることができる。

（石塚正志）

表 7 - 2　A園での生活日課（平日）

小学生		中学生	
6：30	起床	7：00	起床
7：00	朝食	7：15	朝食
7：45	本校登校	8：00	本校登校
8：45	学級登校	9：00	学級登校
12：30	昼食	12：30	昼食
13：45	学級登校	13：00	学級登校
14：45	学級帰園	14：30	学級帰園
15：00	おやつ	15：00	おやつ
18：00	男子夕食	18：00	男子夕食
18：30	女子夕食	18：30	女子夕食
19：00	入浴	20：00	入浴
21：00	就寝	22：00	就寝

＊週 1 回50分間の個人心理セラピーの時間を確保（主にプレイ
　セラピー）

＊高校生は学校により起床や朝食時間が違う。就寝時間は23時。

演習問題

1．積み木で遊んでいる子どもが泣いています。あなたは，この状態を見て，何を意識し，どのように話しかけますか。

2．『母子生活支援施設運営指針』の「支援のあり方の基本」について，本章で確認した項目以外についても要点をまとめてみよう。加えて『母子生活支援施設運営ハンドブック』で詳細な解説を確認しよう。

3．あなたが児童心理治療施設の職員として，地域で連携をはかるネットワークを構築するとしたら，どのような機関や専門家が必要なのか考えてみましょう。

引用・参考文献

第1節

厚生労働省（2012）『乳児院運営指針』。

　　　https://www.mhlw.go.jp/bunya/kodomo/syakaiteki_yougo/dl/yougo_genjou_05.pdf

厚生労働省（2014）『乳児院運営ハンドブック』。

　　　https://www.mhlw.go.jp/file/06-Seisakujouhou-11900000-Koyoukintoujidoukateikyoku/0000080103.pdf

厚生労働省（2018）「児童養護施設入所児童等調査の概要」。

　　　https://www.mhlw.go.jp/content/11923000/000595122.pdf

第2節

厚生労働省（2012）『母子生活支援施設運営指針』。

　　　https://www.mhlw.go.jp/bunya/kodomo/syakaiteki_yougo/dl/yougo_genjou_08.pdf

厚生労働省（2014）『母子生活支援施設運営ハンドブック』。

　　　https://www.mhlw.go.jp/file/06-Seisakujouhou-11900000-Koyoukintoujidoukateikyoku/0000080110.pdf

厚生労働省（2020）「児童養護施設入所児童等調査の概要（平成30年2月1日現在）」。

　　　https://www.mhlw.go.jp/content/11923000/000595122.pdf

厚生労働省（2021）「社会的養育の推進に向けて（令和3年5月）」。

　　　https://www.mhlw.go.jp/content/000784817.pdf

第3節

厚生労働省（2012）『情緒障害児短期治療施設運営指針』。

　　　https://www.mhlw.go.jp/bunya/kodomo/syakaiteki_yougo/dl/yoougo_genjou_06.pdf

厚生労働省（2014）『情緒障害児短期治療施設（児童心理治療施設）』運営ハンドブック。

　　　https://www.mhlw.go.jp/seisakunitsuite/bunya/kodomo/kodomo_kosodate/

syakaitekiyougo/dl/yougo_book_4.pdf

全国児童心理治療施設協議会編（2018）『心理治療と治療教育——児童心理治療施
　　設研究紀要』29。

全国児童心理治療施設協議会編（2019）『心理治療と治療教育——児童心理治療施
　　設研究紀要』30。

第8章　社会的養護の専門職

　社会的養護は，さまざまな専門職により支えられている。大別すると，児童福祉施設において入所児童やその保護者，地域における子育て支援にかかわる専門職と，里親養育等を支援する専門職である。本章では，とくに社会的養護を要する子ども，その実親あるいは里親・養親を支援するために，子どもやその実親・里親・養親を直接的に支援したり，支援するための社会的資源の活用，連携協働や地域ネットワークの形成等をおこなうソーシャルワーク職種に関し紹介する。

1．児童福祉施設に配置されている主な職種

（1）里親支援専門相談員（里親支援ソーシャルワーカー）

　里親支援専門相談員とは，「里親支援ソーシャルワーカー」とも呼ばれ，児童養護施設や乳児院に，地域の里親及びファミリーホームを支援する拠点としての機能をもたせ，里親委託の推進及び里親やファミリーホームへの支援体制の充実を図るとともに，施設と里親との新たなパートナーシップを構築することを目的に配置されるものである。児童相談所の里親担当職員*，里親委託等推進員**，里親会***等と連携して，a）所属施設に入所している子どもの里親委託の推進，b）退所した子どものアフターケアとしての里親支援，c）所属施設を退所した子ども以外を含めた地域支援としての里親支援をおこなう。

> ＊里親担当職員は，里親支援の体制整備の一環として，児童相談所に専任又は兼任（できるだけ専任が望ましい）で配置される職員である。
>
> ＊＊里親委託等推進員とは，里親委託推進・支援等事業の実施のため，事業の企画，支援の実施，里親等と施設との円滑な調整，関係機関との連絡調整等をおこなうものである。
>
> ＊＊＊児童福祉法の精神に則り，里親に委託されている児童及び里親に委託することが適当と思われる児童の福祉の増進を図ることを目的として設立された公益財団法人全国里親会があり，各都道府県・指定都市に66の里親会（66里親会）がある。

　里親支援専門相談員の資格要件は，社会福祉士もしくは精神保健福祉士の資格を有する者，児童福祉法第13条第3項各号のいずれかに該当する者（児童福祉司任用資格），または児童養護施設等（里親を含む）において子どもの養育に5年以上従事した者であって，里親制度への理解及びソーシャルワークの視点を有する者となっている。

表 8-1　里親支援専門相談員の業務内容

(1) 里親の新規開拓
(2) 里親候補者の週末里親等の調整
(3) 里親への研修
(4) 里親委託の推進
(5) 里親家庭への訪問及び電話相談
(6) レスパイト・ケアの調整
(7) 里親サロンの運営
(8) 里親会の活動への参加勧奨及び活動支援
(9) アフターケアとしての相談

（2）家庭支援専門相談員（ファミリーソーシャルワーカー）

　家庭支援専門相談員は，「ファミリーソーシャルワーカー」とも呼ばれ，児童養護施設，乳児院，児童心理治療施設及び児童自立支援施設に配置される。虐待等の家庭環境上の理由により入所している子どもの保護者等に対し，児童相談所との密接な連携のもと，子どもの早期家庭復帰や，里親委託等を可能とするための相談援助等の支援をおこなう。入所している子どもの早期の退所を促進し，親子関係の再構築等が図られることを目的とする。家庭支援専門相談員の資格要件は，社会福祉士もしくは精神保健福祉士の資格を有する者，児童養護施設等において子どもの養育に 5 年以上従事した者，または児童福祉司の任用資格を有する者である。

表 8-2　家庭支援専門相談員の業務内容

(1) 対象児童の早期家庭復帰のための保護者等に対する相談援助業務
　① 保護者等への施設内又は保護者宅訪問による相談援助
　② 保護者等への家庭復帰後における相談援助
(2) 退所後の児童に対する継続的な相談援助
(3) 里親委託の推進のための業務
　① 里親希望家庭への相談援助
　② 里親への委託後における相談援助
　③ 里親の新規開拓
(4) 養子縁組の推進のための業務
　① 養子縁組を希望する家庭への相談援助等
　② 養子縁組の成立後における相談援助等
(5) 地域の子育て家庭に対する育児不安の解消のための相談援助
(6) 要保護児童の状況の把握や情報交換を行うための協議会への参画
(7) 施設職員への指導・助言及びケース会議への出席
(8) 児童相談所等関係機関との連絡・調整
(9) その他業務の遂行に必要な業務

（3）児童自立支援専門員

　児童自立支援専門員とは，児童自立支援施設において子どもの自立支援をおこなう者のことである。生活指導，職業指導，学科指導等を担当し，子ど

もの家庭環境の調整を行う。

　児童自立支援専門員の資格要件は，医師で精神保健に関して学識経験を有する者，社会福祉士の資格を有する者，都道府県知事の指定する児童自立支援専門員を養成する学校やその他の養成施設を卒業した者，大学や大学院で社会福祉学，心理学，教育学もしくは社会学の課程を修了等し，卒業して児童自立支援事業の実務を1年以上経験する，またはそのほかの実務経験が2年以上ある者，もしくは小・中学校や高校の教諭となる資格を保持し，1年以上児童自立支援に従事，あるいは教員として2年以上その職務に従事した者等である。

（4）個別対応職員
　個別対応職員とは，虐待を受けた子ども等の施設入所の増加に対応するため，被虐待児等の個別の対応が必要な子どもへの1対1の対応や，保護者への援助等を行う職員のことである。児童養護施設，乳児院，児童心理治療施設，児童自立支援施設及び母子生活支援施設に配置され，虐待を受けた子ども等への対応の充実を図ることを目的とする。個別対応職員の業務内容は，（1）被虐待児童等特に個別の対応が必要とされる児童への個別面接，（2）当該児童への生活場面での1対1の対応，（3）当該児童の保護者への援助等となっている。

2．フォスタリング機関（里親養育包括支援機関）とその職種

　フォスタリング機関（里親養育包括支援機関）とは，一連のフォスタリング業務を包括的に実施する機関のことである。2018（平成30）年7月，それまでの里親支援事業を再編し，「フォスタリング機関（里親養育包括支援機関）及びその業務に関するガイドライン」（以下，「ガイドライン」）が厚生労働省から出されている＊。

　　＊2016（平成28）年の児童福祉法の改正により，里親制度の普及啓発から里親の選定及び里親と子ども間の調整，子どもの養育に関する計画の作成までの一貫した里親支援と，養子縁組に関する相談と援助は，都道府県（児童相談所）の業務として位置づけられた，これに伴い，2017（平成29）年3月に「里親支援事業実施要綱」が定められた。

（1）フォスタリング機関（里親養育包括支援機関）とその職種
　フォスタリング業務の実施主体は，都道府県・指定都市・児童相談所設置

（予定）市であるが，事業内容の全部または一部について，児童養護施設，乳児院，児童家庭支援センター，里親会，NPO法人等，当該事業を適切に実施することができると認めた者に委託して実施することができる。一連のフォスタリング業務は，里親の強みと課題を理解し，里親や子どもとの間の信頼関係を築く観点から，一貫した体制の下に継続的に提供されることが望ましく，そのため民間機関にフォスタリング業務を委託する場合には，一部の業務のみを委託することも可能であるが，一連の業務を包括的に委託することが望ましいとされている。都道府県知事から一連のフォスタリング業務の包括的な委託を受けた民間機関を「民間フォスタリング機関」という。フォスタリング業務の一部のみを民間機関に委託して実施する場合においては，児童相談所がフォスタリング機関として位置づけられ，民間機関に委託して実施する業務を含め，児童相談所による一貫した責任体制の下にフォスタリング業務を包括的に実施することが求められる。児童相談所は，里親担当職員等の里親支援を担当する職員を中心に，児童養護施設・乳児院の里親支援専門相談員（里親支援ソーシャルワーカー）や市町村の地域子育て支援事業の活用もしながら連携協働を図り，地域と一体となった里親養育支援体制を構築していく必要がある。

　フォスタリング機関の職員体制については，支援の対象とする地域の規模や担当ケース数等を踏まえる必要があるとされるものの，民間機関がフォスタリング業務を包括的に委託された場合に基本的に必要と考えられる職員（職種）配置としては，統括者，ソーシャルワーカー，リクルーター，心理職（里親や子どもに対して，専門的な立場から助言），事務職員が想定されている。それぞれの役割を担う職種については，里親のニーズに合わせて幅広い相談支援が提供できるよう，福祉・保健・医療のさまざまな専門職がかかわり得る。配置する職員数については，担当する里親家庭数等を考慮するとされている。このなかで，ソーシャルワーカーは，それぞれの機関の体制や支援対象の里親家庭の数等により，アセスメント担当，研修担当，里親養育のサポートやスーパービジョン等の担当といった役割分担や複数配置，兼務等を考慮して配置する。

（2）フォスタリング機関（里親養育包括支援機関）の業務
　「ガイドライン」には，フォスタリング業務の目的が示されている。フォスタリング業務の目的は，より多くの里親を開拓し，里親との確かな信頼関係を基盤に，里親の持つ養育能力を十分に引き出し，伸ばすことで，質の高い里親養育を実現し，維持すること，さらに，里親と子どもが，地域社会の偏見や理解不足のために孤立することのないよう，関係機関による支援のネ

表8-3　里親支援事業の業務内容

（1）里親に関する普及啓発を行うこと。 （2）里親につき，その相談に応じ，必要な情報の提供，助言，研修その他の援助を行うこと。 （3）里親と第27条第1項第3号の規定により入所の措置が採られて乳児院，児童養護施設，児童心理治療施設又は児童自立支援施設に入所している児童及び里親相互の交流の場を提供すること。 （4）第27条第1項第3号の規定による里親への委託に資するよう，里親の選定及び里親と児童との間の調整を行うこと。 （5）第27条第1項第3号の規定により里親に委託しようとする児童及びその保護者並びに里親の意見を聴いて，当該児童の養育の内容その他の厚生労働省令で定める事項について当該児童の養育に関する計画を作成すること。

ットワークを形成し，地域社会の理解を促進することで，子どもの最善の利益の追求と実現を図ることにある。この目的の実現のため，「委託可能な里親を開拓し，育成すること」，「里親との信頼関係を構築し，相談しやすく，協働できる環境を作ること」および「子どもにとって必要な安定した里親養育を継続できる（不調を防ぐ）こと」をフォスタリング業務の成果目標とし，関係者間で共有するとある。

　フォスタリング業務について，「ガイドライン」では，「フォスタリング業務とは，里親のリクルート及びアセスメント，里親登録前後及び委託後における里親に対する研修，子どもと里親家庭のマッチング，子どもの里親委託中における里親養育への支援，里親委託措置解除後における支援に至るまでの一連の過程において，子どもにとって質の高い里親養育がなされるために行われる様々な支援であり，平成28年改正によって法第11条第4項に規定された里親支援事業（同条第1項第2号へに掲げる業務）に相当する」と定義づけられている。

　具体的には，里親のリクルート及びアセスメント，登録前，登録後及び委託後における里親に対する研修，子どもと里親家庭のマッチング，里親養育への支援（未委託期間中及び委託解除後のフォローを含む。）のような業務がフォスタリング業務となる（図8-1）。なお，法律上，親族里親や養子縁組里親もフォスタリング業務における支援対象に含まれるが，養子縁組成立後の養親及び養子への支援についてはフォスタリング業務には当たらないとされている*。

　　＊一方で，「ガイドライン」には，養子縁組成立後の養親及び養子への支援については都道府県（児童相談所）の業務として規定されていることから，都道府県（児童相談所）のフォスタリング業務を担う職員が，フォスタリング業務に連続するものとして養親及び養子への支援を実施することや，フォスタリング業務に付随するものとして民間フォスタリング機関に委託することは考えられるとされ，いずれの場合において

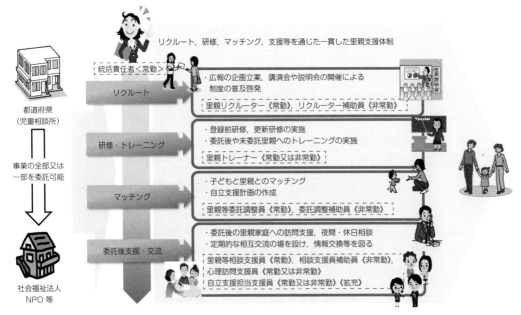

図8-1　フォスタリング（里親養育包括支援）事業イメージ

出典：厚生労働省（2021）「社会的養育の推進に向けて（令和3年5月）」88頁。

も，支援の連続性が確保されることが望ましいと記されている。

　ソーシャルワーカーの業務は多岐にわたり相互に関連するものであるが，大別すると，里親の養育サポート，里親養育に関するスーパービジョン，里親養育の状況に応じた支援のコーディネートの3つに整理することができると示されている。これらの支援は，いずれも子どもと里親との十分なコミュニケーションの下で築かれた信頼関係を基盤として行われ，スーパービジョンにおいては，より質の高い養育を実現するために，助言，指導等を行うが，その際も，里親の日々の養育の営みを尊重し，承認し，支持することを基盤とする。また，支援のコーディネートにおいては，さまざまな社会資源について，単なる情報提供に留まらず，子どもと里親が実際にそれらを活用できるようにコーディネートし，おこなわれている支援が効果を上げているかどうか，また，子どもと里親のニーズが充たされているかどうかをモニタリングすることが必要である。

3．社会的養護におけるソーシャルワークの視点

（1）社会的養護における価値

　専門的価値は，実践を規定する原理に一定の判断基準を提供し（衣笠，2015），援助の方向や目標を定める上でその正当性と説得力をもたせる（秋山，

85

1980），ソーシャルワークの中核となるものである。子ども家庭福祉及び社会的養護固有ともいえる重要な価値として，国連「児童の権利に関する条約（子どもの権利条約）」及びそれらに基づくわが国の児童福祉法に定められた理念や原理・原則を適切に理解し，実践に反映させていくことが求められる。

2016年6月の児童福祉法の改正により，「児童の権利に関する条約」及び「児童の代替的養護に関する指針」が児童福祉法に反映された。「児童の権利に関する条約」第3条の「子どもの最善の利益」は，子どもに何らかかかわりのあるすべての行動において，何が最も良いのかを優先して考慮することである。社会的養育においては，「家庭養育優先原則」が示された。もう一つ，「児童の権利に関する条約」において，「子どもの最善の利益」とともに画期的かつその重要性が強調されている条項が，第12条の「意見表明権」である。子どもの権利委員会が2013年に示した一般的意見14号には，「第12条の要素が満たされなければ，第3条の正しい適用はありえない」（パラ43）と示されており，当事者である子ども（たち）の意見に耳を傾けずして子どもの最善の利益を的確に判断することはけっしてできない（平野，2013）ということを強く心に留め，実践していかねばならない。

（2）Family Centered Practice（家族中心実践モデル）

米国において，家族に関心を置き援助を提供する対象として考えるソーシャルワークの一実践モデルとして，Family Centered Practice（家族中心実践モデル；以下，FCP）がある。FCPは「家族に対して支援を展開する際の一方法」であり，「家族が持つ子どもの養育と保護機能を強化するためのサービス提供システム全般に用いられ，家族やコミュニティという文脈に中での子どものニーズと福利に焦点をあてたもの」であり，家族には「実家族，再婚等による混合家族（Blended），親戚，里親，養子縁組などの幅広い種類の家族」が含まれる（畠山，2015）。

Pecoraら（2009）が提示するFCPの5つの視点に，①エコロジカルな視点，②コンピテンスの視点，③発達的視点，④パーマネンシープランニングの視点，⑤リスクと保護の要素がある。

①エコロジカルな視点は，環境や状況の文脈のなかで，人の行動や社会的機能を分析するための広範な概念上のレンズを提供するものである。このエコロジカル視点は他4つの視点を包含した視点ともいえ，「子どもにとって家族は保護的かつ変化を与えるミクロシステムであり，子ども自身，家族そして社会的なレベルでリスクと保護要素を見つけ出し，そのなかでの複雑な作用を改善していくことこそが実践の目的である」（畠山，2015）。②コンピテンスの視点は，子ども，親を含めた家族が自らのストレングスを認識し，

ネットワークや環境資源を主要な支援手段として自発的に利用し，家族の効果的な機能を促進する実践の方法や戦略に注目し強調した視点である。③発達的視点は，人は環境との交互作用を通じて生涯発達していくのであり，環境の変化に応じて人も変化しつづけるという考えのもと，家族と家族を取り巻く環境との交互作用や家族にある文脈において起こる人の成長や機能を理解する視座を提供する。④パーマネンシー・プランニングの視点は，子どもの家族を維持するための権限を具体化するものであり，必要に応じて，他の家族に措置し永続的な養育環境を提供するという視点である。⑤リスクと保護の要素とは，有害な結果と最適な発達の可能性に影響を及ぼす要素のことである。ハイリスクとみなされる過程で養育されても，成功した成人となった多くの子どもたちがいる事実をとらえ，リスクに焦点を当てるよりも，それを緩和・軽減させる要素に焦点を当てようとする考え方である。

　社会的養護におけるソーシャルワーク実践では，前述した社会的養護における価値を踏まえ，子ども・実親あるいは里親・養親の支援においてこれら5つの視点を適用させた実践が求められるのである。

（2）家庭養護におけるエコロジカルな視点

　里親制度の特殊性は，「本来は，福祉サービスの提供者である里親が，同時に，『里親支援』という用語のもとで，支援を受ける客体とされていること」であり，「まず子どもへの支援であり，次に保護者への支援であり，そして，これらを成り立たせるための里親への支援であり，これらの統合として理解される」と，宮島（2017）は述べている。宮島（2017）は，里親への支援と養親への支援はイコールではないとしながらも，養親支援も含んで説明している。子どもが2つの家族をもつことで，これらの関係性は複雑となり，またそれぞれが関わる家族の外の機関・団体や人びととの関係性からも影響される。子ども，実親，里親・養親（候補者）の三位一体の支援の中心的役割を担うのは，委託者ないし支援機関である児童相談所や市町村，フォスタリング機関，民間養子縁組斡旋機関等となるが，さまざまな関係性を取り持ちながら支援していくためには，エコロジカルな視点が重要である。

　ここでは，エコシステム的な視点に立ち，里親あるいは養親（候補者）家族と家族を取り巻く環境に焦点を当てて，子どもと実親，里親・養親（候補者）家族の関係性について見る（図8-2）。

　里親あるいは養親（候補者）家族のもとにやってくる子どもにとっても，その子どもを迎え入れる家族にとっても，里親委託・養子縁組は大きな変化をもたらす。家族は，その構成メンバー一人ひとりが相互に影響を与え合い，全体としての働きをもつシステムである。子どもを迎え入れることはそれま

での家族システムに影響を与え，個々の家族メンバーの夫婦関係や親子関係といった関係性や家族全体としてのまとまり等にも変化が起こることになる。しかしながら，里親・養親（候補者）が実親に代わってその子どもを育てるといっても，子どもを自身の家族に合うように変えるということでは決してない。子どもにはその子どもでこれまで生きてきた経験のうえに積み上げられている生活感や生活様式等々があり，実親への愛情等の思いがある。家庭養育優先原則に基づき，子どもの養育チームの一員として，里親は子どもを通じて実親との関わりをもち，子どもの家庭復帰及び親子関係再構築の支援に携わることになる。養子縁組においても，子どもにとっての生みの親とのつながりを周りの大人が切ってしまうようなことがあってはならず，実親との関わりがなくなったとしても子どもが自身の出自を知り，自分の存在を確かめアイデンティティを形成していくことができるように，その子どもと養親を支援していくことは必要不可欠である。その意味で，図8-2では，養子縁組をした家族にとっても，子どもの実親との直接的なかかわりの程度は別として，実親も含んでとらえようとしている。

　家族内のシステムにおいては，家族内メンバー相互の関係性（夫婦関係や実子を含む親子関係，きょうだい関係等）に着目し，家族内の構造や機能をとらえ，家族に生じるさまざまな変化にどのように対応しようとしているのかを見て取ること，そして，機能不全を起こさないよう，あるいは起こった場合には，家族システムのどこに変化を起こしやすいか，家族メンバーや全体としての家族システムの強さに家族が目を向けられるように支援していくことが必要である。

　子どもと里親・養親（候補者）家族を取り巻く環境とのかかわりにおいては，家族は開かれたシステムとして入力（インプット）と出力（アウトプット）を通してフィードバックをおこなう機能をもつ。図8-2は，子どもと里親・養親（候補者）を取り巻く環境において，委託者・支援機関が子どもと実親及び子どもと里親・養親（候補者）家族を支える基盤であることを示しており，里親・養親（候補者）家族と外のシステムとの境界線（バウンダリー）を形成・保持しつつ，子どもと里親・養親（候補者）家族が外からの入力（インプット）と出力（アウトプット）をおこなうことを支援する様を図示している。とくに，里親家族にとっては，子どもが実親と交流することで，その子どもは良くも悪くも揺れ，影響を受ける。実親家族と里親・養親（候補者）家族との間で葛藤を抱く子どもも多い。とくに里親養育に関しては，委託者・支援機関は子どもと実親との交流を連絡調整し，子どもを中心において子どもの状況を把握しながら子どもと実親の交流を計画立てて行う役割をとる必要がある。また，実親及び子どもの代替的養育を担う里親・養

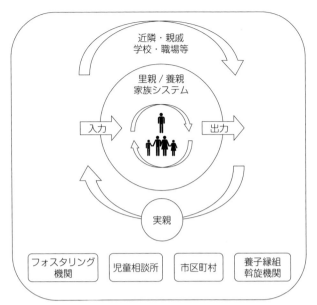

図8-2　里親／養親家族と家族を取り巻く環境
出典：木村（2020）。

親（候補者）が，子どもの揺れを受け止めていくことができるよう支える。
里親養育においては，子どもの委託解除に伴う里親家族の喪失感等における
ケアも重要である。里親・養親（候補者）家族にとって，これまで関係をも
つ人びと・機関等との関係性にも変化が生じる。迎え入れた子どもが通う学
校，里親の仕事先，近隣の人びとや親せき等に理解を得，子どもを受け入れ，
子どもが安定安心な生活を送ることができるよう，子どもと里親・養親（候
補者）家族を取り巻く環境との関係性における支援も伴う。その際には，子
どもと里親・養親（候補者）のコンピテンスを養い，自ら環境との調整を図
っていくことができるよう支援することが大切である。

（3）時間軸でとらえた地域を基盤とした包括的支援

　2016年の児童福祉法改正と「新しい社会的養育ビジョン」を受けて，「家
庭養育優先原則」に基づき，予防，家族維持，家族再統合と，子どもに必要
とされる家庭養育のためのさまざまなサービスを提供できる，地域を基盤と
した包括的支援体制を整え，子どもと実親家族，里親家族，養子縁組家族等
多様な形の家族と地域の人びとや関係機関が連携・協働する実践をおこなっ
ていくことが求められている。図8-3は，子どもとその家族が住む市区町
村レベルの地域における資源と，里親や養子縁組といった社会的養護に関わ
る子どもや実親，里親・養親（候補者）家族にとってのより広域の資源とを
表している。パーマネンシー計画に基づき，家族維持を図った在宅支援では，

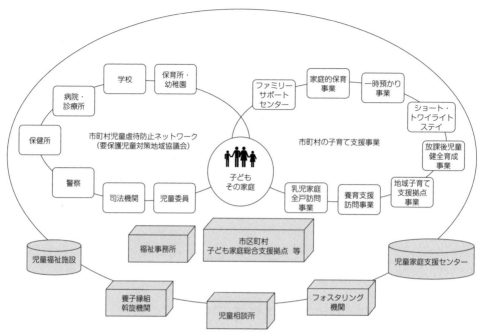

図8-3　新しい社会的養育における地域を基板とした包括的支援

出典：木村（2020）。

市区町村の役割がますます重要となる。里親家庭や養子縁組家庭においては，乳児家庭全戸訪問事業等のアウトリーチ的サービスの対象にはならないため，委託者及び支援機関は市区町村とつなぎ，市区町村におけるサービスについての情報等を提供し，必要なサービスが受けられるような仕組みをつくっていくことが必要である。フォスタリング機関は，リクルート活動，研修，委託前のマッチング（受け入れ支援），委託後のアフターケア等を担っているが，地域の人びとに対し社会的養護について周知し，多様な家族が暮らすことにおける理解を得ていくとともに担い手となっていくメゾ・マクロレベルでの活動も展開していくこととなる。

　ここで重要なことは，成長発達する存在である子どもの支援において，その段階によって生じるニーズや対応する資源が大きく異なり，時間軸を導入して動的にとらえる必要があるということである（山縣，2017）。人は環境の変化に応じ時間とともに変化する。時間の流れ（時間軸）における，ある時点での地域という空間（空間の軸）のなかで，生活上起こっている困り事及びニーズを把握し，そのニーズを満たすために役立つサービスをコーディネートし活用するというケースマネジメントが必要となる（芝野・山田，1991）。個人あるいは家族の生活上の困り事にあわせていくつもの局面（フェーズ）が個人及び家族の一生の間に訪れ，一つひとつのフェーズには個人の適応能力を育む環境の広がりがあり，個人と交互に影響しあっているととらえるの

である。その空間において，子ども及びその親（家族）が自らのストレングスを認識し，自らが環境にある資源を利用し，ネットワークをつくっていくことができるようになる，コンピテンスの視点をもった支援を積み重ねていくことにより，虐待や貧困の世代間連鎖を断ち切るライフサイクルを見据えたソーシャルワーク実践が展開されうる。

　　［付記］本節は，木村容子（2020）を基に再編・抜粋したものである。全文は原著論文を参照されたい。

演習問題

1．社会的養護固有のソーシャルワークの視点についてあげてみよう。
2．児童福祉施設に配置されている，子ども及びその実親・里親を支援する職種間の協働・連携のあり方について考えてみよう。
3．家庭養護を担うフォスタリング機関職員の役割について説明してみよう。

引用・参考文献

秋山薊二（1980）「ソーシャル・ワークの価値体系」『弘前学院大学・弘前学院短期大学紀要』16：77-91。

畠山由佳子（2015）『子ども虐待在宅ケースの家族支援――「家族維持」を目的とした援助の実態分析』明石書店。

平野裕二（2013）「国連勧告に見る『子どもの最善の利益』の現状」『世界の児童と母性』75：11-14。

衣笠一茂（2015）『ソーシャルワークにおける「価値」と「原理」――「実践の科学化」とその論理構造』ミネルヴァ書房。

木村容子（2020）「『家庭養育優先原則』を追求するソーシャルワークの展望」『ソーシャルワーク研究』46(3)：5-14。

厚生労働省（2018）「フォスタリング機関（里親養育包括支援機関）及びその業務に関するガイドライン」。

厚生労働省雇用均等・児童家庭局長通知「家庭支援専門相談員，里親支援専門相談員，心理療法担当職員，個別対応職員，職業指導員及び医療的ケアを担当する職員の配置について」（雇児発0405第11号，平成24年4月5日）

宮島清（2017）「里親支援体制の構築とソーシャルワーク」『ソーシャルワーク研究』43(1)：34-42。

芝野松次郎・山田茂治（1991）「ソーシャルワーカーの専門的機能としてのケース・マネージメント―在宅障害児への援助実践をとおして―」『関西学院大学社会学部紀要』63：571-592。

山縣文治（2017）「子ども家庭の抱える課題とソーシャルワーク」『ソーシャルワーク研究』43(1)：5-16。

Pecora, P. J., Whittaker, J. K., Maluccio, A. N., Barth, R. P., et al. (2009) *The Child Welfare Challenge: Policy, Practice, and Research* (3rd ed.), Aldine Transaction.

（木村容子）

コラム1　里親支援専門相談員

　里親支援専門相談員は，児童養護施設や乳児院で自施設児童の里親委託，里親家庭への支援，里親のリクルート活動などの業務をおこなっているが，ここでは，里親家庭への支援を取り上げる。

　おおよそ月に1回程度の頻度で里親宅やファミリーホームへ訪問し，里親と里子それぞれに対して，支援をおこなっているものの，里親家庭の家族構成や環境はさまざまであり，多様な里親家庭があるため，支援の頻度が，週に2〜3回ということもある。

　最初に里親家庭を訪問する際にどのようなことを留意しているか振り返ってみると，初めて会う里子の思いをすぐに聴くことは難しいので，里親と里子に挨拶した後，支援者の方から自己開示して自己紹介することで関係構築に努めていることを思い出す。

　支援者が自己開示して支援を開始していくのであるが，ある程度里親家庭への訪問回数が増えてくると，支援者自身のことを理解してもらえるようになってくる。そして，同じタイミングで里親と里子も支援者に対して心を開いてさまざまな話をしてくれるようになるので，互いの理解が深まっていくのである。

　こうして里親家庭への支援が始まっていくのであるが，支援を行ったなかでも特に印象に残っているエピソードのひとつとして，奨学金についての相談がある。

　奨学金の相談に際して，「施設入所児童で高校を卒業し，大学へ進学する子どもはどの程度いるのか，お金の工面はどうしているのか」などといった質問があった。また，「どのような助成や貸与があり，金額は具体的にいくらかなのか」といった話もあった。そこで，そうした質問に対して答えるとともに，奨学金利用申請に関わる支援にも携わった。

　その後，何度も里親家庭を訪問して支援することで，里親と里子のそれぞれの思いを少しずつ理解できるようになっていった。

　他にも，「進学したいと考えているが，なかなか言い出せない」「進学は決定しているが進路先の決定が難航している」などといった進路に関する相談もあった。

　そうした進路に関する支援においても，里親と里子の関係を壊さずに，お互いの思いをどの程度どのように伝えるのかといったことを熟慮しながら支援してきている。また，里親と里子の関係だけではなく，里親から児童相談所の職員への意見の伝え方についても思案しながら支援してきている。

　また，自分の素直な気持ちを言い出せずにいた里子が里親に対して「感謝している」という思いを上手く伝えることができた時に，あらためて，里親支援専門相談員のやりがいを実感することがある。

（古木由美）

第9章 社会的養護の施設等の運営管理

本章では，社会的養護の施設等の運営管理について学ぶこととする。まず，近年の潮流である小規模化，多機能化，地域分散化について，次に，被措置児童等の虐待防止とその取り組み，第三者評価について把握する。

1. 乳児院・児童養護施設の高機能化及び多機能化・機能転換，小規模化かつ地域分散化の進め方

（1）施設養護に求められる機能の変化の経緯

わが国では，明治時代の孤児救済を目的とした慈善事業，大正期以降の社会事業，戦災孤児の保護・収容から始まった戦後の社会福祉事業と移り変わりながらも，社会的養護の中心は，大規模な施設養護であった。高度経済成長期を経て，経済大国となっても，社会的養護への関心は低く，少数の職員が多数の児童を管理的に養育するという大舎制が続いた。

大きな転機となったのが，1994（平成6）年の子どもの権利条約（以下，条約）の批准である。条約は，家庭環境を奪われた子どもは，国による保護や援助を受ける権利を有し，代替養育（＝家庭を離れたケア）は里親委託あるいは養子縁組を優先させるという「家庭養育優先原則」を定めており，日本の社会的養護は，見直しを迫られた。

締約国は，批准から2年以内に，その後は5年ごとに，国連子どもの権利委員会（以下委員会）に国内の権利擁護の取り組みを報告しなければならない。委員会は，その報告に基づいて，今後取るべき対策を「総括所見」として締約国に勧告する。日本は，これまでに4度の勧告を受けている。

第1回の総括所見（1998年）で，日本の施設養護は，家庭環境に変わる手段としては不十分であると勧告された。それを受けて，「施設の小規模化」と「家庭的養護の推進」が図られた。前者は，「地域小規模児童養護施設（グループホーム）」，「小規模グループケア」の創設であり，後者は，「専門里親」，「親族里親」，「小規模住居型児童養育事業（ファミリーホーム）」の創設につながった（表9-1）。

第3回総括所見（2010年）では，多くの施設の基準が家庭的とはいえないこと，施設内虐待がおこなわれていることへの懸念が示され，「国連 児童の代替的養護に関する指針」（2009年採択・以下国連指針）を参考にするよう求め

表 9-1　施設の小規模化と里親委託推進の経緯

年	できごと	主な内容
1994（平成6）年	子どもの権利条約批准	代替養育は里親委託等家庭養護が優先
1998（平成10）年	国連子どもの権利委員会の総括所見（第1回）	施設入所偏重の改善，里親委託の推進
2000（平成12）年	地域小規模児童養護施設の創設	グループホームの整備が拡大
2002（平成14）年	里親制度の改革	専門里親，親族里親の創設
2003（平成15）年	児童養護施設の近未来像 II	児童養護施設の小規模化・地域化
2004（平成16）年	国連子どもの権利委員会の総括所見（第2回）	国際養子縁組の監視とハーグ条約の批准要求
	小規模グループケアの制度化	小規模化と専門的ケアの両立
2008（平成20）年	里親制度の改革	養子縁組里親、ファミリーホームの創設
2009（平成21）年	国連 児童の代替的養護に関する指針採択	3歳未満の子どもの養育は家庭養護とする
2010（平成22）年	国連子どもの権利委員会の総括所見（第3回）	国連 児童の代替的養護に関する指針を考慮すること
2011（平成23）年	社会的養護の課題と将来像	本体施設1：グループホーム1：里親等1
2012（平成24）年	施設運営指針の策定	家庭的養護と個別化の原則
2016（平成28）年	児童福祉法改正	家庭養護優先原則が法定化
2017（平成29）年	新たな社会的養育ビジョン策定	6歳未満の子どもは家庭養護を原則とする
2019（令和元）年	国連子どもの権利委員会の総括所見（第4・5回）	「新しい社会的養育ビジョン」の迅速な実行

られた。国連指針は，養子縁組などの永続的な解決を重視し，それができない場合には，特に3歳未満の子どもの養育は家庭養護とすること，脱施設化の方針のもとで大型施設の廃止を目標とすることなどを定めている。これにより，里親委託の推進がこれまで以上に大きな目標となった。

　2010年12月，群馬県の児童相談所にランドセルが寄付されたことをきっかけに，全国で児童養護施設等への寄付行為，いわゆる「タイガーマスク運動」が起こった。これは国民の関心を集め，長く据え置かれていた児童福祉施設最低基準の見直し，里親委託ガイドライン（以下里親ガイドライン）の策定，「社会的養護の課題と将来像」（2011年，以下将来像）の策定につながった。

　将来像は，① 家庭的養護の推進，② 専門的ケアの充実，③ 自立支援の充実，④ 家庭支援，地域支援の充実を基本的方向とし，施設ごとの課題と将来像，機能の課題と将来像，施設の人員配置の課題と将来像，社会的養護の整備量の将来像で構成されている。その後，2015年から2029年までの15年間で本体施設，グループホーム，家庭的養護（里親＋ファミリーホーム）をそれぞれ3分の1とする「地域化」「家庭的養護の推進」案が示された（図9-1）。

　なお，2012（平成24）年の施設運営指針及び里親等養育指針の作成に際して，用語の整理が行われ，それまで里親やファミリーホームを指していた

〈現在〉施設9割、里親等1割 ⟹ 〈想定される将来像〉本体施設・グループホーム・里親等をそれぞれ概ね3分の1に

本体施設	乳児院	3,000人程度
	児童養護	11,000人程度
	計	14,000人程度
		(37%)～(32%)
グループホーム	地域小規模児童養護	3,200人程度
	小規模ケアのグループホーム型	9,000人程度
	計	12,200人程度
		(32%)～(28%)
家庭的養護	里親	7,100人程度～12,500人程度
	ファミリーホーム	5,000人程度
	計	12,100人程度～17,500人程度
		(32%)～(40%)
児童数合計		38,300人～43,700人
		(人口比例で1割縮小の場合)(縮小しない場合)
		(人数は一定の条件での試算)

図9-1　施設機能の地域分散化

出典：社会的養護の課題と将来像（概要）「児童養護施設等の社会的養護の課題に関する検討委員会・
社会保障審議会児童部会社会的養護専門委員会とりまとめ概要」（2011年）。

「家庭的養護」をグループホームや本体施設の小規模グループケアを指すものとして改め，里親やファミリーホームは「家庭養護」とすることで統一された。

　2016（平成28）年，「新たな子ども家庭福祉のあり方に関する専門委員会報告書」が，社会的養護の抜本的改革を目指し，代替養育を家庭環境で行なうように求めた。それに基づく改正児童福祉法は，子どもが権利の主体であること（第1条），子どもが家庭で育つことを第一として養育を支援すること（第3条），実親による養育が困難な場合は，特別養子縁組や里親養育を推進すること（第3条）などを定めた（第4章参照）。

　この法改正を実現するために，2017年に「新しい社会的養育ビジョン」（以下養育ビジョン）が策定された。主な内容は，①市町村を中心とした支援体制を作る，②児童相談所の機能を強化し，長期化している一時保護を改革する，③代替養育における里親委託優先原則を乳幼児から段階的に徹底する，④特別養子縁組などを徹底する，⑤社会的養護児の自立支援を徹底するなどの改革について，速やかに開始し目標年限を決め計画的に進めることであり，いわば将来像の全面的見直しを求めた。

　特に，③については，乳幼児は原則として施設への新規措置入所を行わず，里親委託とするというものである。3歳未満は概ね5年以内，3歳以上の幼児は概ね7年以内に里親委託率75％以上を実現し，学童期以降は概ね10年以内をめどに里親委託率50％以上を実現すべきという高い目標が設定された。

（2）乳児院の高機能化及び多機能化・機能転換，小規模化かつ地域分散化
　将来像で，乳児院の課題は，「専門的機能の充実」，「養育単位の小規模化」，「保護者支援・地域支援の充実」とされたことを受け，乳児院の全国組織で

ある全国乳児福祉協議会（以下，全乳協）は，2012（平成24）年，「乳児院将来ビジョン」を発表した。これは，今まで乳児院が担ってきた役割を整理し，「一時保護所機能」，「専門的養育機能」，「親子関係育成機能」，「再出発支援機能」，「アフターケア機能」を法的必須機能として位置づけ，「地域子育て支援機能」を選択機能としたものであった。小規模化については，「施設定員の小規模化」ではなく，「養育単位の小規模化」（施設内の養育単位を4～6人とする）を目標とした。

　しかし，養育ビジョン（2016年）は，乳児院に，上記の機能を基盤としてさらに専門性を高めるよう求めた。具体的には，親子関係に関するアセスメント，障害等の特別なケアを必要とする子どものケア，親子関係改善への通所指導，母子の入所を含む支援，里親・養親支援などの重要な役割を地域で担う新たな存在として，多機能化・機能転換することである。乳児院の名称も，その機能に合わせたものに変更することを求めている。

　そこで，2019（令和元）年，全乳協は，乳児院のあり方委員会報告書（以下，報告書）を発表し，改めて「乳幼児総合支援センター」構想を提言した（図9-2）。

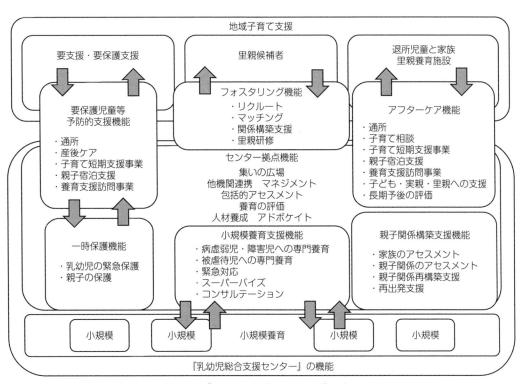

図9-2　「乳幼児総合支援センター」の概要

出典：「『乳幼児総合支援センター』をめざして」乳児院の今後のあり方検討委員会　報告書（令和元年9月）全国乳児福祉協議会，18頁。

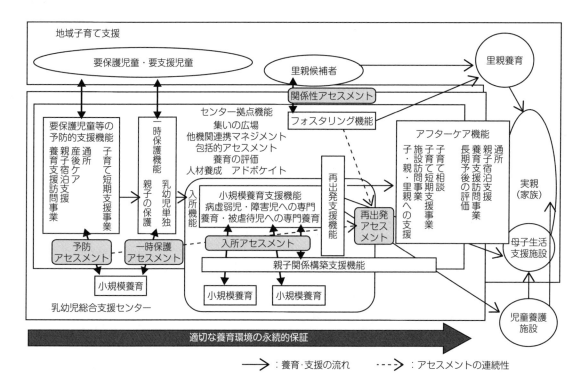

地域子育て支援

要保護児童・要支援児童　　　　里親候補者　　　　里親養育

関係性アセスメント

センター拠点機能
集いの広場
他機関連携マネジメント
包括的アセスメント
養育の評価
人材養成　　アドボケイト

フォスタリング機能

要保護児童等の
予防的支援機能
養育支援訪問事業
親子宿泊支援
産後ケア
通所
子育て短期支援事業

一時保護機能
親子の保護
乳幼児単独

アフターケア機能
子育て相談
子育て短期支援事業
施設訪問事業
長期予後の評価
子・親・里親への支援

通所
産後ケア
親子宿泊支援
養育支援訪問事業

実親
（家族）

再出発支援機能

小規模養育支援機能
病虚弱児・障害児への専門
養育・被虐待児への専門養育

入所機能

予防
アセスメント

一時保護
アセスメント

入所アセスメント

再出発
アセスメント

親子関係構築支援機能

小規模養育

小規模養育　　小規模養育

母子生活
支援施設

児童養護
施設

乳幼児総合支援センター

適切な養育環境の永続的保証

→：養育・支援の流れ　　---→：アセスメントの連続性

図9-3　乳幼児総合支援センターの将来ビジョン

出典：「『乳幼児総合支援センターをめざして』乳児院の今後のあり方検討委員会　報告書」より。

「乳児院将来ビジョン」は，依然として入所施設の機能を中心としていたが，「乳幼児総合支援センター」は，マネジメントや包括的アセスメントというファミリーソーシャルワークの機能を強化した「センター拠点機能」を中核にするもので，これまでの入所施設にとどまらない新たな組織を目指している。

報告書は，乳幼児総合支援センターの機能を時系列に沿って示した将来ビジョンフロー（図9-3）も示している。これは，適切な養育環境の永続的保障をめざしたもので，従来の乳児院の機能（図の中心部に枠で囲まれているもの）だけでなく，予防的支援，一時保護，フォスタリング（里親支援等），アフターケアなどの各機能を含めた多機能化をめざすものである。しかし，こうした機能は，本来，児童相談所が担当すべきであり，乳児院が今後も存続するためとはいえ，真の専門性とは何かが問われている。

（3）児童養護施設の高機能化及び多機能化・機能転換，小規模化かつ地域分散化

児童養護施設は，将来像で，施設の小規模化と施設機能の地域分散化が課題であるとされた。そこで，(a)全施設を小規模グループケア化する「本体施設のケア単位の小規模化」，(b)全施設の定員を45人以下とする「本体施設の

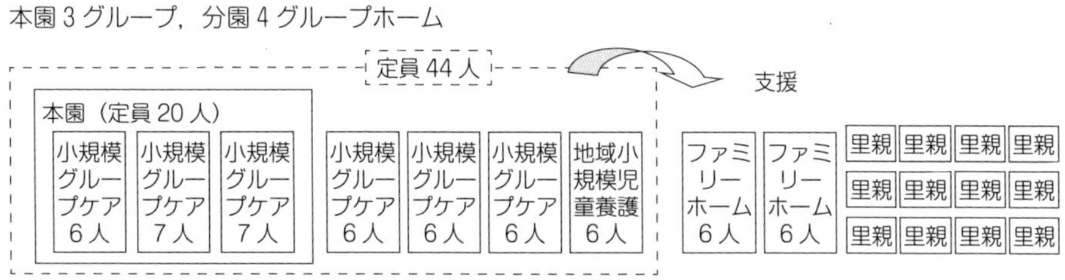

本園3グループ，分園4グループホーム

図9-4　小規模施設の全体構成例
出典：児童養護施設等の小規模化及び家庭的養護の推進のために」（社会保障審議会児童部会社会的養護専門委員会とりまとめ（2012年）。

小規模化」，(c)施設機能を地域に分散させる「施設によるファミリーホームの開設や支援，里親の支援」をめざすことにした。

　まず，小規模グループケアの要件を緩和し，従来の1施設3グループまでから6グループまでにし，1グループの定員も6名から6〜8名に弾力化した。「児童養護施設等の小規模化及び家庭的養護の促進のために」（社会保障審議会児童部会社会的養護専門委員会とりまとめ・2012年）では，児童養護施設の将来の姿として，小規模化施設の構成例をいくつか挙げている。そのなかで，標準的な姿とされたのは，「本園（＝本体施設）3グループ　＋　分園4グループホーム」である（図9-4）。

　地域小規模児童養護施設も，分園型小規模グループケアも，グループホームという点では同じである。しかし，地域小規模児童養護施設は，1カ所ごとに保護単価（事務費と事業費をあわせたもの）が設定されるため，小規模化するときに最初に設置しやすいというメリットがある。一方，分園型小規模グループケアは，本体施設と合算して保護単価が設定されるため，すでに多くのグループホームを設置している施設にメリットがある。そのため，あえて似た2つの制度を設け，多様な小規模化が実行できるようにしている。

　施設機能の地域分散化（図9-1）をみると，本体施設が大幅に縮小し，里親が増加する印象を受けるが，実際には，本体施設に入所する児童をグループホームとファミリーホームへ再編成する「施設改革案」ともいえる。そのことは，国が推奨している小規模化の方法に表れている（図9-5）。

　里親ケアが増加するのは，④の段階であり，それまでは②グループホームを作り，③分園型小規模グループケアを増やし，施設職員を配置したファミリーホームを増やすことになっている。ファミリーホームは，家庭養護であり，里親が大きくなったものであって，施設が小さくなったものではない。しかし，3分の1ずつとする数値目標を達成するための「形ばかりの施設の小規模化施策」は，「成り行きでハード面を先行せざるを得ず，『何のための小規模化，家庭的養育なのか』をよく考えずに，議論を重ねないまま形だけの小規模化施策に押し流されている」（奥田，2019）ことになり，職員の負担

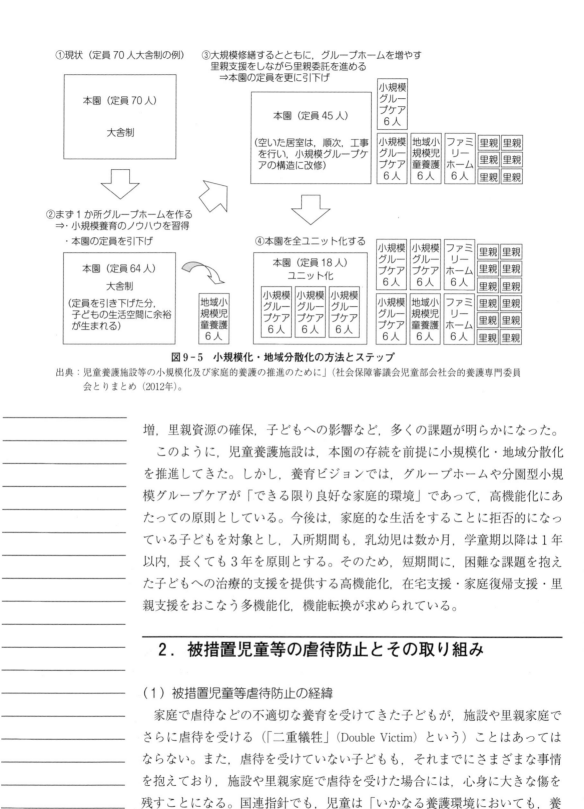

図9-5　小規模化・地域分散化の方法とステップ

出典：児童養護施設等の小規模化及び家庭的養護の推進のために」（社会保障審議会児童部会社会的養護専門委員会とりまとめ（2012年）。

増，里親資源の確保，子どもへの影響など，多くの課題が明らかになった。

　このように，児童養護施設は，本園の存続を前提に小規模化・地域分散化を推進してきた。しかし，養育ビジョンでは，グループホームや分園型小規模グループケアが「できる限り良好な家庭的環境」であって，高機能化にあたっての原則としている。今後は，家庭的な生活をすることに拒否的になっている子どもを対象とし，入所期間も，乳幼児は数か月，学童期以降は１年以内，長くても３年を原則とする。そのため，短期間に，困難な課題を抱えた子どもへの治療的支援を提供する高機能化，在宅支援・家庭復帰支援・里親支援をおこなう多機能化，機能転換が求められている。

２．被措置児童等の虐待防止とその取り組み

（1）被措置児童等虐待防止の経緯

　家庭で虐待などの不適切な養育を受けてきた子どもが，施設や里親家庭でさらに虐待を受ける（「二重犠牲」（Double Victim）という）ことはあってはならない。また，虐待を受けていない子どもも，それまでにさまざまな事情を抱えており，施設や里親家庭で虐待を受けた場合には，心身に大きな傷を残すことになる。国連指針でも，児童は「いかなる養護環境においても，養育提供者，他の児童又は第三者のいずれによるかを問わず，虐待，ネグレク

ト及びあらゆる形態の搾取から効果的な保護を受けなければならない」とされている。

わが国では，1995（平成7）年に，千葉県の児童養護施設長による施設内虐待が明るみに出たことによって，厚生労働省から児童の権利擁護に関する通知が相次いで出された（例：児童福祉施設最低基準に，児童福祉施設長の懲戒権濫用禁止の規定が新設・1998年）。その後，施設長以外の職員による入所児童への虐待等の禁止（2004年），施設内虐待という言葉を初めて用いた「児童福祉施設における施設内虐待の防止について」（2006年）などが続いた。

しかし，2008（平成20）年，相次ぐ施設内虐待の発生を受けて，通知ではなく，児童福祉法改正によって，「被措置児童等虐待の防止」が規定された。

まず，被措置児童とは，児童相談所の一時保護児，里親委託児や施設入所児の総称である。被措置児童等虐待とは，里親，ファミリーホームで養育に従事する者，乳児院や児童養護施設などの施設職員，指定発達支援医療機関の職員，児童相談所の一時保護所職員などが，被措置児童等に，① 身体的な暴行，② わいせつな行為をする又はわいせつな行為をさせる，③ ネグレクト，④ 心理的外傷を与える言動をすることである（児童福祉法第33条の10）。

（2）被措置児童等虐待防止の具体的方法

被措置児童等虐待を受けたと思われる児童を発見した者は，都道府県の行政機関に通告しなければならない（児童福祉法第33条の12）。その通告に基づいて，都道府県は，事実を確認するために，調査等をおこない（児童福祉法第33条の14），都道府県知事は，毎年度，被措置児童虐待等の状況やその時に講じた措置などを公表する（児童福祉法第33条の16）。

厚生労働省は，上記の改正に合わせて，「被措置児童等虐待対応ガイドライン」（2009年・以下　対応ガイドライン）を作成し，都道府県や児童相談所設置市に通知した。

対応ガイドラインは，基本的な視点として，① 虐待を予防するための取り組み，② 被措置児童等が意思を表明できる仕組み，③ 施設における組織運営体制の整備，④ 発生予防から虐待を受けた児童の保護，安定した生活の確保までの継続した支援を挙げている。

①は，養育全般について，普段から組織として対応し，複数の関係者が様子を見守り，コミュニケーションがとれる体制を作ること，養育の質を向上させることが被措置児童等虐待の予防となる。近年，施設の小規模化によって，養育環境は閉鎖的となり，問題が起こっても同僚や外部からの支援を受けにくくなっている。施設職員等が一人で問題を抱え込まず，複数の関係者や機関が被措置児童等にかかわる体制が必要である。

②は，社会的養護に留まらず，わが国の社会全体が抱える問題である。子どもが大人に反して意見を表明することは歓迎されない。特に，子どもの意見に沿った支援をおこなうと，権利と義務，個人と集団，自由と制約など子どもと大人の間に葛藤が起こるのではないかという危惧もある。しかし，子どもの意見を受け止め，できることとできないことをきちんと説明し，子どもの最善の利益の視点から援助していくという姿勢が，結果として良好な施設運営につながる。

③は，施設長と施設職員が意思疎通しながら養育方針を定め，チームワークのとれた風通しのよい組織作りを進めること，第三者委員の活用や，第三者評価の積極的な受審など，外部の目を取り入れ，開かれた組織運営としていくことが重要である。しかし，経験の浅い施設長や，反対に経験が深すぎる施設長は，職員集団との意思疎通が難しいことがある。また，外部からの意見を，現場を知らない批判と拒否したり，第三者委員の活動を形式的なものにとどめたり，問題のある職員を配置転換のみで対応したりすると，問題は深刻なものとなる。

④は，被措置児童等虐待の発生予防をおこなったとしても，どんなところでも，被措置児童虐待は起こりうるという視点に立って，虐待の早期発見，虐待発見後の適切な保護，被措置児童等が安心して生活できるように継続した支援をおこなうことが大切である。特に，施設や里親家庭に，他にも被措置児童等がいる場合，虐待の被害がないか確認し，隠蔽せずに，適切な状況説明と丁寧なケアを実施することが必要である。

これらを基本的な視点として，対応ガイドラインでは，被措置児童等虐待に対して，通告，初期対応，状況の把握と事実確認，被措置児童等に対する支援，施設等への指導等，都道府県児童福祉審議会の体制・対応の順で，全体の流れを示している（図9-6）。

（3）被措置児童等虐待の現状と課題

「令和元年度における被措置児童等虐待への各都道府県市等の対応状況について」では，2019（令和元）年度の全国の被措置児童等虐待の届出・通告受理件数は290件であった。2019年度に虐待の有無に係る事実確認がおこなわれた事例（平成30年度以前の繰り越し事例を含む）のうち，都道府県市等において虐待の事実が認められた件数は94件であった。

届出・通告者の内訳は，「当該施設・事業所等職員，受託里親」が106人（34.8％），「児童本人」が76人（24.9％），「家族・親戚」が42人（13.8％），「児童本人以外の被措置児童等」が17人（5.6％），「学校・教育委員会」が11人（3.6％）等であった。

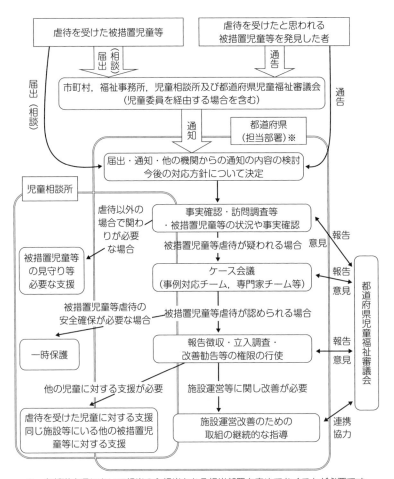

※　各都道府県において担当の主担当となる担当部署を定めておくことが必要です。

図9-6　被措置児童虐待対応の流れ

出典：被措置児童等虐待対応ガイドライン。

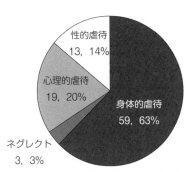

図9-7　被措置児童等虐待の種別（実数および割合）

出典：厚生労働省（2020）「令和元年度における被措置児童等虐待への各都道府県市等の対応状況について」。

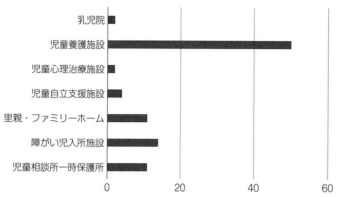

図9-8 措置委託の種別による被措置児童等虐待の確認数

出典：厚生労働省（2020）「令和元年度における被措置児童等虐待への各都道府県市等の対応状況について」。

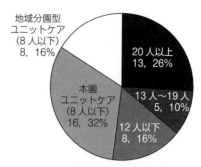

図9-9 児童養護施設における被措置児童虐待の生活単位

出典：厚生労働省（2020）「令和元年度における被措置児童等虐待への各都道府県市等の対応状況について」。

　被措置児童等虐待の種別では，身体的虐待が63％を占めて最も多い（図9-7）。わが国の児童虐待相談の対応件数では，警察からのDV等の通告や泣き声通報を反映して心理的虐待が最も多く，ネグレクトや身体的虐待がほぼ同割合で続くが，被措置児童等虐待では，身体的虐待が多数を占めることと，性的虐待が多いことが特徴である。

　被措置児童等虐待が確認された施設では，児童養護施設が50件（53.2％）と最も多い（図9-8）。児童養護施設の生活単位での発生状況をみると，本園ユニットケアが約3分の1を占めている。続いて，大舎制（1つの生活単位が20人以上）が多い（図9-9）。

　2019年度に虐待として報告のあった事案では，以下のような例がある。

【身体的虐待】

○外出行事で拗ねて座り込み，固まってしまった子どもに対し，職員が厳しく叱責し，髪の毛を掴む，頭を叩く，腕を引っ張って引きずり移動させた。　　　　　　　　　　　　　　　　　　（児童養護施設）

○子どもが走りまわったり，ドアを蹴るなど興奮気味で，職員の制止を全く聞かないため，職員が本児の両腕を摑んで抑える際に，お腹やお尻の辺りを蹴った。　　　　　　　　　（児童相談所一時保護所）

【性的虐待】

○職員が宿直勤務時に心理室や居室で子どもの体を触ったり，キスするなどの行為があった。　　　　　　　　　　　　　（児童養護施設）

【ネグレクト】

○里親が意図的に当該児童の食事を減じたり，与えなかったため，栄養不足に陥り，体重減少と身長の伸びの停滞を招いた。　　（養育里親）

【心理的虐待】

○夜勤の職員が，寝ようとしない当該児童に対し，「まだ起きてるのか，明日の朝池に放り投げるからな」という発言をした。

（障害児入所施設）

　身体的虐待と心理的虐待は，子どもが表出する行動を問題行動と捉え，暴力で抑えようとする傾向が見られる。諸外国では，こうした虐待を AIC（Abuse in Care）と呼び，さまざまな研究結果が報告されているが，AIC が起こる背景は，次のように説明されている。

① 否　認

　子どもを養育する職員や里親は善意にあふれていて，虐待などするはずがないという思い込みは，AIC を不都合な真実として覆い隠す。その場合，子どもはさらなる苦しみを味わうことになり，養育者との信頼関係も維持できなくなる。養育者は，いかなる場面でも，AIC が起きる可能性があると考え，予防はもちろん，発生した場合には，誠実かつ迅速に対応し，子どもの安全確保と心身の回復を最優先としなければならない。

　また，「特別な職員の起こしたこと」や「感受性や被害者意識の強い子どもの意見」や「モンスターペアレントのような親の一方的思い込みによる苦情」のように，個人の問題として処理することは，根本的な解決を先送りにし，第二・第三の被害児童を生むことになる。

② 子どもが経験する無力さ

　AIC を改善するように求めた子どもに対し，「実親が悪いんだから，実親に言え」といった里親の事例がある。実親に相談できないことを知ったうえでの発言であろう。施設や里親家庭では，親・親族による権利擁護の可能性が少なく，苦情処理の手続きが欠落していたり，あっても子どもに伝えられていなかったりすると，誰にも知られることがない。また，職員と子どもの関係は，どうしても不均衡になりやすい。職員の言うことをきかなければ，差別的に扱われるのではないかという考えが浮かぶ。あるいは，他の子どもに行われる不適切な養育をみて，萎縮してしまうこともあるだろう。また，職員との関係以上に，入所児の間では力関係に不均衡が生じ，いじめの温床になることもある。

③ 職員の役割

　施設職員は，無資格，過重労働，低賃金であることが多く，バーンアウト（燃え尽き症候群）してしまうこともある。支持的なスーパーヴィジョンを受けることは，最も重要な予防策である。「してはならない」と言われるよりも，「こうすればよい」と言われるほうが，自分の感情をうまくコントロ

ールすることができる。また，英国の AIC の重要な報告であるアッティング（Utting）報告では，「施設長は当該施設に及ぶ影響力のなかで最大のものである。ある場合には施設の文化，雰囲気，実践そのものに決定的な影響を及ぼす」としている。以前に比べると，各種の研修の機会があり，他の施設の養育について知り，意見を交換する横のつながりがあり，SNS 等の普及によって，AIC を隠しておくことは難しい。しかし，施設長が，職員に研修への参加を許可しないなど，学習の機会を与えられないところでは，AIC が顕著に起こりうる。

④ 既得権益保持

　公立・民間を問わず，施設あるいは里親・ファミリーホームでさえ，経営的側面から逃れることはできない。職員の生活，施設の評価，就職や実習といった大人の事情は，子どもの権利擁護と一致しないこともある。企業の不祥事と同様に，同族経営・天下り人事・業界団体・職員組織・官僚組織は，物事をうまく運ぶこともある反面，弊害となることも多い。

　つまり，AIC は，複数の要因が重なって起きる事象であり，予防および改善には，複数の方法を組み合わせることが必要である。一見すると，子どもの言動にいら立ちを覚えた職員が突発的に子どもに暴力をふるったようなケースでも，そこに至るまでには複雑な経過をたどる。そのため，権利擁護の研修への参加，他の施設職員との意見交換の場の確保，アンガーマネジメントなどの講習，危機管理チェックリストの作成，匿名での通告システム，グループホームへの巡回，定期的なスーパービジョンの設定など，職員の就労環境を整備することはもちろん，子どもたちに正しい性教育を実施したり，ルール作りの場を設けたり，保護者支援を積極的におこなうなど，多方面からサポートする体制づくりが必要である。

3．第三者評価

（1）施設の自己評価と第三者評価の受審義務化

　社会福祉法第78条において，社会福祉事業の経営者は，「自らその提供する福祉サービスの質の評価を行うことその他の措置を講ずることにより，常に福祉サービスを受ける者の立場に立って良質かつ適切な福祉サービスを提供するよう努めなければならない」と定められている。第三者評価は，この努力義務を支援する仕組みであり，事業者や利用者以外の中立的立場にある第三者機関が，基本方針や組織運営，サービス提供体制の整備等を評価することである。

　第三者評価は，施設が任意で受審する制度であったが，社会的養護関係施

設（乳児院，児童養護施設，母子生活支援施設，児童心理治療施設，児童自立支援施設）は，2012（平成24）年度から，3年に1度以上第三者評価を受審し，その結果を公表することが義務づけられた。なぜならば，社会的養護関係施設は，子どもが施設を選ぶことができない措置制度等（母子生活支援施設は申し込み）であり，また，施設長による親権代行等の規定もあるほか，前節で述べたように被措置児童等虐待が増加し，施設運営の質の向上が必要であるためである。なお，新型コロナウイルス感染症の影響により，多くの施設等で第三者評価の実施が困難となることが見込まれることから，評価の期間を1年延長し，令和3年度までとすることになった。このため，次の評価期間は，2022（令和4）年度から2024（令和6）年度までとされた。

　前記の5つの施設に，児童自立生活援助事業（自立援助ホーム）と小規模住居型児童養育事業（ファミリーホーム）を加えた7つは，全国推進組織（全国社会福祉協議会）から認証を受けた機関による評価を受ける。公表は，第三者評価機関が提出した報告書に基づいて全国推進組織がおこなう。2021（令和3）年現在，全国には，社会的養護関係施設の第三者評価機関が約120か所ある。

（2）評価基準と自己評価

　第三者評価基準は，共通評価基準（介護なども含めた全施設共通の45の基準）と内容評価基準（各施設種別ごとに策定できる基準）に分かれており，概ね3年ごとに見直しをおこなうことになっている。2018（平成30）年の見直しでは，内容評価基準が，児童養護施設（41項目→25項目），乳児院（22項目→23項目），児童心理治療施設（42項目→20項目），児童自立支援施設（41項目→27項目），母子生活支援施設（28項目→27項目）と項目が整理され判断基準等も見直された。さらに，社会的養護関係施設にのみ，利用者調査（小学4年生以上の入所児童全員へのアンケート調査）が義務づけられている。

　以下に，児童養護施設独自の評価基準である内容評価基準のうち，ライフストーリーワークに関する部分と，児童心理治療施設の自己評価チェックリストの職員研修の一部を紹介する（表9-2，表9-3）。

（3）英国の第三者評価のしくみ

　英国（ここでは，連合王国（UK）を形成する4つのうち，イングランドを指す）は，施設の小規模化と里親委託の推進が，わが国よりもはるかに進んでいる。2020年3月末現在，英国では，2,460の施設があり，1万2,175人が委託されている。施設の数は増加していているが，委託児童数は減少して

表9-2 児童養護施設 内容評価基準

A－1 子どもの権利擁護，最善の利益に向けた養育・支援 A－1－(3) 生い立ちを振り返る取組 A③ A－1－(3)－① 子どもの発達状況に応じ，職員と一緒に生い立ちを振り返る取組を行っている。 【判断基準】 a) 子どもの発達状況に応じ，職員と一緒に生い立ちを振り返る取組を行っている。 b) 子どもの発達状況に応じ，職員と一緒に生い立ちを振り返る取組を行っているが，フォローなど十分でない。 c) 子どもの発達状況に応じ，職員と一緒に生い立ちを振り返る取組を行っていない。 評価の着眼点 □子どもの発達状況等に応じて，適切に事実を伝えようと努めている。 □事実を伝える場合には，個別の事情に応じて慎重に対応している。 □伝え方や内容などについて職員会議等で確認し，職員間で共有している。 □事実を伝えた後，子どもの変容などを十分把握するとともに，適切なフォローを行っている。 □子ども一人ひとりに成長の記録（アルバム等）が用意され，空白が生じないように写真等の記録の収集・整理に努めている。 □成長の過程を必要に応じて職員と一緒に振り返り，子どもの生い立ちの整理に繋がっている。

出典：全国社会福祉協議会（2018）「社会的養護関係施設第三者評価基準」。

表9-3 自己評価シートの様式例（児童心理治療施設）

（3） 職員の質の向上に向けた体制が確立されている。
□職員一人ひとりの教育・研修等の機会が確保されている。
□個別の職員の知識，技術水準，専門資格の取得状況等を把握している。
□新任職員をはじめ職員の経験や習熟度に配慮した個別的な OJT が適切に行われている。
□階層別研修，職種別研修，テーマ別研修等の機会を確保し，職員の職務や必要とする知識・技術水準に応じた教育・研修を実施している。
□外部研修に関する情報提供を適切に行うとともに，参加を勧奨している。
□職員一人ひとりが，教育・研修の場に参加できるよう配慮している。
（5種別共通）□スーパービジョンの体制を確立し，職員の専門性や施設の組織力の向上に取り組んでいる。

出典：全国社会福祉協議会（2018）「自己評価シートの様式例，児童心理治療施設」。

いる。つまり，小規模化がさらに進んでいる。施設のうち，わが国の児童養護施設にあたる児童ホーム（Children's Homes）の定員をみてみると，10人以上の施設はわずか3％である（図9-10）。いかに，わが国の施設が「大規模」であるかがわかる。英国では，徹底して小規模な施設で，多数の専門職員による集中的なケアを受けるのである。

英国の児童福祉施設も，わが国と同じように，3年に1度の第三者評価を

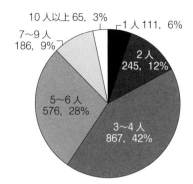

図 9 - 10　英国の児童ホームの定員別施設数とその割合

出典：Ofsted（2017）Children's Social Care Data in England 2017 : main findings, National Statistics より作成。

受ける。違いは，地方自治体もケアの提供者として，第三者評価の対象となることである。いわば，わが国の児童相談所が，独立した第三者評価機関から審査を受けるようなものである。評価は，非常に良い（Outstanding），良い（Good），改善の必要あり（Requires improvement to be good），不適切（Inadequate）の 4 つである。2020年に評価を受けた149の自治体の内訳は，非常に良い（12％），良い（38％），改善の必要あり（36％），不適切（14％）となっており，半分しか「良い」以上の評価を受けられていない。児童ホームは，非常に良い（16％），良い（64％），改善の必要あり（18％），不適切（2％）で，8 割が良い評価を得ている。

　評価の基準も異なるため，一概に比較することはできないが，① いくつかの修正点や改善点はあるものの，全体としては良いとしなければ存在意義を問われかねない，② 形式的な良い評価に意味はなく，できていないところを指摘された方が改善につながる，という考え方があるとすれば，日本は前者で，英国は後者ということができよう。自分たちのしていることが不適切だと言われたら自信を失う，と大人の立場を重んじるか，不適切な養育をおこなわないように真摯に事実と向き合う，と子どもの利益を優先するか，第三者評価に，社会的養護のあり方が表れている。

　英国の社会的養護の根底にあるのは，公的組織があたかも実親のごとく養護児童の幸せを考えるべきである，という社会的共同親（Corporate Parent）の理念である。そのことは，社会的養護を受ける子どもの自立支援の原則は，「自分の子どもだとして十分なものといえるか」であり，委託先や支援が適切なものであったか，常に振り返る（リヴュー review）ことを最も大切にするというソーシャルワークが政策決定の基礎となっているのである。小規

模化・地域分散化の前に，わが国が学ばなければならないことである。

> **演習問題**
>
> 1. 小規模化，地域分散化した施設で働く職員にとってそのメリットやデメリットは何か，考えてみよう。
> 2. 自身が働く施設内で，中堅・ベテランの職員（勤務経験10年）が複数の児童に体罰を加えていることがわかったら，あなたはどうするか考えてみよう。

引用・参考文献

新たな社会的養育の在り方に関する検討会（2017）『社会的養育ビジョン』厚生労働省雇用均等・児童家庭局家庭福祉課
　https://www.mhlw.go.jp/file/05-Shingikai-11901000-Koyoukintoujidoukateikyoku-Soumuka/0000173888.pdf
ヘレン・L・ウエストコット著，津崎哲雄・山川宏和訳（2001）『子どもの施設内虐待を防止するために』英国ソーシャルワーク研究会。
奥田敦（2019）「その小規模ホームはだいじょうぶですか？」『季刊　児童養護』50（1）：14-17。
Ofsted（2020）Main findings: children's social care in England 2020, National Statistics.
平野裕二（2019）「国連・子どもの権利委員会による日本の第4回・第5回報告書審査と総括所見」『国際人権ひろば』145。

（山川宏和）

児童養護施設における小規模化，地域分散化，多機能化の取り組み

児童養護施設における小規模化，地域分散化，多機能化のひとつの取り組みとして社会福祉法人阪南福祉事業会の歩みを取り上げる。社会福祉法人阪南福祉事業会の活動は1933（昭和8）年に始まり，現在は，児童養護施設，児童心理治療施設，児童家庭支援センター，幼保連携型認定こども園，企業主導型保育園を運営している。

そのうちの児童養護施設に関しては，運営開始当初，触法少年や戦災孤児が理由での入所が多かった。しかし，高度成長期には貧困や遺棄といった理由での入所が増加した。そして，ある時期から虐待が理由での入所が増え，最近では入所しているほとんどの子どもたちに虐待経験がある状況となっている。児童養護施設設立当初は大舎制で，入所定員170名であった。

【設立当初からの大舎制の児童養護施設】

その後，徐々に集団生活が困難な事例や個別対応が必要な事例が増えた。そこで，2008（平成20）年に全国に先駆けて，より家庭に近い環境で，あたり前の生活を保障しながら子どもたちを支援していくために児童養護施設を分割し，定員66名の小規模ユニット制を取り入れた児童養護施設を新設した。ユニット制を取り入れるにあたり，職員の孤立化を防ぐため，子どもたちの生活は小規模で，職員の働き方はチームケアという小舎制と大舎制のメリットを掛け合わせたハイブリッドユニットケアを採用した。

【ハイブリッドユニットケアの児童養護施設】

2010（平成22）年には地域小規模児童養護施設を開設した。地域での生活をスタートさせるにあたり，地域活動に参加し，地域と繋がるなかで，地域からの理解を得らえるように努めた。2018（平成30）年には大舎制の建物を定員30名の小規模ユニット制を取り入れた児童養護施設に建て替えた。6〜8人ずつのユニットとなり，よりきめ細やかな支援ができるようになった。2020（令和2）年にも定員24名の小規模ユニット制を取り入れた児童養護施設を設置した。

2021（令和3）年度には，児童養護施設3カ所，地域小規模児童養護施設7カ所となっている。

【小規模ユニット制の児童養護施設】

施設では安心・安全な環境の中で，子どもたちの心豊かで健やかな発達を保障し，自立への支援を行っている。ユニット内でケアワーカーが行う生活支援だけでなく，トラウマ治療のためのクラブ活動，学習支援員による学習支援，心理士が行う心理治療，自立支援専門相談員が行うリービングケアやアフターケア，家庭支援専門相談員が行う家族支援，里親支援専門相談員が行う里親支援なども行っている。加えて，職員の専門性の向上を図るための研修制度，チーム力をアップさせるための日々のミーティングやSV，メンタルヘルスケアに取り組むとともに，働きやすい環境を作るためのリフレッシュ休暇制度を導入している。

阪南福祉事業会には「私たちは，一人ひとりを大切に，笑顔と笑い声のたえない共同生活をめざします」という理念がある。

なお，このような児童養護施設における小規模化，地域分散化，多機能化については，阪南福祉事業会のある大阪府泉州地域だけでなく，大阪府全体においても活発に取り組まれている。　　　　（上瀧雅也）

第10章　社会的養護における子ども理解と支援の実際

　本章では，社会的養護における子ども理解と支援の実際について学ぶこととする。まず，社会的養護における子どもの理解について，次に，日常生活支援について把握する。最後に，治療的支援と自立支援について，提示した事例のポイントを踏まえた演習課題を考えることで学びを深めていく。

1．社会的養護における子どもの理解

　厚生労働省（2020）は，2018（平成30）年2月1日に要保護児童の福祉増進のための基礎資料を得ることを目的として，里親，児童養護施設，児童心理治療施設，児童自立支援施設，乳児院，母子生活支援施設，小規模住居型児童養育事業（ファミリーホーム），児童自立生活援助事業（自立援助ホーム）に委託・入所している子どもの実態を明らかにするための調査をおこなっている。ここでは，その調査結果を取り上げて，社会的養護における子どもの置かれている状況をみておくことにする。

（1）社会的養護における子どもの平均年齢，平均入所時年齢，平均委託・在所期間

　社会的養護における子どもの現在の状況として，①子どもの現在の平均年齢，②子どもの平均委託・入所年齢，③子どもの平均委託・在所期間は，表10-1のとおりである。

表10-1　社会的養護における子どもの平均年齢，平均委託・入所年齢，平均委託・在所期間

	現在の平均年齢 （歳）	平均委託・入所年齢 （歳）	平均委託・在所期間 （年）
里　親	10.2	5.9	4.5
児童養護施設	11.5	6.4	5.2
児童心理治療施設	12.9	10.7	2.2
児童自立支援施設	14	12.9	1.1
乳児院	1.4	0.3	1.4
母子生活支援施設	7.3	—	—
ファミリーホーム	11.6	8.2	3.6
自立援助ホーム	17.7	17.7	1.1

出典：厚生労働省（2020）を基に筆者作成。

（2）社会的養護における子どもの委託・入所経路

　表10-2に示した「社会的養護における子どもの委託・入所経路」を多い順に見ていくと，里親の場合，家庭2,286（42.5％），乳児院1,521（28.3％），児童養護施設792（14.7％）である。また，児童養護施設の場合，家庭1万6,779（62.1％），乳児院6,019（22.3％）である。そして，児童心理治療施設の場合，家庭771（56.4％），児童自立支援施設の場合，家庭831（57.4％），ファミリーホームの場合，家庭572（37.8％）である。なお，乳児院の場合は，家庭1,880（62.2％），医療機関761（25.2％）であり，自立援助ホームの場合は，家庭267（43.3％），児童養護施設131（21.3％）となっている。

（3）社会的養護における就学状況別子どもの数

　表10-3の社会的養護における就学状況別子どもの数をみると，「就学前」が最も多いのは，里親（30.6％）と母子生活支援施設（48.1％）である。
　また，「小学校」が30％以上となっているのは，児童養護施設（36.7％），児童心理治療施設（47.2％），母子生活支援施設（34.7％），ファミリーホーム（33.4％）である。そして，「中学校」が最も多いのは，児童自立支援施設（78.2％）であり，「中学校卒以上」が最も多いのは，自立援助ホームでは（98.5％）である。

（4）社会的養護における子どもの心身障害，LGBT，罹患傾向の割合

　社会的養護における子どもの身体虚弱，肢体不自由，重度心身障害，視覚

表10-2　社会的養護における子どもの委託・入所経路

種別／委託経路	里親	児童養護施設	児童心理治療施設	児童自立支援施設	乳児院	ファミリーホーム	自立援助ホーム
総　数	5382	27026	1367	1448	3023	1513	616
家　庭	42.5	**62.1**	**56.4**	**57.4**	**62.2**	37.8	43.3
乳児院	*28.3*	*22.3*	—	—	3.4	13.6	—
児童養護施設	14.7	3.9	14.9	14.7	—	16.5	*21.3*
児童自立支援施設	—	—	—	—	—	—	4.9
他の児童福祉施設	1.4	3.1	3.7	3.7	—	4	5.7
里親家庭	3.7	2.3	1.8	1.4	1.9	12.7	2.3
家庭裁判所	—	0.1	—	12.5	—	—	—
ファミリーホーム	1	0.3	0.7	0.6	0.2	2.1	2.3
医療機関	2.6	0.4	6.1	0.8	*25.2*	2.6	1.8
単　身	—	—	—	—	—	—	3.2
その他	4.3	4.4	15	7.7	6.6	8.4	14.8
不　詳	1.6	1.2	1.5	1.2	0.6	2.2	0.5

　注：数値はすべて（％）であり，総数のみ人数を記載。
　　　太字：50-70％，下線：30-50％，斜体：20-30％
　出典：厚生労働省（2020）を基に筆者作成。

表 10‑3　社会的養護における就学状況別子どもの数

	総　数	就学前	小学校	中学校	中学校卒以上
里　親	5,382	**30.6**	27.7	17.4	24.3
児童養護施設	27,026	16.7	**36.7**	23.7	22.9
児童心理治療施設	1,235	0.4	**47.2**	**47.0**	5.4
児童自立支援施設	1,448	0	13.7	**78.2**	8.1
母子生活支援施設	5,308	**48.1**	**34.7**	10.9	6.3
ファミリーホーム	1,513	17.1	**33.4**	21.4	28.1
自立援助ホーム	616	0	0	1.5	**98.5**

注：数値は総数のみ人数を記載し，内訳はすべて（％）で記載。
　　太字は，30％以上。
出典：厚生労働省（2020）を基に筆者作成。

障害，聴覚障害，言語障害，知的障害，てんかん，外傷後ストレス障害（PTSD），反応性愛着障害，注意欠陥多動性障害（ADHD），学習障害（LD），自閉スペクトラム症，チック，吃音症，発達性協調運動障害，高次脳機能障害など，心身障害の割合をみていく。

　表10‑4をみると，子どもの心身になんらかの障害のある割合が，里親では24.9％，児童養護施設では36.7％，児童心理治療施設では84.2％，児童自立支援施設では61.8％，乳児院では30.2％，母子生活支援施設では54.1％，ファミリーホームでは46.5％，自立援助ホームでは46.3％となっている。

　次に，社会的養護における子どものLGBTの割合についてみていくと，里親では0.1％，児童養護施設では0.1％，児童心理治療施設では0.1％，児童自立支援施設では0.3％，ファミリーホームでは0.1％，自立援助ホームでは1.3％となっている。

　さらに，ひきつけ，下痢をしやすい，よく熱をだす，風邪をひきやすい，湿疹が出やすいなどの子どもの罹患傾向についてみていくと，里親（14.5％），児童養護施設（18.6％），児童心理治療施設（10.1％），児童自立支援施設（16.6％），乳児院（59.8％），母子生活支援施設（27.4％），ファミリーホーム（26.6％），自立援助ホーム（29.9％）となっている。

表 10‑4　社会的養護における子どもの心身障害，LGBT，罹患傾向の割合

	里　親	児童養護施設	児童心理治療施設	児童自立支援施設	乳児院	母子生活支援施設	ファミリーホーム	自立援助ホーム
総　数	5,382	27,026	1,235	1,448	3,023	5,308	1,513	616
心身障害割合	*24.9*	<u>36.7</u>	**84.2**	**61.8**	<u>30.2</u>	**54.1**	<u>46.5</u>	<u>46.3</u>
LGBT割合	0.1	0.1	0.1	0.3	－	－	0.1	1.3
罹患傾向	14.5	18.6	10.1	16.6	**59.8**	*27.4*	*26.6*	*29.9*

注：太字：50‑90％，下線：30‑50％，斜体：20‑30％。
出典：厚生労働省（2020）を基に筆者作成。

（5）社会的養護における子どもの支援において特に留意している点

　厚生労働省（2020）の社会的養護における子どもの支援において特に留意している点として挙げられている項目のうち40％以上の回答結果を得たものをみていくと，里親では，精神的・情緒的安定（40.9％）だけであったのに対して，児童養護施設では，家族との関係（62.7％），精神的・情緒的安定（60.2％），基本的な生活習慣（47.9％），友人との関係（41.7％）となっている。

　また，児童心理治療施設では，精神的・情緒的安定（80.1％），家族との関係（77.2％），心理的対応（71.5％），友人との関係（70.1％），職員（里親・養育者）との関係（62.3％），行動上の問題（55.5％），自己表現力（53.3％），基本的な生活習慣（47.9％），となっている。

　さらに，児童自立支援施設では，精神的・情緒的安定（64.6％），家族との関係（69.1％），友人との関係（59.0％），職員（里親・養育者）との関係（51.2％），社会規範（51.6％），行動上の問題（47.5％），基本的な生活習慣（41.9％），となっている。

　そして，母子生活支援施設では，家族との関係（53.1％），精神的・情緒的安定（47.3％）であり，ファミリーホームでは，基本的な生活習慣（60.5％），精神的・情緒的安定（57.4％），学習への興味・関心（41.6％），である。

　また，自立援助ホームでは，精神的・情緒的安定（57.1％），将来設計（50.6％），経済観念（47.4％），基本的な生活習慣（46.9％），家族との関係（41.1％）となっている。

　以上みてきたことから，「精神的・情緒的安定」に関しては，いずれの種別においても特に留意して支援していることが明らかである。

　以下，施設入所理由や年齢，入所期間の違いによって施設ごとの特色が現れている。

　「友人との関係」に関しては，児童養護施設，児童心理治療施設，児童自立支援施設において，特に留意して支援し，「職員（里親・養育者）との関係」に関しては，児童心理治療施設，児童自立支援施設において，特に留意して支援している。

　「家族との関係」に関しては，児童養護施設，児童心理治療施設，児童自立支援施設，母子生活支援施設，自立援助ホームにおいて，特に留意して支援している。

　「基本的な生活習慣」においても，児童養護施設，児童心理治療施設，児童自立支援施設，ファミリーホーム，自立援助ホームにおいて，特に留意して支援している。

「将来設計」「経済観念」は自立援助ホームでより重視し，「自己表現力」「心理的対応」「行動上の問題」は児童心理治療施設でより重視し，「社会規範」「行動上の問題」は児童自立支援施設でより重視している結果が示されている。

2．日常生活支援

社会的養護を必要とする子どもが入所している児童養護施設においては，保育士や児童指導員など児童養護施設の職員が，子どもたちが心身健やかに成長・発達できるように日々の暮らしを支援している。入所している子どもたちの日常生活を支援することはインケアとも呼ばれており，児童養護施設の職員にとって重要な職務である。

入所している子どもたちの日常生活を支援する上で，まず念頭に置いておくべきこととして，厚生労働省（2012）の「児童養護施設運営指針」に示されている「社会的養護の基本理念」がある。それによれば，社会的養護は「子どもの最善の利益のために」おこなわれるものであり，「すべての子どもを社会全体で育む」ことが重要である。

その上で，社会的養護を必要とする子どもへの日常生活を支援する際に，欠かすことのできない基本的な原理として，6つの「社会的養護の基本原理」を示している。この6つの原理をみていくと「① 家庭的養護と個別化」「② 発達の保障と自立支援」「⑤ 継続的支援と連携アプローチ」「⑥ ライフサイクルを見通した支援」といった日常生活支援と直接関係しているものがある。その一方で，「治療的支援」などにより「③ 回復をめざした支援」がおこなわれたり，間接的に日常生活支援と関係している「④ 家族との連携・協働」がなされたりする。これらは家族再統合に向けて日常生活支援と関連しており，切り離すことのできないかかわりの深い支援である。

表10-5に示した社会的養護における基本6原理について，日常生活支援の観点から①から⑥まで順にみていくこととする。

まず，「① 家庭的養護と個別化」に関しては，まず社会的養護を必要とする子どもたちに対しても，できるだけ家庭あるいは家庭的な環境で養育する「家庭的養護」を保障することは重要である。また，一人ひとりの子どもの成長・発達を丁寧にきめ細かく日常生活支援していくために「個別化」が必要となる。言い換えれば，社会的養護を必要とする子どもを地域から切り離しておこなうのではなく，家庭あるいは家庭的な環境で，子どもたち一人ひとりの育ちを日々の生活の場で個別に支援していくことが求められるのである。

表10-5　社会的養護における基本6原理と養育・支援における重要な
　　　　3要素

社会的養護における基本6原理
① 家庭的養護と個別化
② 発達の保障と自立支援
③ 回復をめざした支援
④ 家族との連携・協働
⑤ 継続的支援と連携アプローチ
⑥ ライフサイクルを見通した支援
養育・支援における重要な3要素
① 援助過程そのものが子どもとの関係性を構築し深めていく
② 前の養育者から丁寧に引き継ぎを受け，次に丁寧に引き継いでいく
③ 子どもとつながり続けていく

出典：厚生労働省（2012）「児童養護施設運営指針」および厚生労働省（2014）
　　　「児童養護施設運営ハンドブック」により筆者作成。

　次に，「② 発達の保障と自立支援」に関しては，社会的養護を必要とする
子どもたちを含めたすべての子どもたちが，年齢に応じた発達課題をもって
いる。たとえば，日々の生活のなかで，乳幼児は信頼できる他者である養育
者と愛着関係を形成して，乳幼児期の重要な発達課題である基本的信頼を獲
得していく。そのため，子どもは養育者と形成した愛着関係や基本的な信頼
関係を基盤にして，意思をもって自律的に活動したり，目的をもって主体的
に環境へ働きかけたりすることができるようになる。その後，失敗や挫折を
経験しながらも勤勉にコツコツと努力したり，友人とのいざこざやトラブル
を体験しながらも他者に対して誠実に接したり，社会に貢献したいと考えた
りすることができるようになる。それゆえに，日常生活におけるさまざまな
生活体験が，子どもたち一人ひとりの成長・発達と自立に大きな影響を与え
ているのである。

　また，「③ 回復をめざした支援」に関しては，社会的養護を必要とする子
どもたちのなかには，被虐待体験や親や親族との決別などの体験をしている
ことがある。そのため，日常生活支援とともに，心理的・治療的な専門的支
援が必要となる場合があるのである。

　さらに，「④ 家族との連携・協働」に関しては，社会的養護を必要とする
子どもたちを虐待したり，養育できなくなったりした保護者をどのように支
援していくかという問題がある。児童虐待や養育困難などが原因となって子
どもを養育できなくなった保護者のなかには，悩みを抱えて，厳しい環境や
困難な状況が続いていることもあるので，そうした保護者を支えながら，と
もに問題を理解し，問題を解決していく寄り添い支援が社会的養護を必要と
する子どもへの日常生活支援とともにおこなわれる。

　そして，「⑤ 継続的支援と連携アプローチ」に関しては，まず社会的養護

117

を必要とする子どもへの支援は，児童養護施設などアドミッションケアから
インケアを経てアフターケアに至るまでの継続的支援は極めて重要である。
また，児童相談所等の行政機関は，児童養護施設や里親など社会的養護の担
い手と連携した支援がなされているが，社会的養護を必要とする子どもに対
しては，できる限り特定の養育者による一貫性のある養育が望まれる。しか
し，現実的には，複数で連携して日常生活支援をおこない，支援内容の引き
継ぎがなされている。そのため，社会的養護を必要とする子ども自身が支援
のつながりや過程を理解できるように，支援を引き継ぐ際には支援者間で重
層的かつ連続性のある支援をおこなうことが求められる。

　最後に，「⑥ ライフサイクルを見通した支援」に関しては，社会的養護を
必要とする子どもに対して，施設に入所してからの日常生活支援を行う際，
常に社会に出てからの自立生活を見通した支援を考えておこなうことが重要
である。さらに，社会的養護を必要とする子どもが将来親になって子どもを
育てる際に困りごとがあった場合，アフターケアできるように児童養護施設
で継続的に長くかかわりを持ち続けることも大切である。

　なお，厚生労働省（2014）「児童養護施設運営ハンドブック」に示された
児童養護施設が行う養育・支援にとっての重要な3つの要素も，社会的養護
を必要とする子どもへの日常生活支援と深くかかわっているため，表10-5
に示した養育・支援における重要な3要素を①から③まで順にみていくこと
にする。

　「① 援助過程そのものが子どもとの関係性を構築し深めていく」に関して
は，そもそも社会的養護を必要とする子どもの場合，施設入所に際して，自
分がなぜこの施設に来たのか，また，この施設で生活をしなければならない
のか十分理解できないまま日常生活を始めるということは少なくない。その
ため，ちょっとしたことをきっかけにして，自分の置かれた環境に納得できな
いと主張したり，そうした気持ちを理性的にコントロールできずに感情を爆
発させて暴れたりすることがある。そのため，保育士や児童指導員など児童
養護施設の職員が取り組んでいる毎日の根気強い日常生活支援の積み重ねが，
子どもとの信頼関係の構築につながるのである。その際，保育士や児童指導
員など児童養護施設の職員が，子どものことを大切に思っていることを伝え
続けることで関係を深めることができる。

　「② 前の養育者から丁寧に引き継ぎを受け，次に丁寧に引き継いでいく」
に関しては，乳児院から児童養護施設であったり，児童養護施設から里親で
あったり，養育環境が変化するため，社会的養護を必要とする子どもが特定
の養育者が一貫した方針で支援することは困難であるという課題がある。そ
れゆえに，養育者間で丁寧な引き継ぎを行い，子ども自身に対してもそのこ

とを説明できるようにしておくことが大切である。

「③子どもとつながり続けていく」に関しては，児童養護施設は原則18歳まで養育を担っているのであるが，それ以降の措置延長も含めてアフターケアに取り組むことで継続的に自立支援していくことも期待されている。

演習問題

1．社会的養護における子どもの委託・入所先のうち一つを選択して，子どもの委託入所経路，就学状況別子ども数，子どもの心身障害，LGBT，罹患傾向の割合，子どもの支援の留意点をまとめてみよう。
2．社会的養護を必要とする子どもが入所している児童養護施設における日常生活支援において，念頭に置いておくべきことを整理してみよう。

3．演習事例「治療的支援と自立支援」

児童養護施設においては，施設入所前のアドミッションケアから施設入所後のインケアへと，さらにはリービングケア，アフターケアへと切れ目なく，子どもの生活を支えるとともに，子どもの育ちを育む支援をおこなっている。ここでは，とある児童養護施設に入所したAの事例を取り上げ，児童養護施設における治療的支援と自立支援に焦点を当てて，社会的養護における子ども理解と支援の実際について考えを深めていく。

母親から虐待を受けたAが施設に入所したのは，梅雨の時期で，その日は，少し寒かったので，Aはピンク色の厚手のパーカーを身につけていた。そして，そのパーカーにはAのお気に入りのキャラクターが描かれていた。

Aは，施設には黒色の軽自動車で母親と児童相談所の職員と一緒に来たのであるが，施設の入所手続きと施設での生活上の基本的な説明が終わった後，母親と職員が車に乗り込んで施設を出ていく際に，施設長と施設職員の間に立って，車に向かって手を振り始めた。そして，その車が交差点を曲がって見えなくなっても，手を振り続けていた。しかし，その場にたたずんだままで，施設に入ることを頑なに拒んだので，施設長は，Aの気持ちが安定するまで，雨がしとしとと降る園舎の周りをおんぶして歩いたのである。

Aは自分が悪かったので施設に入れられたと思い込んでいたようで，施設入所後，施設での生活をなかなか受け入れられなかった。また，自分をどう表現していいかわからず，コミュニケーションを取ることが苦手で集団生活になじ

119

めず，他の子どもたちと衝突することがしばしばあった。職員に対しても「やめろ」「お前のせいや」「うっせーな」などの暴言を吐きながらつっかかることがあった。

　そんなある日，遂にＡが施設を飛び出して行ったまま帰って来ないという出来事が起きた。職員総出で，必死に街中を探し回った結果，何とか無事に保護して施設に連れて戻った。出来事が出来事であったので，施設長がＡとじっくり話をしたのである。

　施設長は，まずＡに対して「最近上手くいってへんなぁ」と切り出した。Ａは視線を下に向けて黙っていた。次に，施設長は「この施設に何でいるんやろうと心の中では思ってるかもしれんけど，みんな同じこと思ってんねんで」「そう思っててもそんなこと口に出して言うたらあかんと思ってんねん」などと語りかけた。すると，Ａは視線をすっと上にあげて，「ほんまに」と言って施設長の顔を真面目に見つめた。そして，施設長の話にじーっと耳を傾けて聴いていた。

　施設長は，Ａの入所時のことを話題にして，「ここに来た時のこと覚えてる」と切り出し，施設の入り口を指さして「ここに来た時，あっこで，お母さんの車が出ていくの手をふって見送ってたんやで」「その日は少し肌さむーてな」「雨がしとしとと降ってたんやで」と話した。Ａはその話に興味をもったらしく「手を振ってたん」「雨が降ってたん」などと尋ねた。施設長は「あっこで，車が見えんくなってもずーっと手を振ってたんやで」，「お気に入りのピンクのパーカーを着てたんやで」「施設の中に入りたないてゆーてたから，ここの周りをずーっとおんぶしてたんやで」と話を続けた。Ａは「手をずっと振ってた」「その時，おんぶしてもらってた」と自分のその時の状況について言葉にして，話し始めたのである。

　施設長は，日頃からＡが自分の過去のことを誤解しているのではないかと感じつつも，日常の会話では，そのようなことは簡単に言い出せなかったが，この機会に続けて「お母さんは，本当は，一緒に暮らしたかったって言ってたけど，自分のイライラを上手に抑えることができんかったから，それを治すために病院に入らなあかんようになってたんやで」「病気を治そうと頑張っているんやで」「一緒に暮らせないことをさみしく思ってはるんやで」と語った。Ａは「そうやったんや」と驚きを隠せない様子だった。施設長は「今までこういう話聞いたことある？」と尋ねたところ，Ａは「初めて聞いた」と思い詰めた表情で答えたのである。

　この出来事があった後，Ａはそれまでの心のわだかまりが吹っ切れたようで，施設の生活に急に馴染みだし，他の子どもたちがそうであるように，小さないざこざやトラブルを起こすことはあったものの，施設を飛び出していくということは二度となかった。施設の中に自分の居場所を見出し，表情も見違えるほ

ど明るくなった。施設長と職員もさらにきめ細やかな関わりと粘り強い支援で
これに応えた。

　その後，高校を卒業するとともに施設を退所することになった。その際，か
つて集団生活を嫌っていたAが「一人暮らしがとにかく怖くていや」と言い，
これからの生活の不安を訴えた。しかし，今度の一人暮らしは自立の一人暮ら
しである。施設長や担当職員もどうしたらいいか悩んだある日，施設長がAの
これからの幸せな人生を思って神社で祈願し，お守りを買ってきてAに渡した
ところ「こんな自分のどうでもいいことにこんなに悩んでもらって申し訳な
い」「ありがとう」「ありがたい」と感激した。施設を退所し地域社会で生活す
るようになってからも，施設長を始めとする職員はAを見守り続けている。

演習課題

1．Aに対して施設長がおこなった治療的支援を書き出してみよう。
2．施設長と担当職員がおこなった自立支援を整理してみよう。

演習方法

① 自分で考えて記入してみよう。
② グループで意見交換して，グループの意見を記入し発表してみよう。
③ ほかのグループの発表を聞いて気づいたことを記入してみよう。

解　説

　児童養護施設に入所する子どもに対して，保育士や児童指導員などの職員
が，施設において生活する上で留意する点を説明したり，施設に円滑に入所
できるように生活リズムを整えるための宿泊体験支援などをおこなったりし
ている。そして，施設入所後もスムーズに施設で生活できているか継続的に
支援しており，そうした施設入所前後の支援はアドミッションケアと呼ばれ
ており，施設職員にとって重要な職務である。

　ここでは入所時の施設長と子どもとのやりとりに着目して，それと関連の
ある施設入所後の施設長と子どもとのやりとりを取り上げている。

　厚生労働省（2014）「児童養護施設運営ハンドブック」では，児童養護施
設が行う養育・支援にとっての重要な3つの要素のなかで「① 援助過程そ
のものが子どもとの関係性を構築し深めていく」を挙げている。

　Aの場合，施設入所に際して，自分がなぜこの施設に来たのか，また，こ

の施設で自分がどうして生活しなければならないのか十分に理解できないまま施設での生活を始めていることがうかがえる。

　たとえば，施設入所時には「その場にたたずんだままで，施設に入ることを頑なに拒んだ」とあり，施設入所後には「Ａは自分が悪かったので施設に入れられたと思い込んでいたようで，施設入所後，施設での生活をなかなか受け入れられなかった」とある。そして，最終的には，「そんなある日，ついにＡが施設を飛び出して行ったまま帰ってこないという出来事が起きた」のである。

　このＡの行為には，自分の置かれた環境が理解できていない，あるいは，納得できないことに加えて，そうした自分の気持ちを言葉で表現できないことから，上手くコミュニケーションをとることができず，他の子どもたちと衝突してしまい，集団生活に馴染めなかったと解釈することができる。そう考えると，Ａは突発的に，施設を飛び出していったのではなく，自分の置かれた環境を理解できず，納得もできず，自己表現もできず，衝突を繰り返した結果と考えられるのである。

　その後，Ａは施設長からの語りかけに対して，視線をすっと上にあげて，「ほんまに」と言って施設長の顔を真面目に見つめ，施設長の話にじーっと耳を傾けて聴いたとある。このことから，施設長が語った「この施設に何でいるんやろうと心の中では思ってるかもしれんけど，みんな同じこと思ってんねんで」「そう思っててもそんなこと口に出してゆうたらあかんと思ってんねん」などの語りが，Ａの心に届いているものと思われる。その後，Ａはそれまで閉ざしていた自分の心のなかの言葉を語るようになり，「自分が悪いことをしたからここへ来た」「まずいことを言ったら，ここから外へは出られない」などと自分の思いを語るようになっていった。これに対して，施設長や職員はＡの思いに毎日根気強く向き合いながら，きめ細やかな関わりと粘り強い支援をおこなった。そうした地道な支援によって，Ａの気持ちが徐々に安定し，施設長や職員とＡとの間に信頼関係が構築されていった。

　なお，施設長と職員はＡの思いを大切に考えて入所から退所まで支援し続けている。そのことは，たとえば，Ａが施設入所する際，その場にたたずみ，施設に入ることを頑なに拒んだ際，施設長はＡの気持ちが安定するまで，雨がしとしとと降る園舎の周りをおんぶして歩いている。こうした施設長のかかわりから，Ａの気持ちを優先してかかわっていることを読み取ることができるのである。

　その後，施設入所という人生における大きな出来事がどのようにおこなわれていたのかということについて，Ａが興味をもった時に，「あっこで，車が見えんくなってもずーっと手を振ってたんやで」，「お気に入りのピンクの

パーカーを着てたんやで」「施設の中に入りたないてゆーてたから，ここの周りをずーっとおんぶしてたんやで」などとＡが理解できるように丁寧に説明している。それに対して，Ａも「手をずっと振ってた」「その時，おんぶしてもらってた」と自分の言葉でその時の状況について語り，Ａと施設長との間に言葉を通して心の交流がなされたと解釈することもできるのである。また，この機会に続けた「お母さんは，本当は，一緒に暮らしたかったって言ってたけど，自分のイライラを上手に抑えることができんかったから，それを治すために病院に入らなあかんようになってたんやで」「病気を治そうと頑張っているんやで」「一緒に暮らせないことをさみしく思ってはるんやで」という施設長の語りに対して，Ａは驚きを隠せず，思い詰めた表情で聞いていたのである。

　その後のきめ細やかなかかわりと粘り強い支援を施設長と職員が毎日根気強く行うことで，Ａは施設を飛び出すことがなくなり，施設内に自分の居場所を見出し，心理面を安定させていくことになる。こうした職員と子どもとの間の心の交流により，信頼関係が構築され，関係性が改善していくのであるが，児童養護施設では，こうした治療的支援も日常生活支援とともにおこなわれているのである。

　その後，Ａが高校を卒業するとともに施設を退所して，自立した生活を送ることになるのであるが，ある日「一人暮らしがとにかく怖くていや」と言い，これからの生活の不安を訴えたのである。そうした場面においても，Ａとともに施設長と担当職員はどうしたらよいか考えることで，Ａのことを大切に思っているという施設長と担当職員の気持ちをＡに伝えている。そして，実際には，Ａのこれからの幸せな人生を思って神社で祈願し，お守りを神社でお札を買ってきてＡに渡すことで，そうした思いがＡに伝わり，「こんな自分のどうでもいいことにこんなに悩んでもらって申し訳ない」「ありがとう」「ありがたい」と感激することになる。そして，退所後も地域社会で生活するＡに対して見守る自立支援は重要といえるのである。

引用・参考文献

厚生労働省（2020）「児童養護施設入所児童等調査の概要（平成30年２月１日現在）」子ども家庭局　厚生労働省社会援護局障害保健福祉部。
　　https://www.mhlw.go.jp/content/11923000/000595122.pdf
厚生労働省（2012）「児童養護施設運営指針」。
　　https://www.mhlw.go.jp/bunya/kodomo/syakaiteki_yougo/dl/yougo_genjou_04.pdf
厚生労働省（2014）『児童養護施設運営ハンドブック』厚生労働省雇用均等・児童

家庭局家庭福祉課。

https://www.mhlw.go.jp/seisakunitsuite/bunya/kodomo/kodomo_kosodate/syakaiteki_yougo/dl/yougo_book_2.pdf

（新川泰弘）

社会的養護における子どもの理解と支援

児童養護施設に入所している子どもの社会的背景とそうした子どもへの支援について知ってもらうために，一般的にみられる次のようなAの事例をここでは紹介する。

A（男児）の実母（以下，実母とする）は，1歳のとき両親（祖父母）が離婚し，祖父に引き取られたが，祖父から虐待を受け，児童養護施設へ入所することになった。その後，実母はふたたび祖父に引き取られることになったものの，今度は実母が祖父へ暴力をふるうことになり，祖父が家出をする始末であった。独立した後の実母は，近隣住民とのトラブルにより強制退去し，友人宅等居所を転々とした。薬物所持と使用により，17歳の時少年院へ入院，その少年院でAを出生したのである。

Aは出生後すぐに乳児院へ入所することになった。実母は乳児院に入所しているAに会いに来ることがあったが，その頻度と関わりは不定期かつ不安定であった。毎週会いに来てAに対してやさしく話しかけることもあれば，パタッと突然来なくなり，連絡がまったく取れなくなるようなこともあった。実母は少年院退院後，居住地を変更しながら生活し，薬物所持，使用，窃盗，恐喝等の罪で数回収監されることがあった。

Aは乳児院から児童養護施設に措置変更後，入園した幼稚園で，友達にかみついたり，服をひっぱって破いたり，蹴ったり，叩いたり，奇声を発したりといったトラブルを毎日のように起こして，3か月ほどで退園となった。そのため，児童養護施設は，院内保育を緊急避難的に利用して，Aに対して個別に支援することができるように，保育士を配置し，Aに対して手厚い保育を行うこととした。当初は，Aはそこでも友だちを叩いたり，蹴ったりすることもあったが，徐々に集団保育に適応していき，友だちとも仲良く遊べるようにもなっていった。その成果もあり，3か月ほどで地域にある別の幼稚園へ入園することができるまでに成長した。

しかし，一見安定したようにみえたAであったが，小学校に就学した後も，学校の同級生に対して暴力をふるったり，先生の指示に従わなかったり，奇声を発したりするなどトラブルを起こすことがあった。そこで，児童養護施設としては，Aの教育と養育について話し合うため，小学校の校長先生と面談し協議することにした。これを受けて，校長先生と担任の先生によりAに対してきめ細やかなかかわりと声かけがなされ，Aは次第に安定していった。また，児童養護施設内においても，Aと定期的な面談を実施していくことになった。

その定期的な面談であるが，当初2か月間は，学校での出来事や児童養護施設での生活の出来事を聞いたり，一緒にお菓子を食べたり，遊んだりしての関係作りをおこなった。2か月ほど経過した頃，自分が「いつ生まれたのか」「今までどのようにして成長してきたのか」などといった質問をするようになった。さらに，2か月が経過した頃になると，学校生活もさらに落ち着いてきたので，面接室でAと一緒にアルバムの整理を行うこともできるようになった。そのアルバム整理を行っている際，児童養護施設におけるレクリエーションの一環で訪問したテーマパークでの記念写真を懐かしそうに見て，そこに写っているテーマパークの制服を着用したキャストを「お父さん」と呼び，その当時のAの施設ケア担当者を「施設長」であると言ったりした。そして，今まで心のなかにわだかまっていたのを吐き出すように，「育てられないなら生まなければいいのに」「僕は捨てられた」「誰からも要らんのや」「なんで僕を生んだんや」，と語気に迫力を込めて迫って来ることがあった。その時は，面談者としては，大人を代表して謝ることしかできなかった。

その後，面談も定期的に続けていき，児童養護施設においても，小学校においても，紆余曲折があったものの，中学校に入ったころには，Aは友だちと口論になった時にもすぐに暴れるといったことがなくなった。我慢して自分の気持ちを抑えたり，相手の気持ちを考えて人とコミュニケーションを図ったりすることができるようになったのである。　　　　（岡本直彦）

第11章　社会的養護における生活特性と支援の実際

　　　　本章では，児童養護施設，地域小規模児童施設（グループホーム），養育里親
　　　家庭におけるそれぞれの事例を通して，入所児童の生活特性や職員・養育者間の
　　　役割と連携，それぞれの具体的な支援について学びを深める。

1．演習事例「児童養護施設の学習指導」

　虐待や貧困などの理由で児童養護施設に入所する子どもたちの中には，今
まで十分な学習環境が整っておらず，入所後も学習習慣の定着や学習意欲を
向上させることが容易ではない子どももいる。入所児童は，小中学校，高校
等に通学して教育を受け，場合によってはボランティア，塾や家庭教師など
の学習指導も受けている。近年は，大学等に進学する子どもも増えている。
本節では，児童養護施設入所児童の生活特性や職員の役割，児童Aの学習指
導に焦点を当てて考えを深めていく。

　　　母親のネグレクトと内縁関係の男性の身体的暴力を理由に児童養護施設に入
　　所してきたA（当時中学1年生，13歳，男子）は，入所時から食事を何度もお
　　かわりして食べ続けたり，菓子パンやおやつなどをタンスに入れて貯めこんだ
　　り，何日もお風呂に入らなかったり生活リズムの乱れがあった。
　　　施設の学区域にある中学校に通うことになったAは，基本的に勉強をするこ
　　とを好まず，自発的に宿題をしようとする姿もみられない。
　　　個別対応職員を中心に児童指導員や保育士等がAに宿題をするよう毎日声を
　　かけるが「俺はあほやからやっても無駄や」と落ち込んだり，できていないの
　　に「できた」と嘘をついたりすることもある。
　　　その都度，職員間で連携を取りながらAの辛さに寄り添い，一緒に学習を進
　　めていくこととした。しかし，どの教科の宿題もなかなか進まず，職員がつき
　　っきりで教えることでなんとか終わらせる日々が続いていた。また，Aは早々
　　に宿題を終えて遊んでいる他の児童たちにきつくあたることもあった。男子中
　　学生ともなると力も強くなっているため，興奮状態である場合は，他の職員の
　　協力も得ながら冷静に対応し，その都度，タイムアウト法をとって，Aが感情
　　をコントロールできるよう支援した。
　　　そのようななか，中学校の授業参観があり，個別対応職員が参加した。Aは，

個別対応職員の顔を見つけ，照れくさそうではあったものの教師の話を聞きながらノートをとっていた。参観後，個別対応職員が担任と面談をした。

　小学低学年以降の学習が定着していないことも担任から伝えられた。学齢期の学習のつまずきを丁寧に見直していき，本当の「解けた！できた！」という経験を積み重ねていけるよう，担任に配慮と情報共有をお願いした。

　また，施設では，いくつかの地元企業と連携し，1～2週間の職場体験をさせてもらい，その体験を施設で発表するという試みを行っている。Aは，地元の工務店で職場体験を行い，住宅建築を見学し，別の日には木材を使って棚を作ったりした。その体験を施設で披露した時には，「はじめて自分で物を作ってうれしかった。机に置いて，教科書を並べる」と嬉しそうに話した。

　こうして，少しずつではあるがAの学習に対する時間の長さや姿勢に変化が見られるようになってきた。個別対応職員がAと宿題をしていた時のことである。Aが，「なぁ，くうちゃん（個別対応職員のこと）。高校受験ってどんな感じなん？　俺もいける？」と相談してきた。個別対応職員が，「何か勉強したいの？」と聞くと，Aは，「ものづくりがしたい。自動車整備士とか大工とか」と将来の希望を話した。高校受験への動機づけを行うため，同じ入所児童である高校1年生男子に話を聞く機会をもつこと，興味のある高校を調べて一緒に見学に行くことを約束した。

　ある休日の昼下がりのリビングでAが小学生たちに勉強を教えながら笑顔でこう言った。「わからんかったら聞いたらええねんで。今，間違っても，次に○やったらええからな。」

ポイント

1－1.〈児童養護施設における生活特性，職員の役割〉
　児童養護施設における子どもたちの生活と職員の役割について理解する。
1－2.〈Aへの具体的な学習指導と個別支援〉
　Aへの具体的な学習指導と個別支援について考える。

演習課題

2－1.児童養護施設における子どもたちの生活についてパンフレットやホームページをみてまとめてみよう。また，児童養護施設の職員の役割についても書き出そう。
2－2.事例を読んで，Aへの具体的な学習指導と個別支援についてあなたの考えを書き出してみよう。

① 自分の考えを記入してみよう。

② グループで意見交換して，グループの意見を記入してみよう。記入後に発表。

③ ほかのグループの発表を聞いて気づいたことを記入してみよう。

解説

3－1．児童養護施設における子どもたちの生活特性と職員の役割

児童養護施設では，子どもの年齢や学年ごとに日課が決められている。児童養護施設Y学園を例に挙げる。Y学園では，起床・朝食が6時30分から，7時30分に小学低学年が登校，次いで7時45分に小学高学年が登校する。中学生は8時に登校し，8時45分に幼稚園児が登園する。9時からは，未就園児が施設内外で余暇や散歩をし，12時に昼食，13時に午睡をしたあと15時からおやつ・余暇，散歩をして過ごす。その間，幼稚園児，小中学生（部活動がある中学生は18時頃）が帰ってくる。小中学生は，宿題をした後おやつや余暇の時間を過ごす。17時には，幼児が入浴し，18時に全員で夕食をとった後，幼児以外が入浴し，それぞれの就寝時間まで余暇を過ごす。就寝時間は，幼児が20時，小学生21時，中高生は23時である。お小遣いは，幼児が500円，小学生が2,000円，中学生3,000円，高校生は4,500円で好きなものを買ったり，貯金をしたりしている。

児童養護施設には，保育士，児童指導員，個別対応職員，家庭支援専門相談員，心理療法担当職員のほか，乳児が入所している場合に看護師が配置され，里親支援をおこなう場合には里親支援専門相談員が配置される。また，入所施設の職員は，シフト制の交替勤務をおこない，子どもたちを24時間体制で支援している。

児童養護施設では，職員が家庭に代わって安心・安全な生活の場で個別的な養育とかかわりを実践し，「あたりまえの生活」を送るための支援をおこなっている。支援内容としては，「生活指導」，「学習指導」，「職業指導」，「家庭環境の調整」などの養護が中心となっている。そのほかに，快適な生活を送るための環境の整備や施設内外の行事，遊び，スポーツなどの娯楽支援を通して自主性や創造性，社会性を身につけていく。

職員は，このように関係性を育みながら支援を通して，子どもたちの不安や葛藤，戸惑いなどの感情を客観的に観察し，施設が安全・安心に暮らすことができる場所であることを子どもたちに理解してもらえるよう意図的に関わっていく。

　また，子どもが話をしたいタイミングで受容，共感をしながら傾聴することも大切にしている。コミュニケーションの継続が，信頼関係を構築することにつながり，愛着関係や基本的な信頼関係を基盤にして，自分や他者の存在を受け入れ，成長していくことができるのである。そうして，虐待等の影響からの回復に向けた支援や親子関係の再構築に向けての支援を展開していく。

　児童養護施設の子どもたちのなかには，対人行動の問題が起こったり，反社会的な行動を繰り返したり，抑うつや神経症的な症状が出る場合もある。苦しんでいる子どもたちが生きる希望を見出すことのできるよう児童相談所や医療機関等の他機関と連携することも重要となる。場合によっては，児童自立支援施設，児童心理治療施設への措置変更になることもある。

　また，発達障害や知的障害など何らかの障がいを抱えている子どももおり，障がいに応じた支援をおこなう必要がある。障がいを有する子どもたちについては，特別支援学級や特別支援学校と連携し，発達の保障を考慮したきめ細やかな支援をすることが求められている。

3－2．学習指導とＡへの具体的な個別支援

　児童福祉施設の設備及び運営に関する基準第45条第2項において，学習指導は，「児童がその適性，能力等に応じた学習を行うことができるよう，適切な相談，助言，情報の提供等の支援により行わなければならない」とされている。

　Ａの入所は中学からであり，学習の遅れが顕著にみられる事例である。学習は，それぞれの時期に課題を達成することができなければ積み重ねができない。Ａの事例からもわかるように学習の遅れは，教師やクラスメイトに「できない子」としてレッテルを貼られる可能性や，自己否定，学習意欲の低下・喪失につながる。これは，人格形成上大きな問題であり，将来的に進学や就職の選択範囲を狭めてしまうことにもつながる。

　Ａだけに限らず，学力の遅れの背景には，学習習慣の未形成，情緒の不安定さ，自己肯定感の低さ，発達障害等のさまざまな要因が複雑に絡みあっており，個別化を図ることが重要である。また，学習指導は，学習環境を整えることや本人の自覚を促すだけではなく，それぞれの子どもの状況に応じた様々な工夫をしながら根気強くおこなう必要がある。

　しかしながら，施設職員がつきっきりで対応することは人員的にも難しい。国は，このような現状に鑑み，児童養護施設の学習支援における教育保障を整えている。たとえば，学習ボランティアや学習塾，個別学習指導などを活用しながら個々のニーズに対応したさまざまな取り組みをおこなうことや高

校生に対する資格取得のための特別育成費，補習費特別保護単価などを創設
しているのである。

　Aの課題としては，学習習慣が確立していないことと小学低学年以降の学
習が定着していないことが挙げられる。そこで，施設職員らと中学校の担任，
施設内外の学習指導の担当者は，情報を共有し，Aとかかわっていく際に，
Aのよさに着目し，そのよさがAに伝わるように，具体的で肯定的な声掛け
でやる気を引き出せるよう留意している。

　また，少しずつでも知識が定着するよう，基礎問題と交換日記を日課とし
て行い，毎日，必ず誰かが一緒に添削・指導し，記述されている内容に関し
ても一緒に話をすることで飽きることなく続けられるよう配慮している。そ
れに加えて，子どもたち同士の相互作用，成果物の可視化で「やらされてい
る」のではなく「やりたい」と思えることを重要視し，満足度，達成感を得
られるよう支援しているのである。

2．演習事例「地域小規模児童養護施設（グループホーム）の子どもたち」

　地域小規模児童養護施設は，家庭的養護のひとつであり，個別化を重視し，
「あたりまえの生活」をおこなうことができるように配慮されている。本節
では，グループホームの入所児童の生活特性や職員の役割，「あたりまえの
生活」に焦点を当てて考えを深めていく。

　休日，リビングでは子どもたちが職員Aと一緒に冷蔵庫を確認しながら，
「久しぶりにタコパ（たこ焼きパーティー）したーい！！」と盛り上がり，準
備を始めている。B（小4）が不機嫌そうな顔をしてC（小1）に何かひそひ
そと言っている。職員AがBに気づき「どうしたん？」と聞いてもBは黙って
いる。職員Aは，「言いたいことあったら言うてくれたらいいんよ？」と問い
かけた。D（中3）が「せっかくのタコパやのに感じ悪いで。何が気に入らん
の？」と言った。Bが悲しそうな顔をして部屋に戻ろうとした瞬間，職員Aは
Bに駆け寄ろうと腰を上げた。Bの隣にいたE（高2）もまた，同じように行
動を起こしていた。Eは，Bに声をかけながらリビングの端っこに連れて行っ
た。職員Aは，Eに感謝とお願いのサインを出して様子を見守りながら他の子
どもたちと昼食準備にとりかかった。

　Cは，まだ危なっかしくたこを切っていて，職員Aは「そうそう！　上手！
猫さんの手やで！！」と声をかける。F（4歳）は，「Eちゃん，Bちゃん，

手伝ってよー！！」と一生懸命，生地を混ぜている。気まずそうにしているＤ
のフォローをしながら食事の準備は進んでいった。

　しばらくして，ＥとＢが一緒に戻ってきた。Ｅは，「みんな，豚玉も食べた
くない？　Ｂ，お好み焼き食べたいんやって！」と言った。Ｂにきついことを
言ったと反省したＤが「Ｂ，そんなん黙ってんとすぐ言うたらいいねん！！私
も両方食べたい！！」と言い出した。Ｂは，「うん，ごめん…」と言ってうつ
むいた。Ｄは，「はよ，おいでな！Ｂ，キャベツ入れてー！！」と声をかける。
Ｂは，「うんっ，手伝う！！」と涙を浮かべて嬉しそうにＤに駆け寄った。

ポイント

１－１．〈地域小規模児童養護施設における「あたりまえの生活」〉
　地域小規模児童養護施設における子どもたちの生活特性と「あたりまえの
生活」について理解する。
１－２．〈子どもへのかかわりと子どもたちの相互作用〉
　子どもへのかかわり方と子ども同士の相互作用を利用した支援について考
える。

演習課題

２－１．地域小規模児童養護施設における子どもたちの生活についてパンフ
　レットやホームページをみてまとめてみよう。また，「あたりまえの生活」
　についてあなたが思うことを書き出してみよう。
２－２．事例を読んで，職員の子どもへのかかわり方と子ども同士の相互作
　用についてあなたの考えを書き出してみよう。

演習方法

① 自分の考えを記入してみよう。
② グループで意見交換して，グループの意見を記入してみよう。記入後に
　発表。
③ ほかのグループの発表を聞いて気づいたことを記入してみよう。

解　説

３－１．地域小規模児童養護施設における「あたりまえの生活」

　地域小規模児童養護施設は，子ども４人（最大で６人）に対し，２人以上
の職員配置となっており，できる限り同じ職員が一貫して担当できるよう努

めている法人が多い。そのため，大舎制と比べて職員勤務のローテーションが難しく，職員の休暇や研修などを考慮し本体施設の応援職員や非常勤（パートタイム）職員を活用しながら対応している。

　借り上げや買い取った民家を利用しているため，子どもたちが家庭や我が家のイメージをもちやすく，一般家庭に近い生活体験をすることができる。ここでの子どもたちの生活は，大舎制のそれに近いものの，空間が狭く，少人数のため個別化がしやすくなっており，それぞれの子どもたちが相互に交流し自治的な話し合いのもと生活におけるさまざまな決まり事を決めたり，子ども一人ひとりに合った生活のリズムを整えたりと柔軟に対応できる。

　たとえば，本事例のRホームでは，毎日その日の担当職員が前日の献立と重複しないものを考えることとなっている。施設の小規模化に伴い，児童の食事についても集団給食管理から児童一人ひとりに配慮した小集団での栄養管理がなされている。職員は，本体施設の栄養士と連携し，子どもたちが自分自身で栄養バランスを考えられるようにすることや調理器具の取り扱い，調理方法，食器洗いなどの後片付けも含め学んでいくことができるように支援している。

　保育者は，生活指導のなかでそれぞれの子どもが持ち合わせている能力を十分に発揮することができるよう環境を整え，その上で自分らしい暮らしが営める生活力の獲得を促し，退所後の生活を視野に入れた支援をおこなっていく。子どもたちは，安心感のある場所で大切にされている体験を積み重ね，起床・就寝時間などの時間管理や食事，金銭管理，身辺整理や学習，健康・衛生管理など日常生活のなかで身につけておくべきスキルを習得していく。

　このように，家庭的で「あたりまえの生活」のなかに特定の職員や入所児童との個別的関係が育まれていくのである。留意すべき点は，多様な家庭が増えているなか，「あたりまえの生活」という言葉が，子どもだけに限らず支援する側においても自分自身の家庭を基準としており非常に曖昧なものであるということである。

　たとえば，食事についてみてみるだけでも調理器具や家電の有無，食材の選択方法，献立のレパートリー，外食の頻度などについてもそれぞれに違いがあるのは当然だろう。保育者は，それぞれに生活における違いがあることを前提に，生活のなかで起こるさまざまな感情や生活のあり方に柔軟に対応していくことが重要である。そして，何を大切にしていくのかを話し合いすり合わせていくことで，子どもたち主体の「あたりまえの生活」を作り出していくことができるのである。

3－2．子どもへのかかわり方と子ども同士の相互作用

　本事例は，職員Aが見守るなかで子どもたちが子どもたち同士で問題解決に至った例である。

　本事例にもみられるように，職員AはBが話したいタイミングで話せるような言葉かけをしている。その後もすぐに口を出すのではなくCやD，Eがそれぞれどのようにかかわり合うのかを辛抱強く観察し，対応している。これは，子どもたちが生活を通して相互理解し，生活技術を習得できるよう配慮しながら支援を行っているためである。

　子どもたちは，子ども同士のかかわりから自分の間違いを指摘されそれを認めて直したり，悲しい時や辛い時に自分の気持ちや考えを伝えたり，困った時に助けてほしいと言うことなども学んでいく。また，そのような経験を通して，それぞれの子どもの抱えている悩みや生きづらさを感じ取り，保育者がそれぞれの子どもにおこなう必要な支援が異なることを知っていくのである。

　保育者には，子ども同士の喧嘩や言い争いが起こった場合も相互作用を活用して個々人や子どもたちが直面している問題解決に対して側面的に支援していくという視点が大切である。そして，その時々で，子どもの言動の原因に共感したり，不安を取り除いたり，耐えることを見守るなどの支援も必要となる。ただし，保育者自身の経験や固定概念にとらわれた支援をしていないかどうか振り返るためにもチームで協働する必要がある。

　地域小規模児童養護施設では，担当職員と子どもたちとの関係性が深くなり，愛着を形成しやすいといわれている。愛着関係の深まりにより子どもの要求が顕著に表出したり，子どもの行動特徴による認知の相違があったりするなど，子どもとのなにげない会話から誤解が生じ，関係性が崩れてしまう可能性もある。

　集団生活において，被虐待児や発達に課題のある子どもの言動が普段から攻撃的な子どもを苛立たせ暴言・暴力を誘発したり，それが被虐待児のフラッシュバックを起こしたりする可能性もある。保育者が被虐待児の試し行動を受け止めようとすることや反抗的な子どもに生活のルールを守らせたいとして起こす言動は，子どもの目から見てしばしば公平性がないととらえられる場合もあるかもしれない。

　保育者には，自身の感情をコントロールし，意図的に対応していくことが必要となるが，どれだけ子どもたちの感情を受容しようと努めていても子どもたちが違う解釈をしてしまうことでその後の支援が逆効果になることは往々にしてある。保育者は，お互いの話の受け止め方が正しいかどうか，どのように伝わっているかを確認し，それぞれの子どもたちの気持ちも含めて

広い視野でかかわる必要がある。

　保育者には，子どもたちの抱える生きづらさに向き合うために必要な具体的な対応についての知識や技術のみならず，保育者自身の自己統制や自己覚知も求められている。子どもに振り回されるのではなく，温かさと冷静さをもち，どのようにすれば子どもたちがよりよい成長を遂げられるかを常に考えて支援することを忘れてはいけない。

3．演習事例「委託児童Hと養育里親G夫妻」

　家庭養護とは，社会的養護を必要とする子どもを里親やファミリーホームで養育することを指す。里親委託等の家庭養護には「家庭における養育環境と同様の養育環境」が求められる。本節では，養育里親G夫妻と委託児童Hとの生活の様子や里親の役割，里親支援に焦点を当てて考えを深めていく。

　H（4歳）は，2年前から父親と別居しており母親と2人で暮らしていた。児童相談所が通告を受けて訪問し，養育困難であると判断した。母親が統合失調症と診断され，治療を優先させるため，Hは児童養護施設へ入所することとなった。児童相談所が定期的に母親やかかりつけ医に連絡するも，本児との面会までなかなかつながらず，引き取りまでの長期化も懸念された。児童相談所は，児童養護施設での様子や母親との話し合いを通してHと母親のアセスメントを行い，養育里親との生活が適切であると判断した。

　養育里親であるG夫妻は，打診と説明を受け，Hと面会交流を行い，段階的に外出や外泊なども徐々に増やしていった。2か月ほどしてHの「おっちゃんとおばちゃんと一緒に住んでいいの？」という言葉を機に家庭に迎え入れることとなった。Hは，マッチングの時期から母親への思慕を募らせていた。G夫妻は，Hの母に対する気持ちも含めて大切にしていくことを決意していた。

　里親委託が開始され，HとG夫妻との3人の生活が始まった。Hは，G妻から離れず，母親の話をすることが多い。ある夜も「ママな，身体がしんどくて起きるの大変ねん。いつも，Hがお水とパンをお布団までもっていくねん。ママ，どうしてるんかな」と母親を心配していた。G妻は，「そっかー。持っていってあげるH君は優しいなぁ。はよ元気になってくれたらいいなぁ」とHの気持ちを受容しながら，一緒に布団に入った。

　母親の話をするHを寝るまで抱きしめ，添い寝することがG妻の日課となっている。G妻は，Hの母親を慕う気持ちも大切にしたいという気持ちはあるものの，母親への嫉妬の気持ちも出てきた。

　G妻は，ある晩，その気持ちを夫に話した。G夫は，G妻の不安な気持ちや

頑張りに耳を傾け「うん，辛いな。でも，君のおかげでH君も笑顔が増えたし，いろいろ興味を持ち始めている。しんどい時は僕が寝かしつけるから言うんやで。でもH君は僕の添い寝で寝てくれるかなぁ…」と話した。G妻は，「ふふ…明日も頑張るわ」とつぶやいた。

委託から1週間経った日，児童相談所の里親担当職員と里親支援専門相談員の家庭訪問がおこなわれた。G妻は，Hの夜の様子，自分の気持ちや不安についても話すことができた。

Hは，しばらくして幼稚園に通い始めた。今までG夫妻をおっちゃん，おばちゃんと呼んでいたが，お父さん，お母さんと呼ぶようになり，3人で公園へ自転車の練習をしに行ったり，一緒に夕飯を作って食べたり，海水浴や旅行に出かけたりと今までできなかった経験を重ねていった。誕生日には，幼稚園の友達を家に招待して大きなケーキを囲んで楽しく過ごした。

それでも，Hは毎夜その日の出来事を絵に描き，母親に送ってほしいと言う。「ほんまやな。ママに届けてもらえるか聞いてみようか！」とG妻はHに言った。Hは，満面の笑みで「わー，ママ見てくれるかな。返事返してくれるかな。うわうわ，どうしよう」と言った。

G妻は，Hの「ママに会いたいなぁ。ママ，どうしてるかなぁ」と繰り返される言葉に「そうやなぁ。会いたいねー」と抱きしめながらHの寂しさがどうしたら埋まっていくのかを考えている。

ポイント

1－1.〈養育里親の委託児童の特性と里親の役割〉
　養育里親の委託児童の特性と里親の役割について理解する。
1－2.〈子どもの最善の利益を考慮した里親支援と家庭復帰〉
　Hの最善の利益を考慮した生活と里親への支援，家庭復帰について考える。

演習課題

2－1.　養育里親について調べ，委託される子どもの特性と里親の役割について書き出してみよう。
2－2.　事例を読んで，Hの最善の利益と家庭復帰，G夫妻への里親支援についてあなたの考えを書き出してみよう。

演習方法

①　自分の考えを記入してみよう。

② グループで意見交換して，グループの意見を記入してみよう。記入後に
発表。

③ ほかのグループの発表を聞いて気づいたことを記入してみよう。

解　説

3－1．養育里親の委託児童の特性と里親の役割

　養育里親とは，要保護児童を一定期間自分の家庭で養育することを希望し，事前に面接や養育里親研修を受けている者をいう。委託できる児童は4人（実子等を含めると6人）までであり，里親に委託される子どもは，新生児から18歳（必要がある場合は20歳に達するまでの措置延長が可能）に至るまでの子どもである。

　基本的には，実親の元で暮らすことができるようになるまでの期間の預かりで，数週間や1年以内など短期間である場合や成人するまで委託を続けるケースもある。里親には，委託される子どもの背景の把握に努め，その子どもを理解して必要な心のケアを含めて養育することが求められる。

　里親の役割として，「里親委託ガイドライン」にも示されているように，委託児童と愛着関係を築き，安心感のなかで自己肯定感を育み，基本的信頼感を獲得できるよう養育することが挙げられる。また，委託児童が適切な家庭生活を体験していくなかで家族モデルをイメージできること，さらに家庭生活や地域社会のなかで人との関係を学び，社会性を養うとともに，豊かな生活経験を通じて生活技術を獲得できるように養育していくことも必要であるといわれている。

3－2．子どもの最善の利益を考慮した里親支援と家庭復帰

　子どもの権利には，「受動的権利」と「能動的権利」がある。前者は，子どもには適切な保護や世話が必要でありこれを受ける権利があるとするもので，後者は子どもには意見や思いを自由に表現する権利があるというものである。

　Hの事例は，母親と一緒に暮らしたいというHの強い気持ちがあるにもかかわらず里親委託に踏み切ったいわゆる「受動的権利」を優先した支援といえる。本来であれば，地域にあるさまざまな社会資源を活用して一緒に暮らすことができれば一番良いだろう。しかし，Hと母親が一緒に暮らすためには，母親の治療を優先し症状が改善してから生活基盤を整えHを養育することができる環境を作っていく必要がある。措置にあたっては，母親自身の治療と生活の立て直し，Hの適切な養育環境を確保することを最優先としつつ

も，Hと母親の気持ちも大切にしながら目標を立てて進めている。

　委託直後は，委託児童も里親も不安になりやすい。他に子どもなど同居家族がいる場合にはさらに複雑化する場合もある。G妻は，Hとの生活のなかで起こる喜びだけではなく，不安や辛さをG夫に打ち明けている。また，里親支援専門相談員らにも相談することを通して，Hが適切な家庭生活を体験できるよう工夫をしている。しかし，里親のなかには，養育が困難な状況になっても誰にも言えず抱え込んでしまうケースもあり，措置解除に至ることもある。そうならないように，里親にはさまざまな関連機関・施設・団体の支援について情報を提供し，孤立しないように配慮する必要がある。

　たとえば，児童養護施設等に配置されている里親支援専門相談員などの定期的な家庭訪問や児童家庭支援センターによる相談支援，地域の子育て情報の提供，研修会や里親同士の交流を深める里親会やサロン，里親の一時的な休息のための支援（児童養護施設のレスパイトケア），幼稚園や保健センターとの連携などがある。

　また，Hのように電話や面会は難しくとも手紙や絵をケースワーカーから母親へ渡し，母親の気持ちを聞いたり，返事がもらえるよう働きかけたりすることもできる可能性がある。里親は，子どもの意見や思いを代弁し，子どもが精神的に安定した生活を送ることができるように働きかけることが大切である。

引用・参考文献

公益財団法人児童育成協会監修，相澤仁・林浩康編（2019）『社会的養護Ⅰ』中央法規出版。

公益財団法人児童育成協会監修。相澤仁・村井美紀・大竹智編（2019）『社会的養護Ⅱ』中央法規出版。

厚生労働省雇用均等・児童家庭局家庭福祉課（2014）『児童養護施設運営ハンドブック』

https://www.mhlw.go.jp/seisakunitsuite/bunya/kodomo/kodomo_kosodate/syakaiteki_yougo/dl/yougo_book_2.pdf　（2021年4月28日確認）

厚生労働省雇用均等・児童家庭局長通知（2012）「里親及びファミリーホーム養育指針」

https://www.mhlw.go.jp/bunya/kodomo/syakaiteki_yougo/dl/yougo_genjou_09.pdf　（2021年4月28日確認）

社会保障審議会児童部会社会的養護専門委員会（2012）「児童養護施設等の小規模化及び家庭的養護の推進のために」

https://www.mhlw.go.jp/seisakunitsuite/bunya/kodomo/kodomo_kosodate/syakaiteki_yougo/dl/working4.pdf　（2021年4月28日確認）

みずほ情報総研株式会社（2020）「令和元年度厚生労働省委託事業　児童養護施設の小規模かつ地域分散化に関する調査研究報告書」
https://www.mhlw.go.jp/content/000629059.pdf　（2021年 4 月28日確認）

（中川陽子）

　社会的養護経験者は施設を退所した後，孤立感や孤独感を抱くようになり，社会生活において困難な状況に陥りやすいといわれている。そのため，アフターケアを充実させることが課題となっている。しかしアフターケアはそれだけで独立してあるのではなく，インケアとのつながりが求められる。ある1人の女性（A子）の事例を手がかりにしてみていきたい。

　物心がついた頃，A子の家に父親の姿はなかったものの，母親と姉との3人の暮らしはそれなりに幸せであった。小学校4年生の夏，母親が男性と一緒に暮らし始めた。父親を求めていたA子は嬉しくて，すぐにその男性に親しみをもって「お父さん」と呼んだ。しばらくの間は，夢にまで見た父親のいる暮らしであった。しかし，やがてA子と姉は，その男性から性暴力を繰り返し受けることになった。

　最初の頃，A子は男性からの性暴力をずっと我慢していた。しかし生きているのが辛くなるところまで追い詰められ，母親に窮状を訴えた。性暴力の被害を受けていることをA子から知らされ，母親は自分の目でその事実を確かめた。そして，2人の娘を連れて夜逃げ同然に家を出た。

　3人の穏やかな暮らしが戻ってきたのも束の間であった。中学生になりA子は母親から，「あの時A子が逃げたいと言わなければ，お母さんは幸せだったのに……」と告げられた。どれほど辛いことがあっても，母親に護られていると信じてきた。しかしこの言葉で，母親への信頼が音を立てて崩れた。その日を境にA子は，母親に対して，殴る蹴るの暴力をふるうようになり，そしてついに包丁をふりかざした。

　母親は児童相談所へ相談に行き，A子は情緒障害児短期治療施設（現「児童心理治療施設」）に措置された。その後，母親の精神状態が悪化し，自宅復帰が望めなくなったことから，A子の暮らしの場は児童養護施設へと移された。A子は母親に捨てられたと感じ，母親を憎んだ。

　高校生になり再びA子は荒れた。アルバイトを口実に夜遊びをすることもあった。施設の職員が自分を咎めようとすれば，「はっ？！　うるせぃよ」と返すA子であった。しかしそのような時，「A子，何があったの？」と，「うるせぃよ」と言いたくなる理由を教えてほしいという姿勢でかかわる職員に対して，A子は心を開き始めた。この頃，初めてA子が性暴力の被害を受けていたことが明らかになった。

　ある時，職員にA子は次のような話をした。「どうせ私は汚いから。私は何をしても，どうなってもいい」。職員は黙ってA子の話を聞いた。そしてA子が語り終えたその時，「抱きしめてもいい？　汚くないよ」とA子をやさしく抱きしめた。抱きしめられた時には，「きもち悪い」と思ったが，この出来事はずっと忘れられなかった。

　高校卒業と同時にA子は施設を退所し，その後，結婚して2人の娘の母親になった。娘たちの学校が長期の休みになると，A子は娘たちを連れて里帰りのように施設を訪ねた。娘たちも一緒に職員と食事に行くこともあった。思春期の娘たちの子育てに悩めば，子どものいる職員にメールや電話で相談を重ねた。

　ある日，高校卒業を間近に控えた長女が，突然，「ママってすごく幸せだなと思う」と言った。「何で？」と尋ねると，「何か困った時，ママっていったい何人の相談する人がいるの？　私が将来困った時に相談できる人って，ママでしょ，パパでしょ，おじいちゃんでしょ，おばあちゃんでしょ，片手で終わるよ。ママ，数えてみて。ママは施設の先生とかいっぱいいるでしょ」。

　親がすべてだと思い，母親に捨てられたと苦悶し，母親を憎む日々であった。しかし長女の言葉がきっかけとなり，A子は施設で育った自分を振り返った。そしてその思いを次のように語った。「私は施設で育ちました。でも私はたくさんの相談できる人がいて，たくさんの人に囲まれているから，別に施設で育ったからといって私は不幸でもかわいそうでもありません」。

（井上寿美）

第12章 社会的養護における支援の計画と
記録及び自己評価

　子どもたち一人ひとりにあった適切な支援を行うためには，子どもの育ってきた過程や保護者の状況，地域の状況などについてアセスメントをし，自立支援計画を策定するとともに，この計画に基づいた支援を提供することが求められる。本章では，アセスメントとは何か，自立支援計画とは何か，ケース記録とは何か，ケース記録で用いられるジェノグラムやエコマップの記述方法を学ぶとともに，自己評価とは何か，ケースカンファレンスとは何かについて学ぶこととする。

1．演習事例「アセスメントと自立支援計画の作成」

（1）アセスメントとは

　一般的にアセスメントという言葉は，事前調査に基づいた評価，査定と訳される。これまでに環境影響評価（アセスメント）という言葉を聞いたことがないだろうか。道路建設や埋め立て事業，大規模開発などの事業を実施する前に，その事業を実施することで環境にどのような影響を及ぼすのかを事前に評価し，環境への影響が生じないように事業規模を変更したり，場合によっては事業そのものを中止するためにおこなう事前の調査のことである。

　アセスメントは，福祉制度においても社会福祉援助技術における相談援助の過程で重要な役割を果たしている。何らかの課題を抱えた相談者と援助者が出会う段階から相談援助が開始されるが，一般的に相談援助の過程として，①ケースの発見，②インテーク（受理面接），③アセスメント（事前評価），④プランニング（援助計画），⑤インターベンション（援助の実施），⑥モニタリング，⑦エバリュエーション（事後評価），⑧終結，という流れで実施されることが多い。

　アセスメント（事前評価）では，インテークで確認した相談者の主訴を解決するために情報の収集をおこなうことが必要となる。相談者の課題を解決するためには，相談者自身や相談者を取り巻く環境に関する情報を把握することが必要である。相談者自身の家族との関係，身体的状況や心理的状況，社会的状況や経済的側面，生い立ちなどを把握するとともに，近隣との関係や職場の同僚等との関係などの情報を得て，相談者自身がどのようなことに困っていて，どのように解決したいと考えているのか，真のニーズをていねいに聴き取り，課題を解決していくためのプランニング（援助計画）を策定

するための情報を得る段階である。得た情報は，ジェノグラムやエコマップ
などのマッピング技法を使用して整理することで全体像が把握しやすくなり，
援助者間での情報の共有も図りやすくなる。

　社会的養護の場合に当てはめると，児童養護施設や乳児院等に入所した子
どもに対して個別の「自立支援計画」を策定する際にアセスメントが必要と
なる。子どもの状態像を評価するために，子どもが，入所前にどのような生
活をしていたのか，保護者との関係はどうであったのか，友達関係はどうで
あったのか，なぜ，入所に至ったのかなど，子ども自身の心身の状況や生活
状況，保護者との関係や保育所や幼稚園，小学校等での状況，子どもや保護
者の意向などをアセスメントして，それぞれの子どもに対応した個別の支援
計画を作成することが必要となる。

（2）自立支援計画の作成

　自立支援計画の作成については，児童福祉施設の設備及び運営に関する基
準第24条の2で乳児院の長，第29条の2で母子生活支援施設の長，第45条の
2で児童養護施設の長，第76条で児童心理治療施設の長，第84条の2で児童
自立支援施設の長それぞれに対して，入所児童等に対して計画的な自立支援
をおこなうため，個々の入所児童等に対する自立支援計画の策定を義務づけ
ている。

　個々の子どもの状況に応じて作成した自立支援計画票の記入例は，表12-
1のとおりである。作成にあたっては，本人の意向，保護者の意向，市町
村・学校・保育所・職場などの意見，児童相談所との協議内容，支援方針を
記載するとともに，次期検討時期を明記しておくこと。なお，状況が変化し
た場合や緊急を要する場合には，適宜，検討を実施することが必要となる。
さらに「子ども本人」，「家庭（養育者・家族）」，「地域（保育所・学校等）」，
「総合」の各欄については，短期目標（優先的重点的課題），長期目標を記載
するとともに，支援上の課題，支援目標，支援内容・方法を明記することで，
施設全体としてどのような方針で子どもをはじめとする関係者に対して支援
をしていくのかについての共通理解を得ることができることになる。

　このためにも策定する際には，ケース会議などをおこない，職員同士で協
議し立案することが大切である。児童養護施設運営指針には，①子どもの
心身の状況や，生活状況等を正確に把握するため，手順を定めてアセスメン
トをおこない，子どもの個々の課題を具体的に明示する，②アセスメント
に基づいて子ども一人一人の自立支援計画を策定するための体制を確立し，
実際に機能させる，ことが記載されている。その際，児童相談所との話し合
いや関係書類，子ども本人の面接などで，子どもの心身の状況や生活状況，

表 12-1　自立支援計画票（記入例）

施設名　□□児童養護施設

フリガナ 子ども氏名	ミライ　コウタ 未　来　幸　太	性別	○男 　女	生年月日	○年　○月　○日 （11歳）
保護者氏名	ミライ　リョウ 未　来　良	続柄	実　父	作成年月日	×年　×月　×日

主たる問題	被虐待体験によるトラウマ・行動上の問題
本人の意向	母が自分の間違いを認め，謝りたいといっていると聞いて，母に対する嫌な気持ちはもっているが，確かめてみてもよいという気持ちもある。早く家庭復帰をして，友達のいる元の小学校に通いたい。
保護者の意向	母親としては，自分のこれまでに行ってきた言動に対し，不適切なものであったことを認識し，改善しようと意欲が出てきており，息子に謝り，関係の回復・改善を望んでいる。
市町村・学校・保育所・職場などの意見	出身学校としては，定期的に家庭訪問などを実施し，家庭を含めて支援をしていきたい。
児童相談所との協議内容	入所後の経過（3か月間）をみると，本児も施設生活に適応しはじめており，自分の問題性についても認識し，改善しようと取り組んでいる。母親も，児相の援助活動を積極的に受け入れ取り組んでおり，少しずつではあるが改善がみられるため，通信などを活用しつつ親子関係の調整をはかる。

【支援方針】本児の行動上の問題の改善およびトラウマからの回復をはかるとともに，父親の積極的な養育参加などによる母親の養育ストレスを軽減しつつ，養育方法について体得できるように指導を行い，そのうえで家族の再統合をはかる。

第○回　支援計画の策定および評価			次期検討時期：　△年　△月

子ども本人

【長期目標】盗みなどの問題性の改善および評価

	支援上の課題	支援目標	支援内容・方法	評価（内容・期日）
【短期目標（優先的重点課題）】	被虐待体験やいじめられ体験により，人間に対する不信感や恐怖感が強い。	職員等との関係性を深め，人間に対する信頼感の獲得をめざす。トラウマ性の体験に起因する不信感や恐怖感の軽減をはかる。	定期的に職員と一緒に取り組む作業などをつくり，関係性の構築をはかる。心理療法における虐待体験の修正	年　月　日
	自己イメージが低く，コミュニケーションがうまくとれず，対人ストレスが蓄積すると，行動上の問題を起こす。	得意なスポーツ活動などを通して自己肯定感を育む。また，行動上の問題に至った心理的な状態の理解を促す。	サッカーチームの主力選手として活動する場を設ける。問題の発生時には認知や感情のていねいな振り返りをする。	年　月　日
		他児に対して表現する機会を与え，対人コミュニケーション機能を高める。	グループ場面を活用し，声かけなど最上級生として他児への働きかけなどに取り組ませる。	年　月　日
	自分がどのような状況になると，行動上の問題が発生するのか，その力動が十分に認識できていない。	自分の行動上の問題の発生経過について，認知や感情などの理解を深める。また，虐待経験との関連を理解する。	施設内での行動上の問題の発生場面状況について考えられるよう，ていねいにサポートする。	年　月　日

家庭（養育者・家族）				

【長期目標】母親と本児との関係性の改善をはかるとともに，父親，母親との協働による養育機能の再生・強化をはかる。また，母親が本児との関係でどのような心理状態になり，それが虐待の開始，および悪化にどのように結ぶついたのかを理解できるようにする。

	支援上の課題	支援目標	支援内容・方法	評価（内容・期日）
【短期目標（優先的重点課題）】	母親の虐待行為に対する認識は深まりつつあるが，抑制技術を体得できていない。本児に対する認知や感情について十分に認識できていない。	自分の行動が子どもに与える（与えた）影響について理解し，虐待行為を回避・抑制するための技術を獲得する。本児の成育歴を振り返りながら，そのときの心理状態を理解する。そうした心理と虐待との関連を理解する。	児童相談所における個人面接の実施（月2回程度）	年　　月　　日
	思春期の児童への養育技術（ペアレンティング）が十分に身についていない。	思春期児童に対する養育技術を獲得する。	これまで継続してきたペアレンティング教室の参加（隔週）	年　　月　　日
	父親の役割が重要であるが，指示したことは行うもののその意識は十分ではない。	キーパーソンとしての自覚をもたせ，家族調整や養育への参加意欲を高める。母親の心理状態に対する理解を深め，母親への心理的なサポーターとしての役割をとることができる。	週末には可能な限り帰宅し，本児への面会や家庭における養育支援を行う。児童相談所での個人および夫婦面接（月1回程度）	年　　月　　日

地域（保育所・学校等）				

【長期目標】定期的かつ必要に応じて支援できるネットワークの形成（学校，教育委員会，主任児童委員，訪問指導員，警察，民間団体，活動サークルなど）

	支援上の課題	支援目標	支援内容・方法	評価（内容・期日）
【短期目標】	サークルなどへの参加はするようになるものの，近所とのつきあいなどはなかなかできず，孤立ぎみ。	ネットワークによる支援により，つきあう範囲の拡充をはかる。	主任児童委員が開催しているスポーツサークルや学校のPTA活動への参加による地域との関係づくり。	年　　月　　日
	学校との関係性が希薄になりつつある。	出身学校の担任などと本人との関係性を維持，強化する。	定期的な通信や面会などにより，交流をはかる。	年　　月　　日

総　合				

【長期目標】地域からのフォローアップが得られる体制のもとでの家族再統合もしくは家族機能の改善

	支援上の課題	支援目標	支援内容・方法	評価（内容・期日）
【短期目標】	母親と本人との関係が悪く，母子関係の調整・改善が必要。再統合が可能かどうかを見極める必要あり。	母子関係に着目するとともに，父親・妹を含めた家族全体の調整をはかる。	個々の達成目標を設け，適宜モニタリングしながら，その達成にむけた支援を行う。	年　　月　　日
			通信などを活用した本児と母親との関係調整をはかる。	年　　月　　日

【特記事項】通信については開始する。面会については通信の状況をみつつ判断する。

出典：児童自立支援計画研究会編「子ども・家庭への支援計画を立てるために——子ども自立支援計画ガイドライン」日本児童福祉協会，2005年，534頁。

保護者の状況などの家庭環境，学校での様子などを総合的に踏まえ，必要な情報を収集し，その子どもに何が必要か，何が求められているのかを検討し，ケース会議で合議して策定するとともに，支援目標は，子どもに理解できる目標として表現し，策定された自立支援計画を，全職員で共有し，養育・支援は統一かつ統合されたものとすることも記載されている。

つまり，自立支援計画はケースカンファレンスなどを通して職員同士で協議しながら立案することで，全職員が同一の支援目標に向かって支援することが可能となる。さらに，子どもに理解できる支援目標とすることで，子ども自身が自分の課題を理解し，自分を変えていくための行動をとることができるようになる。また，措置権者である児童相談所と子どもと保護者への支援方法や目標を共有することで，児童相談所との連携のもとでより適切な支援を実施することができるようになり，子どもの将来を見据えた適切な支援が展開されることになる。

●演習事例 1 「アセスメントをしてみよう」

事例を読んで，幸太君，母親，父親それぞれがかかえている課題は何か，そのためにどのような支援をするのが望ましいのかについて考察してみよう。

幸太君（小6．11歳）は，父親と母親と妹（小3・8歳）との4人で生活していたが，母親から「あなたを産まなければよかった，妹はあなたと違って素直で優しくてお手伝いもできる良い子だ」と，絶えず妹と比較され，「目の前にいるだけでもイライラする」と罵声をあびせられることもしばしばあった。また，無視されることも度々あり，自分は要らない子なのだと常に感じて育ってきた。

一緒に遊ぶ幼馴染は近所にいるが，自己イメージが低く，コミュニケーションもうまく取れなかったため，クラスのなかではいじめの対象となっていた。このため母親から心理的虐待を受けた後や，いじめにあった後で，自分の気持ちを発散させるためか，存在意義をアピールするためか明らかではないが，スーパーなどで万引きを繰り返していた。

ある日，万引きしているところを見つかり，警察に通報され，児童相談所送致となった。児童相談所のケースワーカーとのやりとりのなかで，母親から虐待を受けていること，学校でいじめにあっていることがわかり，このまま母親と一緒に生活させることは，幸太君の今後の人生を考えた場合良くないと判断され，一時保護後，児童養護施設入所となり，現在，3か月が経過している。

父親は会社員で，朝早くから夜遅くまで働いているため，子育てについては

母親にすべて任せており，母親から子どものことについて相談があっても，「お前に任せているのだから好きにすればよい」と父親の役割を放棄していた。以前，母親は趣味のサークルへ積極的に参加していたが，幸太君の子育てがうまくいかなくなってから，サークルへの参加も遠のき，近所づきあいもしなくなり，孤独な子育て環境となっていた。

　幸太君は現在，トラウマからの改善を図るため心理療法を受けており，施設での生活も問題なく過ごすことができている。しかし，母親に対する嫌な気持ちは相変わらずあるが，自宅の周辺には幼馴染もたくさんいることから，早く家庭に戻って地域の小学校に通いたいと思っている。

ポイント

1－1.〈課題発見・特定〉
　自立支援計画を策定する前提として，それぞれの人が抱えている課題を発見し，ニーズを把握して，課題を特定することが必要である。

1－2.〈情報取集と分析（アセスメント）と自立支援計画の策定〉
　援助を必要とする人の課題やニーズを把握した後に，自立支援計画を立案し，計画を実行することになる。適切な時期に，支援が適切で，効果的であったか，新たに出てきた課題は何かについて点検し，見直しすることが必要である。

演習課題

1－1.　幸太君のニーズや課題は何か考えてみよう。
1－2.　父親のニーズや課題は何か考えてみよう。
1－3.　母親のニーズや課題は何か考えてみよう。

演習方法

① 自分の考えを記入してみよう。
② グループで意見交換して，グループの意見を記入してみよう。記入後に発表。
③ ほかのグループの発表を聞いて気づいたことを記入してみよう。

解　説

1－1.　幸太君，父親，母親のニーズや課題は，①～③に整理することがで

きる。
① 幸太君は，早く家庭に戻って地域の小学校に通いたいと思っている。自己イメージが低く，コミュニケーションもうまく取れない。万引き癖がある。
② 父親は，子育てを母親に押しつけており，父親の役割を放棄している。
③ 母親は，父親に相談ができず孤独な子育て環境にある。

それぞれのニーズや課題に対応するため，ケース会議等で協議を行い，策定した自立支援計画票は表12-1のとおりである。各自がもっているストレングスに着目し，たとえば，母親の場合，父親の協力が得られないままこれまで一人で子育てをしてきた力があること，妹については特に問題なく育ててきていることに着目して，それを認め，エンパワメントできるように支援していくことで，母親がこれまで幸太君にしてきた不適切な対応を振り返り，改めることにつながっていく。

2．演習事例「ケース記録（ジェノグラム・エコマップ）」

（1）ケース記録とは

ケース記録は，児童養護施設や乳児院などの児童福祉施設をはじめ，社会福祉施設などを利用している人たちや児童相談所などで相談援助を受けている人たち一人ひとりに対して作成されているもので，利用者の個人情報を含むあらゆる情報が記載されている。

ケース記録の最初のページにフェイスシートが綴られている。氏名，性別，年齢，住所，家族の状況（ジェノグラム），成育歴，生活環境，関係機関，主訴，ケースの概要など，施設種別によって違いがあるが，利用者の基本情報等が記載されているので，このフェイスシートを見ればケース全体の状況が把握できるようになっている。

児童養護施設や乳児院には，さまざまな事情で保護者と一緒に生活することができない子どもたちが入所していることから，家庭に代わって生活する場として，保育士をはじめとする職員は，保護者に代わって，子どもの欲求を個々に充足させるとともに，健全な成長と発達を保障していく役割を担っている。このため安全・安心に日々の生活を快適に送ることができる環境を整え，一人ひとりの人格形成に積極的に関与し，基本的生活習慣が身につくように支援をおこない，学習指導や金銭感覚指導，進路支援などを通して，家庭復帰や将来の自立に向けた支援が，児童相談所をはじめとする関係機関

と連携をとりながらおこなわれている。

　したがって，ケース記録には，アセスメントシートや自立支援計画，日々の子どもの言動，様子，支援内容等を記録したものや評価，受診記録や児童相談所からの措置書をはじめとする関係機関との協議内容等が記録または添付されている。このように子どもの生活状況や課題，家族との関係，将来の見通しなどについて，いつでも情報にアクセスできることから，職員全体で共通認識をもつことが可能となり，ケース記録は，担当職員だけでなく施設全体として適切な支援を提供するためのツールとなる。

（2）ジェノグラムとは

　家族の状況を簡潔に視覚化し把握するために用いる方法で，「世代間関係図」や「家族関係図」と呼ばれている。一般的には課題を抱えた者を中心人物として記載するが，児童養護施設などでは入所児を中心にして，同居家族や別居家族，すでに亡くなった家族などを図式化し，結婚や離婚，兄弟姉妹，親族の関係などが一目でわかるようにしたものである。

　男性は「□」，女性は「○」で表し，兄弟姉妹などは年齢の高いほうから左側から書き込む。利用児本人は二重の「回」や「◎」で表す。離婚をした場合は「//」でつながりを切り，子どもがいる場合はどちらが引き取ったのかがわかる位置に「//」を入れる。また同居家族は点線で囲む。年齢などの必要事項を記載するとよりわかりやすくなる。図12-1の同居家族のジェノグラムでは，結婚して長男と2人の女の子を授かったが，離婚した際に長男は父親が引き取っている。その後，再婚し1人の女の子を授かったが，また離婚したので，再婚相手との間にできた子どもは母親が引き取り，現在，母親と3人の女の子とで生活していることになる。

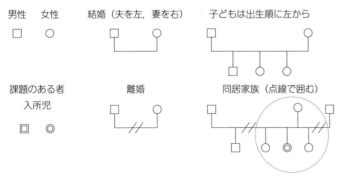

図12-1　ジェノグラムのフォーマット

（3）エコマップとは

　利用者や家族と，その周囲の人々や社会資源の状況，関係性の強弱や信頼関係や緊張関係などを付け加えて平易なかたちで図示したもので，「生態地図」や「社会関係地図」と呼ばれている。エコマップを作成するときには，利用者本人と一緒に作成することで，親族や知人，近隣住民，会社，公的機関，専門機関などの社会資源とのつながりや複雑な人間関係の関連を把握することができる。さらに，社会資源やサービスメニューの利用状況が把握でき，今後，どのようなサービスが必要なのか，家族との関係性の修復や調整のきっかけとなったり，新たな社会資源の活用やネットワークの構築につなげることができるようになる。

　図12-2で見ると母親の実家とはストレス関係にあり，父親の実家とは弱い関係にあることから，実家の援助を受けることは今のところ難しいと思われる。長男が入所していることから児童養護施設との関係は強く，信頼を寄せている。児童相談所には子どもを取られた感があり，また，指導を受けなければならない義務感があることから，ストレスを感じている。近隣住民との関係は弱く孤立ぎみとなっている。

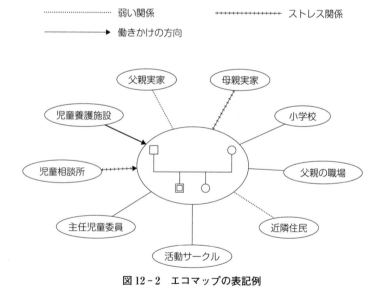

図12-2　エコマップの表記例

●演習事例2「ジェノグラムを描いてみよう」

事例に登場する人物のジェノグラムを描いてみよう。

本人及び家族の状況

本人A（5歳児クラス・男児）：体に触られることを極度に嫌がり，言語，行動ともゆっくりであるため，障害があるのではないかと保育所で心配されている。年長になって乱暴な言動が目立っている。

妹B（3歳児クラス）：口数が少なくおとなしい性格で，行動もゆっくりであり，友達も少ないが，目立った障害があるとは思えない。

兄C（小学校2年生）：母親の前夫の子どもで，元気で活発過ぎるため，父親からよく叱られている。

父親（38歳）：会社に勤めているためか，あまり子どもとかかわろうとしない。兄Cに対しては厳しくあたるところがある。

母親（35歳）：専業主婦で，子育てに喜びを感じているが，近隣との付き合いは少なく，何でも相談できるママ友もあまりいない。

演習課題

2－1．本人を中心としたジェノグラムを描いてみよう。

演習方法

① 自分で記入してみよう。
② グループで意見交換して，ジェノグラムを完成させよう。

解　説

2－1．演習事例1に出てくる幸太君のジェノグラムは，エコマップで示した○のなかに記載されているとおりとなる。この演習事例2では，母親は兄Cを連れて再婚しているので，離婚を表すフォーマットの記入場所についての注意が求められる。

3. 演習事例「自己評価・ケースカンファレンス」

（1）自己評価とは

評価をする場合，評価をする側と評価を受ける側に分かれるが，評価する側と受ける側が同じ場合は「自己評価」といい，異なる場合は「他者評価」または「第三者評価」という。

児童養護施設の場合，「児童福祉施設の設備及び運営に関する基準」第45条の3で，自ら業務の質の評価をおこなう（自己評価）とともに，定期的に外部の者による評価を受け（第三者評価），それらの結果を公表し，常にその改善を図らなければならないことが規定されている。つまり3年に1回以上の受審と毎年「第三者評価基準の調査項目」に基づいて自己評価をおこなうことが求められている。これらの評価は，子どもの最善の利益と子どもの権利擁護を図るとともに，施設の運営や子どもへの支援の質の向上を図ることを目的に実施されている。

自己評価には，さまざまな方法があるが，支援者自身による自己評価，支援チームや施設・機関等による自己評価，支援過程における利用者自身による自己評価の3つに区分することができる。

支援者自身による自己評価は，担当者として自分自身がおこなってきた利用者への支援の方法や支援内容を，日々の記録を読み返し，修正すべき点や改めるべき点，うまくいっている場合は，なぜうまくいったのかを検証し，より適切な支援が提供できるようにするとともに，自己の成長を図ることを目的におこなわれる。

支援チームや施設・機関等による自己評価は，子どもや保護者への支援方法や支援内容が，支援目標や自立支援計画等に照らして，担当職員のチームとして適切に実施できているのかどうか，施設・機関等の組織全体としてどうなのかを検証するために，業務の引き継ぎや日々の記録，ケースカンファレンスなどの場を活用しておこなわれる。

支援過程における利用者自身の自己評価は，利用者自身が自分の目標や課題を解決するために，どのように取り組んできたのか，その結果，どのような成果が得られたのかなどを振り返り，よりよい自己実現をめざすためにおこなわれる。利用者自身が自立支援計画の策定に参加することで，自分の課題を理解し，自分を変えていくための行動をとることができるようになる。

なお，自己評価の一つの方法としてPDCAサイクルがある。自立支援計画などの「Plan（計画）」を立て，「Do（実行）」し，「Check（評価・振り返り）」を行い，「Action（検討・改善）」をすることで，計画を見直し，修正

し，さらに実行していくというサイクルを繰り返し，よりよいものに近づける方法である。

（2）ケースカンファレンスについて

　ケースカンファレンスとは，ケース会議や事例検討会ともいわれ，一つの事例について，援助チームのメンバーをはじめ，必要に応じて他分野の専門職，関係機関を交えて支援の方法を協議する場である。児童養護施設の場合，子どもの支援について，担当者がケース記録や日々の記録，自立支援計画等を活用，整理して事例検討のための資料を作成し，それに基づき子どもの現状や課題，支援の方向性や方法について協議し，より適切な支援に結びつけるための会議のことをいう。これにより支援の方向性について職員全体で共通認識がもてるとともに，職員の教育訓練の機会の場ともなっている。

●演習事例3「ケースカンファレンスに提出する資料を作成してみよう」

　第1節に記載している演習事例に基づき，幸太君を家庭復帰させるために，関係機関それぞれが支援できることとして何が考えられるか，また，社会資源の活用としてどのようなものがあるかを中心に作成してみよう。

ポイント

3－1.〈関係機関の機能と役割〉
　課題を解決するために活用できるさまざまな社会資源が地域に存在している。それぞれの社会資源にはどのような役割や機能があるのか，また自分が勤務する地域にどのような社会資源があるのかを的確に把握しておく必要がある。
3－2.〈要点を押さえた資料の作成〉
　資料の作成にあたっては，児童相談所から送付されてきた措置書（児童票），これまでの支援の経過や関係機関等との連携，やりとりなどを詳細に記録したケース記録から必要と思われる個所を抜き書きし，要点を押さえて作成する必要がある。

演習課題

3－1.第1節に記載している演習事例に基づいて，幸太君を家庭復帰させるために必用な社会資源とその役割・機能について，考えられるすべてのものを箇条書きで記入してみよう。

3－2．表12－1の自立支援計画票を参照し，子ども本人（幸太君）の支援
　上の課題，支援目標，支援内容・方法に結びつけることができるようにす
るためのケースカンファレンス用資料を作成してみよう。

演習方法

① 自分の考えを記入してみよう。
② グループで意見交換して，グループの意見を記入してみよう。記入後に
　発表。
③ ほかのグループの発表を聞いて気づいたことを記入してみよう。

解　説

3－1．必要な社会資源とその役割・機能
　児童相談所，出身学校，教育委員会，主任児童委員，警察，活動サークル，
市町村など，それぞれの役割を考える必要がある。
3－2．カンファレンス実施時の配布資料
　課題が明確に記載されているか，支援目標や支援内容として，どのような
方法があるのか，メリット，デメリットについても記載することが必要であ
る。

引用・参考文献

相澤仁・林浩康（2019）『社会的養護Ⅰ』中央法規出版。
相澤仁・村井美紀・大竹智（2019）『社会的養護Ⅱ』中央法規出版。
近喰晴子・寅屋壽廣・松田純子（2019）『保育実習』中央法規出版。
喜多一憲・堀場純矢（2019）『社会的養護Ⅱ』みらい。
相澤譲治・井村圭壯・安田誠人（2016）『児童家庭福祉の相談援助』建帛社。
望月彰（2010）『改訂　子どもの社会的養護』建帛社。
中野由美子（2013）『家庭支援論』一藝社。

（寅屋壽廣）

コラム5　地域小規模児童養護施設（ホーム）での取り組み

　地域小規模児童養護施設（以下，ホーム）では職員が食事，洗濯，掃除などを担っている。ここで取り上げるＡは大舎制の本体施設からホームへ移動してしばらくすると，「こんなところに最初から来たくなかったんや。本体へ戻らせろ」「こんなまずい飯出すなや，本体の方がうまいわ」といった威圧的な言動をするようになった。職員らは，暴君のようにふるまうＡに気を遣いながら，ピリピリとした空気の中で支援を行っていた。Ａは自分の思った通りに応えてもらえないと，「何やっとんねん」「帰れや」「お前なんか辞めろや」「そんなもん食えるかボケ」と迫力のある態度で暴言を吐くため，職員のなかにはいつ怒鳴られるか不安に耐えかね，ホームを去ってしまう者もいた。一方，職員に対して暴言を吐いたあとのＡは，ひどく傷つけてしまったと後悔し，自分の側からその職員がいなくなってしまうのではないかと涙を流し心配するのであるが，それを止めることまではできなかった。

　施設に入所するまでＡは父親と生活していたのであるが，その生活において，いつどのような指図を受けるのか怯えていた。また，失敗すると暴力を振るわれるため，常に緊張して父親の顔色をうかがっていた。そのため，自らの思いを主張することもできなかった。

　ある日，育った境遇が似ていて，Ａが兄のように慕う施設の先輩が遊びにきた。その先輩は結婚し子どもを授かっていたのだが，パートナーに暴力をふるい，今は別々に暮らしているとのことであった。この日を境にして，Ａは自らの乱暴な言動を振り返ることになった。そして，Ａは自分の感情をコントロールできず乱暴な言動を行うことには，父親から受けた虐待が影響していると語り，職員はＡの話に耳を傾けた。

　その後，Ａが暮らすホームに未就園児Ｂが新たに入所してきた。不安そうに戸惑いの様子を見せるＢに刺激され，Ａは入所してきた頃の話をし，さらにはホームへ来てからの生活を振り返った。「最初は嫌だったけど，ここに来てよかった」と話したＡに対し，担当職員はそうしたＡの気持ちを尊重し，「Ａにとって辛かった時期を思い出すＢとの生活は，Ａにとって楽なことではないと心配している。ただ，これからのホームでの生活で体験する良いことも嫌なこともＡ君が家庭を持ったときにきっと役に立つと信じている」と伝えた。Ａは，「俺，かわいがるで」と笑顔で答え，「俺が一番感謝しているのは〇〇さんや」と，自分の乱暴な言動に対しても，関心を向けて耳を傾け続けてくれた担当職員のお陰で今の自分があると照れ臭そうに話した。

　家庭的養育を目指すホームでは家庭での記憶を想起しやすく，トラウマ状況の再演が生じやすい難しさがある。トラウマの二次受傷と言われ，子どもたちの心の傷を職員は自らの情緒的反応として再体験する（藤原，2011）。心の傷を手当てする第一歩は，職員自らに生じた心の痛みを理解することから始まる。生々しいまでの再演に巻き込まれながらも関心を向け続け，理解しようとする大人の存在に支えられてこそ，彼らが家庭で受けた虐待や剥奪により受けた心の傷が回復され，虐待の連鎖から彼らの幸せが守られる可能性は確かなものとなるのである。

参考文献

藤原孝志（2011）「共感疲労の観点に基づく援助者支援プログラムの構築に関する研究」『日本社会事業大学研究紀要』57，201-237。

（荒屋昌弘）

第13章 母子生活支援施設における
DV 被害者・被虐待児と家庭への支援

　本章では，まず母子生活支援施設の入所家庭の特徴を掴む。次に，母子生活支援施設におけるアドミッションケア，インケア，リービングケア，アフターケアについて学ぶ。最後に，ドメステック・バイオレンス（以下，DV）被害者である母親への支援と面前でのDV（以下，面前DV）の被害者である子どもへの支援の実際を，演習問題に取り組むことによって理解する。

1. 母子生活支援施設における入所家庭の特徴

　母子生活支援施設に入所する家庭の特徴を，入所理由をもとに掴んでいく。

（1）入所理由のなかで一番多い「夫などの暴力」
　図13-1は，母子生活支援施設への入所理由を示したものである。「夫などの暴力」，すなわちDVによる入所が52.3%と最も多くなっている。そのため，母子生活支援施設では，DV被害者である母親と面前DVの被害者である子どもへの専門的な支援が必要とされる。

（2）複雑で多様な生活上の課題を抱えた入所世帯
　DVによる入所理由が最も多い母子生活支援施設であるが，DV被害者支援だけをおこなう施設ではない。

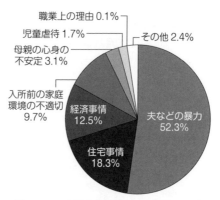

図13-1　母子生活支援施設への入所理由（入所世帯）

出典：全国母子生活支援施設協議会編（2017）を基に筆者作成。

母子生活支援施設に入所する家庭の抱える生活上の課題は複数ある。図13-1の入所理由も，一つだけでなく複数の理由が複雑に絡み合っている。たとえば，所持金がないという「経済事情」に，住む場所を借りることができない「住宅事情」も付け加わり，「母親の心身の不安定」という理由が生じる。これらを解きほぐす支援は多岐にわたるものとなる。

（3）面前 DV だけでない子どもへの虐待

母子生活支援施設に入所する子どもは，面前 DV の被害を受けていることが多い。だが，子どもへの虐待は，それだけではない。父親からの身体的虐待もあれば，母親からのネグレクトや心理的虐待を受けている事例もある。

父親からの虐待は，母子生活支援施設に入所することで逃れられるが，母親からの虐待が隠されている場合には入所後に発見されることもある。したがって，入所後にも虐待の兆候を見逃さず，介入するなどの対応が求められる。

2．母子生活支援施設におけるアドミッションケア

母子生活支援施設を利用する前に，施設見学の申し込みがおこなわれることがある。

施設見学では，入所を希望する母親や子どもに，入所後に生活することになる母子室，集会や学習などをおこなう室，相談室などを案内する。さらには，施設で生活する際の決まりごとや必要となる費用について説明する。施設の周辺を案内することもある。

見学時には，母親から現在の生活の様子や心配ごとなどを尋ねたりする。子どもが施設見学に来ている場合は，子どもにも話しかける。アドミッションケアでは，入所前の母親と子どもの心理的な不安を軽減するよう心がける。

3．母子生活支援施設におけるインケア

母子生活支援施設におけるインケアでは，自立支援計画を策定した上で，母親への支援，子どもへの支援，母親と子どもを一つの家族としてとらえた支援の三つの方向への支援がおこなわれる。

ここでは，母子生活支援施設におけるインケアを，（1）母親へのインケア，（2）子どもへのインケア，（3）家族へのインケアに分けて理解する。さらに，多くの母子生活支援施設が実施している緊急一時保護におけるインケアについても学ぶ。

（1）母親へのインケア

① 生活環境の整備

　「児童福祉施設の設備及び運営に関する基準」の第26条では，1世帯につき1室の母子室を設けるよう定められている。母子室には，母と子が寝起きし，食事をしたりするスペースと台所，浴室，トイレを設けるよう定められている。

　ただし，母子室に置く冷蔵庫，洗濯機，コンロ，家具，食器などの家財道具は，入所する家庭が準備しなくてはならない。入所家庭のなかには，自力で家財道具を準備できる家庭と，そうでない家庭がある。そうでない家庭の場合，母子支援員が買い物に付き添ったり，施設が保管する貸し出し用の家財道具を貸与したりと，母子室での生活を速やかに開始できるようにする。

　苦情解決責任者や苦情受け付け担当者，第三者委員会が施設に設置されていることを母親と子どもに伝え，施設での生活や職員の支援に苦情がある時は，意見や提案ができることを説明する。

　スーパー，コンビニエンスストア，病院など，地域の情報を伝えることも重要である。さらには，公的な手続きや，子どもが通う保育園や小中学校への転入手続きの手助けもおこなう。

② 就労支援

　表13-1は，入所中に母親から職員に寄せられた相談内容を，件数の多い順にまとめたものである。これによると，相談内容のうち，一番多いのが就労に関する相談となっている。

　職員は，母親の就労に対する不安や悩みをじっくりと聴き，必要であれば

表13-1　母親からの相談内容（相談件数の多い順）

1．就労課題
2．経済的課題
3．健康問題（精神保健を含む）
4．（前）夫との課題（DVの関係する離婚の課題）
5．育児不安
6．子どもの行動課題（不登校・ひきこもりなど）
7．子どもの病気・障害等の課題
8．親子関係
9．住宅課題
10．子どもの進学・就労課題
11．借金・債務課題
12．その他
（利用者間の関係調整，衣食住に関する生活スキル，保育園への入園，子どもへの学習支援，日本語が読めない／話せないなどの言語に関する課題など）

出典：全国母子生活支援施設協議会編（2017）を基に筆者作成。

助言する。

　また，資格の取得などの情報提供を行ったり，公共職業安定所やパートバンク，母子家庭等就業・自立支援センターなどの機関の活用を母親に勧めたりする。そうした機関を利用する際は，職員が母親に同行することがある。ときには，職員が職場の開拓をすることもある。また，母親が安心して就労できるように，施設内で乳幼児や学童の保育を実施する。必要に応じて，病児保育や夜間，休日の保育をおこなう施設もある。

　就労の継続が困難な母親に対しては，母親と職場との関係調整をおこなったり，活用可能な就労支援制度を紹介したりするなど，丁寧に話を聞くことが大切である。特に，障がいをもつ母親や外国人の母親への就労支援は，より丁寧におこなう必要がある。

③　メンタルケアの提供

　メンタルケアの提供は非常に重要である。なぜなら，DVから逃れて施設に入所した場合，避難できたことで安心し，それまでの緊張から解き放たれたとたん，抑うつ状態に陥る母親がいるからである。

　こうしたことは，施設に入所してすぐに表れることもあれば，かなりの時間が経ってから表れることもある。そのため，職員は，母親の様子を注意深く見守らなくてはならない。必要ならば施設に配置される心理療法担当職員や医療機関と母親とをつなげる。服薬管理や通院の必要が生じた場合は，その支援もおこなう。

　施設に配置されている心理療法担当職員の支援の内容は，施設によって異

表13-2　心理療法担当職員の母親への支援の例

個人心理療法	・主に言語を通して母親の治療を行う。 ・困っていることや悩みごとなど，様々なことがらについて話し合い，共に考えていく。 ・箱庭療法など，言語を用いない表現方法を取り入れることもある。
親コンサルテーション	・遊戯療法（プレイセラピー）を実施している子どもの母親から，子どもの様子を聞き，子どもの気持ちを共に考えたりする。 ・子どもへの関わり方を，心理学的な観点からアドバイスする。
入所した直後の面接	・入所時に母親と心理療法担当職員が面接し，継続した心理療法が必要かどうかを判断する。
職員と母親との関係調整	・職員と母親との関係が悪化したとき，両者の間に入って関係の調整を図る。
職員会議，ケース会議への参加	・心理療法を行っている母親の状態を伝達する。

出典：福島（2014），木元（2018）を基に筆者作成。

なる。表13-2は，心理療法担当職員がおこなう支援の一例である。

④ 生活（家事・金銭管理）の支援

　母子室は，母親と子どもが安心して暮らすことのできる生活環境を整える必要がある。そうした生活環境は，炊事，洗濯，掃除などの家事によって整えられる。しかし，家事が得意な母親もいれば，そうでない母親もいる。生育歴において，家事や整った生活環境を経験していない母親に対しては，職員と母親が協同して家事をおこなう。具体的には，一緒に買い物に行く，調理をする，掃除をする，洗濯をするなどである。

　金銭管理は，母親本人が希望しているなど，やむを得ない場合に限っておこなうようにする。その際には，金銭管理の方法について，母親と職員との間でしっかりと話し合い，具体的な方法を書面にして確認するといった配慮が求められる。

⑤ 子育て支援

　入所者のなかには，子育てに不安や悩みを抱える母親がいる。また，子どもと適切にかかわることが難しい母親もおり，虐待に至る事例もある。職員は，母親が子どもと適切なかかわりをもてるように支援する。表13-2で示した親コンサルテーションも，子育て支援の一つの方法である。また，親コンサルテーション以外にも，母子生活支援施設ではさまざまな子育て支援をおこなっている（表13-3参照）。

表13-3　母子生活支援施設における子育て支援の例

・母親の育児に関する不安，悩みを発見する。 ・母親の育児に関する不安，悩みの軽減に向けた相談や助言，介助などを行う。 ・母親の状況に応じ，必要であれば保育の提供や保育所に繋げる支援を行う。 ・母親の状況に応じ，必要であれば子どもの保育所・学校等への送迎の支援を行う。 ・母親が病気の時は，母親の看病や通院の付き添い，子どもの保育などの支援を行う。 ・母親が子どもを客観的に理解できるように，子どもの発達段階や発達課題を示し，適切な子育て・関わりについてわかりやすく説明する。 ・子どもへの虐待や不適切な関わりを発見した際には，速やかに介入し，必要に応じて，専門機関に連絡し，連携を行う。

出典：厚生労働省（2012）を基に筆者作成。

⑥ DVや債務に関する法律上の手続き

　DVを理由に施設に入所した母親と子どもの場合，その安全を確保しなくてはならない。そのためには，配偶者からの暴力の防止及び被害者の保護等に関する法律（DV防止法）に基づく保護命令（接近禁止命令，子への接近

禁止命令，電話等禁止命令など）や支援措置（DV加害者からの住民基本台帳の一部の写しの閲覧や住民票の写し等の交付，戸籍の附表の写しの交付請求を制限または拒否する措置）をおこなうことがある。

　離婚が成立していない場合は，調停や裁判をおこなわなくてはならない。その場合，職員は母親に弁護士への相談や法テラスの利用を勧め，必要に応じて同行や代弁などの支援をおこなう。

　あってはならないことではあるが，母親と子どもが施設にいることがDV加害者に知れ，危険が及ぶ可能性が生じることがある。その場合，職員は母親と子どもの意向を確認した上で，迅速に関係機関と連携を取り，保護命令の手続きや他の施設または他の地域への転居の支援をおこなう。また，借金等の債務を抱えている場合は，債務の任意整理や破産手続き，個人再生手続きなどをおこなうこともある。

（2）子どもへのインケア
① 養育・保育に関する支援
　学童期の子どもには，放課後に子どもと一緒に遊んだり，海水浴などの季節に応じた行事を楽しんだり，野球やサッカー，バレーボールなどのスポーツに親しんだり，映画や舞台を鑑賞したり，さまざまな機会を提供することが大切である。

　乳幼児期の子どもには，母親との関係構築につながるような保育や，早朝や夜間，休日といった母親と子どものニーズに応じた保育を施設内で実施する。また，保育所に入所することができない乳幼児の保育もおこなう。

② 学習支援
　母子生活支援施設には，入所前の生活環境が劣悪だったことから，学習する習慣や意欲がもてない子どもや，学校に通うことすらできなかった子どもがいる。そうした子どもたちは，落ち着いて学習することのできる環境を整えた上で，学習支援を行うことが大切である。

　学校の宿題だけでなく，理解が十分でない科目の学習支援も求められる。こうした学習支援は，主に少年指導員が実施する。近年では大学生や社会人などの学習ボランティアに，学習支援の一部を依頼する施設が増えている。

　また，施設での学習支援だけではなく，塾に通うことや通信教育を受けることによって学ぼうとする子どもたちもいる。そうした施設外の社会資源の利用を支えることも，学習支援の一つである。

　進学については，子どもの意見を十分に汲み取り，母親の意向も聞いた上で，学校と連携することが重要である。学費の負担については，その軽減を

図るため，各種奨学金や授業料の減免制度などを活用するよう支援する。

③ メンタルケアの提供

　面前 DV やその他の虐待による被害の影響は，子どもの行動や対人関係，自己肯定感に多大なる影響を与える。時には，PTSD（心的外傷後ストレス障害）などの心の病気を誘発することもある。そのため，心理療法担当職員を配置し，施設内で心理療法をおこなう場合がある。

　子どもへの心理療法の内容は施設によってさまざまである。代表的なものは，遊戯療法（プレイセラピー）である。遊戯療法では，子どもが施設内に設けられた遊戯室にあるおもちゃを用いて遊ぶ。心理療法担当職員は，遊びを通して表現される子どもの心を理解し，治療する。思春期以降の子どもであれば，困りごとや悩みごとなどを心理療法担当職員と話し合い，共に考えていくという個人心理療法を行うこともある。

　また，自己肯定感を高めるプログラムや対人関係の促進を目的とするソーシャルスキルトレーニング（SST），子どもが自分の感情を言葉で表現し，問題を解決する能力を高め，怒りや衝動をコントロールするプログラムであるセカンドステップを実施している施設もある。

④ 母親や施設職員以外の人との関わりの提供

　職員に見守られ，母親とともに施設で生活することは，子どもの心身の発達や発育，成長を保障するものである。その一方で，子どもが接することのできる大人が，母親と施設の職員に限定される可能性もある。子どもにとっての大人のイメージが限定されてしまわないよう，子どもが母親と施設の職員以外の大人と多く接する機会を設けることが必要となる。

　子どもは，母親と施設の職員以外の大人と接することにより，母親や職員以外の大人に甘える，受け入れられるといった経験を増やすことができる。また，大人との信頼関係を構築できるようにもなる。そのためには，ボランティアや実習生などを積極的に受け入れ，子どもが社会のなかにあるさまざまな価値観，多様な生き方への理解を深めるための機会を設けなくてはならない。

　こうしたことは，面前 DV などで暴力を目撃，あるいは暴力を受けてきた子どもに対し，暴力を振るわない大人のモデルを提供することにもつながる。

（3）家族へのインケア

① 家族関係の調整

　母子生活支援施設では，母親と子ども双方への支援をおこなう。そして，母親と子どもを一つの家族としてとらえた支援もおこなう。この点が，母子生活支援施設における支援の強みである。

　家族へのインケアで求められるのは，家族関係の調整である。職員は，母親と子どもの関係性が安定するように，双方の気持ちを代弁するなどの調整を行う。そのためには，母親と子どもの双方がもつ，家族関係に関する悩みや不安を受け止め，相談に応じる必要がある。ただし，虐待などハイリスクで緊急を要する状況に陥った場合は，ただちに危機介入をおこなわなくてはならない。

　母子生活支援施設で母親と一緒に生活するのではなく，乳児院や児童養護施設で生活している子どもがいる場合は，各施設と連絡をとり，母親と子どもとの関係の維持，調整を図る。また，必要であれば，子どもの父親や他の親族などの関係調整をおこなうこともある。

② 退所後の住宅に関する支援

　表13-4は，施設を退所した後の住居の形態を示したものである。退所した後に「民間アパートへの転居」をする家族が最も多く，次に多いのが「公営住宅への転居」をする家族である。そのため，施設では，退去後の生活を見据えて，民間アパートや公営住宅に転居するためのさまざまな情報を入手し，母親に提供することが望まれる。

　退所後に住居を構える地域によっては，子どもが小中学校を転校しなくて

表13-4　母子生活支援施設を退所した家族の住居形態

住居形態	世帯数	％
親・親戚との同居	124	8.7%
成人した子との同居	4	0.3%
元・配偶者との復縁又は再婚	99	6.9%
元・配偶者以外との再婚	55	3.9%
公営住宅への転居	337	23.6%
民間アパートへの転居	653	45.8%
社宅（住み込み就労を含む）	8	0.6%
本人宅	27	1.9%
不　明	15	1.1%
その他	101	7.1%
無回答	2	0.1%
合　計	1,425	100.0%

出典：全国母子生活支援施設協議会編（2017）を基に筆者作成。

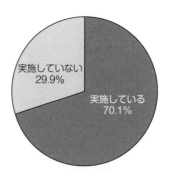

図13-2　緊急一時保護の実施
の有無
出典：全国母子生活支援施設協
議会編（2017）を基に筆
者作成。

はならない。そのため，退所後の住居に関しては，子どもの意向も確認して
おくべきである。

（4）緊急一時保護におけるインケア

　母子生活支援施設では，緊急一時保護をおこなう施設が多く存在する（図
13-2参照）。緊急一時保護とは，暴力による被害に遭い，現在の住まいから
早急に避難する必要が生じた母子を，一時的に施設で緊急に保護することを
いう。

　母子生活支援施設への入所は，本来であれば，福祉事務所での手続きが必
要である。しかし，緊急一時保護の場合は，福祉事務所だけでなく，児童相
談所，配偶者暴力相談支援センター，警察署などからも，母子の保護を依頼
することができる。

　緊急一時保護を利用する家族に対しては，安心して施設で過ごすための配
慮が必要である。そのために最も重要なことは，母親と子どもが施設にいる
ことをDV加害者に知られないようにすることである。母子生活支援施設
と福祉事務所や児童相談所，配偶者暴力相談支援センター，警察署との間で，
連絡や調整のできる体制を整えておかなければならない。

　また，緊急一時保護で母親と子どもが利用する居室を整備することや，保
育所や学校に通えない子どもへの対応をすることも，安心して施設で過ごす
ための配慮である。

4．母子生活支援施設におけるアフターケア

　施設を退所した家族の在所期間をみると，1～2年未満で退所する家族が
全体の27.7％と最も多くなっている。次いで，2～3年未満の17.8％，6か

月未満17.3%，6か月以上1年未満12.9%となっている。つまり，3年未満で施設を退所する家族は，全体の75.7%を占めている（図13-3参照）。

　本来であれば，さまざまな生活上の課題を解決もしくは緩和した上で，退所することが望ましい。しかし，生活上の課題を抱えたまま，退所する家族もいる（表13-5参照）。そのため，インケアだけでなく，アフターケアの充実を図り，退所後の支援をおこなう必要がある。

　アフターケアにおいては，支援が効果的におこなわれるよう，退所後の支援計画を作成する。そして，退所した地域で母親と子どもが安心して暮らすために，行政，医療，福祉，ボランティア・NPO法人など，地域における幅広いネットワークを形成し，地域において母親と子どもが適切なサービスを受けられるように支援する。加えて，母子自立支援員や民生委員児童委員等との連携もおこなう。

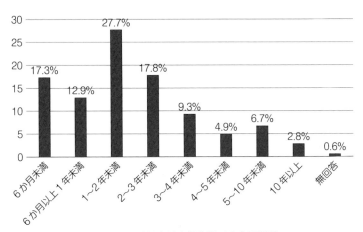

図13-3　母子生活支援施設での在所期間
出典：全国母子生活支援施設協議会編（2017）を基に筆者作成。

表13-5　退所理由

退所理由	世帯数	％
経済的自立度が高まったため	292	20.5%
日常生活・身辺・精神的自立が高まったため	237	16.6%
子どもの年齢が18（20）歳になったため	52	3.6%
希望退所(課題の解決には至っていない)	278	19.5%
再婚するため	58	4.1%
復縁するため	86	6.0%
住宅事情が改善したため	165	11.6%
入所時に決めた契約期間が満了したため	103	7.2%
その他	139	9.8%
無回答	15	1.1%
合　計	1,425	100.0%

出典：全国母子生活支援施設協議会編（2017）を基に筆者作成。

また，退所後も電話や来所によって相談できることを，母親と子ども双方に対して説明しておく必要がある。そして，退所後も学童保育や学習支援，施設行事へ招待し，施設とのつながりを保てるようにする。

演習問題

1. 母子生活支援施設におけるインケアを，母親へのインケア，子どもへのインケア，家族へのインケアの3つに分けて整理してみよう。箇条書きにする，表にまとめてみる，イラストにしてみるなど，整理する方法も工夫してみよう。
2. 心理療法担当職員が子どもに対して行う治療を書き出してみよう。また，心に傷を抱えた子どもへの心理療法にはどんなものがあるか，文献やインターネットなどで調べてみよう。

5．演習事例「DV被害を受けた母親と子どもへのインケア」

母子生活支援施設では，DVの被害者である母子への丁寧な支援が求められる。職員は，母親と子どもがどのような状態にあるのかを見極め，その時に必要な支援を的確におこなう必要がある。ここでは，DV被害者であるAさんとBちゃん，Cくんの事例を取り上げる。この事例を通して，DV被害を受けた母親と子どもへのインケアと，母子支援員と少年指導員，保育士それぞれの支援内容を理解する。

Aさんは，結婚当初から約9年間にわたって，夫からの暴力を受けていた。ある日，酒に酔った夫に激しい暴力を振るわれたため，夫が眠っている間に，Bちゃん（8歳・小学校3年生）とCくん（3歳）を連れて，自宅近くの警察署に逃げ込んだ。警察署から母子生活支援施設に相談があり，Aさん家族はU母子生活支援施設に緊急一時保護されることとなった。

U母子生活支援施設は，Aさんの自宅に近く，夫に見つかるのではないかという不安から，Aさんは，U母子生活支援施設の母子支援員に，「施設の玄関近くで夫が待ち伏せしているのではないか」と尋ねることがあった。母子支援員は，「玄関先まで行って確認したけれど，誰もいませんでしたよ」と返事をし，「ご主人が追いかけてくるのではないかと思うと怖いのですね」と，Aさんの気持ちを受容した。

そこで，U母子生活支援施設の施設長は，Aさんの自宅から離れたG母子生活支援施設に入所したほうがよいのではないかと考え，Aさんの意向を確認したところ，Aさんも入所に同意した。U母子生活支援施設の施設長は福祉事務

所の担当者に連絡を取り，Ａさんのʃ母子生活支援施設への入所が決定した。

　Ａさん家族は，現金や銀行の通帳，衣類や家財道具などを一切持ち出せないまま，逃げてきた。そのため，ʃ母子生活支援施設で生活するためには，さまざまな準備が必要であった。ʃ母子生活支援施設の母子支援員はＡさんと相談して生活に必要なものをそろえ，福祉事務所にも同行して児童扶養手当や生活保護が申請できるよう支援した。

　Ａさん家族の住民票をʃ生活支援施設の住所に異動すると，夫に知られる可能性があるため，住民票を異動せずにＢちゃんが小学校を転校できるように教育委員会に説明した。また，Ｃくんの保育所への入所手続きもおこなった。

　Ａさんは，「すぐに働いて，貯金して，夫から遠く離れた地域で暮らせるようにしたい」と話していたが，入所後しばらくすると部屋に引きこもるようになった。家事や育児も手につかない様子で，母子支援員は心理療法担当職員と面接するように勧めたが，「私は大丈夫」と拒否した。しかし，不眠が続き，限界を感じたＡさんは面接を承諾した。

　Ａさんは，心理療法担当職員に「私に悪いところがあるから，あの人は私を殴ったんだと思う」と自分に落ち度があるかのように話していたが，面接を重ねていくにつれて，「私が悪かったのではないのかもしれない」と自分自身を認めるようになった。

　母子支援員は，Ａさんの家事や育児の負担を軽減するために，炊事や洗濯，掃除の手伝いや，買い物の代行をおこなった。また，Ｂちゃんには施設内の学童保育の利用を促し，他の子どもたちと一緒に勉強したり遊べるようにした。少年指導員は学童保育を通して，Ｂちゃんを見守ることにした。Ａさんの体調が悪い時は，保育士がＣくんの保育をすることもあった。Ａさんは職員に「ありがとう」と感謝の気持ちを伝えるようになった。また，「ここで暮らしているとなんだかホッとする」とも語り，施設での生活に安心感を抱いている様子であった。

　Ｂちゃんは，少年指導員に「いつお父さんがお母さんに暴力をふるうのかと思うと怖かった」と話し，安心して学習に取り組める環境でなかったことがわかった。Ｂちゃんは算数が苦手で，少年指導員が勉強しようと声をかけても話をそらしたり，その場を離れたりすることもあった。

　さらにＢちゃんは，気にくわないことがあると，少年指導員に「死ね」「うざい」など暴言を吐いたり，大声で泣いて怒りを表現したりした。そこで，少年指導員は，Ｂちゃんの当面の課題を「学習の遅れ」と「適切な感情の表出」の２つに絞ることにした。

　少年指導員は，学習ボランティアの女子大学生Ｊさんとちゃんの関係が良好であることを知り，Ｂちゃんに学習の遅れがあることを理解したうえで，まずは楽しい雰囲気づくりをしてもらうことをＪさんにお願いした。Ｂちゃんは，

Ｊさんの手を握って「遊ぼう」と誘うなどＪさんを独占しようとしたが，周りの職員はその様子を見守ることにした。Ｂちゃんは，Ｊさんとの週に１度の時間を楽しみに，少しずつ学習に向かうようになった。

また，Ｂちゃんは，ドッヂボールが得意で，少年指導員は子ども同士が遊ぶ時には「Ｂちゃんも一緒にドッヂボールやろう」など誘うようにし，「すごいね」「うまいね」など褒める機会を増やした。Ｂちゃんは，心理療法担当職員と面接し，遊戯療法（プレイセラピー）を通して治療を始めることになった。

Ａさんは，Ｃくんを連れて，時々Ｂちゃんが他の子どもたちと遊んでいる様子を見にくるようになった。Ａさん家族には，解決しなくてはならない生活上の課題がある。辛いことはたくさんあるけれども，Ｂちゃんの笑顔をみることが，今のＡさんの支えになっている。

演習課題

1. Ａさんが抱える生活上の課題を書き出してみよう。
2. Ａさんに対して，母子支援員や少年指導員，保育士がそれぞれおこなった支援を整理してみよう。
3. Ｂちゃんに対して，少年指導員がおこなった支援を整理してみよう。

演習方法

① 自分の考えを記入してみよう。
② グループで意見交換して，グループの意見を記入し発表してみよう。
③ ほかのグループの発表を聞いて気づいたことを記入してみよう。

解　説

まず目を向けてほしいのは，ＡさんとＢちゃんが，長い間，暴力の被害にあってきたという事実である。Ａさんは９年間，Ｂちゃんは８年間である。その影響がＡさんとＢちゃんの心身に表れるのは当然のことである。

ＤＶによる被害は，被害者とその子どもの心身にさまざまな障害を引き起こすといわれている。たとえば，身体への暴力による怪我や，頭痛，食欲不振，うつ病，ＰＴＳＤ（心的外傷後ストレス障害）などの症状である。また，過度に自分への自信を喪失し，人を信用できなくなる場合もある。

Ａさんには，母子室にひきこもり，十分な睡眠が取れなくなるという症状が現れていた。また，「私に悪いところがあるから，あの人は私を殴ったんだと思う」と語っているように，Ａさんは，自分自身に原因があるため，暴

力をふるわれたと思い込んでいた。こうした考えは，明らかにDV被害によって引き起こされたものである。

　母子生活支援施設の支援では，まず，Aさんの今の状況と気持ちを受容することが大切である。Aさんは，「すぐに働いて，貯金して，夫から遠く離れた地域で暮らせるようにしたい」と語る一方で，母子室にひきこもり，家事や育児をこなせていない。このAさんの状況について，職員は，言うことは立派だけれど行動が伴っていない，などと批判してはいけない。就労したい，自立したいという気持ちも，ひきこもることで自分自身を守るという行動も，Aさんのありのままの気持ちであり，行動なのである。

　Aさんの心身の不調に対して，母子支援員は，心理療法担当職員や心療内科への受診を促すという支援を行っている。しかし，それと並行して，日常生活支援をおこなっていることにも注目すべきである。

　厚生労働省（2012）「母子生活支援施設運営指針」では，母子生活支援施設の特徴として入所型の施設であることを挙げ，母子生活支援施設が生活の場であるからこそ，日常生活支援を提供することができるとしている。母子支援員や少年指導員，保育士は，生活に必要なものを一緒に揃える，福祉事務所や教育委員会に同行する，家事を代行する，子どもの保育をするといったAさんの日常生活を支援している。これらは，心理療法担当職員や心療内科による治療のように，Aさんの心身の不調に対する直接的な支援ではない。しかし，Aさんが苦しい状況にあることを職員が察知し，必要な時に必要な支援を行うことによって，Aさんは「ここで暮らしているとなんだかホッとする」と安心している。この安心感が，Aさんの心身の不調を軽減若しくは回復に導く礎となる。

　面前DVは，子どもの情緒や行動，学習に影響を与える。他者をいじめたり，悪口を言ったりなど，攻撃的な行動に表れる場合がある。こうした傾向は，Bちゃんにもみられた。それは，学習の遅れや「死ね」，「うざい」といった他者への暴言，大声で泣くことでしか自分の感情を表出できないという形で表れていた。

　たとえ子どもの言葉であっても，面と向かって「死ね」，「うざい」と言われるのは辛いことである。しかし，こうした暴言は，Bちゃんが長年暴力を目撃し続けてきた影響によるものである。Bちゃんが悪いわけではない。この点を理解しておくことが大切である。

　Bちゃんは心理療法担当職員による遊戯療法（プレイセラピー）を受けることができている。また，学習ボランティアに来ている大学生と良好な関係を結べている。こうした関係性を起点として，またBちゃんの強みとして，今後の支援につなげたい。

引用・参考文献

木元卓也（2018）「母子生活支援施設における心理支援業務の構築に関する研究
　　──新しい社会的養育ビジョンをうけて」『宇部フロンティア大学附属地域研
　　究所年報』8(1), 10-28。

厚生労働省（2012）「母子生活支援施設運営指針」厚生労働省雇用機会均等・児童
　　家庭局長通知
　　https://www.mhlw.go.jp/bunya/kodomo/syakaiteki_yougo/dl/yougo _genjou_
　　08.pdf

厚生労働省（2014）『母子生活支援施設運営ハンドブック』厚生労働省雇用機会均
　　等・児童家庭局
　　https://www.mhlw.go.jp/file/06-Seisakujouhou-11900000-Koyoukintoujidouka
　　teikyoku/0000080110.pdf

全国母子生活支援施設協議会（2017）『平成28年度全国母子生活支援施設実態調査
　　報告書』全国母子生活支援施設協議会。

福島円（2014）「母子生活支援施設における心理職の役割」『白梅学園大学・短期大
　　学紀要』50：17-27。

米田弘枝（2019）「面前 DV──暴力にさらされる子どもたち」『ゆうレポート』
　　47：2-3。
　　https://www.city.kita.tokyo.jp/tayosei/kurashi/jinken/report/documents/yu
　　report-47.pdf

（堺　　恵）

児童養護施設における子どもの権利を擁護するための支援

子どもの権利を擁護する視点は、とりわけ児童養護施設においては、子どもたち一人ひとりの安心・安全の生活を守るうえで大変重要である。各施設において、子ども自治会、子どもの権利ノート、意見箱等の取り組みがなされている。

たとえば、施設内の行事を子ども自治会が中心になって催したり、施設内の運動会やキャンプで年長児が中心的な役割を演じたりしている。子どもが主体性をもって生活することは、自己肯定感を育てていくことにも繋がってくる。

権利ノートは、入所時に児童相談所のケースワーカーから説明を受けて手渡される。ノートには資料編という冊子がついていて、児童憲章や子どもの権利条約等も掲載されている。

意見箱は、施設長が鍵を管理し、定期的に開錠して意見を確認している。匿名であれば、意見内容について答えを掲示することもある。意見内容は、苦情だけでなく、前向きな提案だったり、感謝の気持ちの表明であったりもする。

特にコロナ禍のもと、児童養護施設でも、さまざまな生活の制限を余儀なくされ、不満がたまらざるをえないが、そうした時、意見箱は重要である。たとえば、「ルール多すぎ……くそ　大人は嫌いだ」という意見が見られたりする。その場合、投書した子どもの意見表明を尊重し、その気持ちに寄り添うように受け止めることが必要である。意見箱は、施設と職員と子どもの三者の風通しのよいコミュニケーションの手段でもある。

子どもたち一人ひとりが安全・安心な生活を送るためには、体罰を伴わない支援は当然のこととして、笑顔があふれ自由な風を感じられる施設生活が保障されることを願わざるをえない。　　　　（大橋和弘）

第14章　社会的養護に関わる専門技術

　要保護児童は虐待をはじめ，保護・措置に至るさまざまな理由（養護問題）や家族的背景を抱えており，その多くは原家族との離別・喪失を経験して施設に入所する。各施設ではこのことを考慮しながら，子どもの最善の利益を守るために各専門職がそれぞれの専門性に応じて支援を展開する。本章では，演習事例を元に具体的な支援のあり方について考えることで学びを深めていく。なお，人にはそれぞれの物語があり，同じような事例に見えても個別的なアプローチが必要となる。アセスメントはあくまで一例であるため，画一的な対応に陥らないよう留意すること。

1．演習事例「社会的養護における保育の専門性に基づく実践」

　社会的養護における施設ケアにおいて，保育士・児童指導員等の直接援助処遇（ケアワーク）を担う職員（ケアワーカー）にはさまざまな保育の専門性が求められる。本節では施設ケアにおける保育の専門性を意識しながら考えていく。

　小学4年生のTは，1歳の頃，実父母が離婚し，親権者となった父親一人ではTを育てられないという理由（父母の離婚）により乳児院に入所した。その後，2歳の時に乳児院から児童養護施設に措置変更となり，現在に至る。
　施設に入所した当初，Tは笑顔で周りを和ませてくれていたが，生活のなかで思いが通らないと突然怒り出し，自分で怒りをコントロールできず，落ち着くまでにかなりの時間を要することが課題であると引継ぎ時や職員会議等で度々報告されていた。
　小学校に進級すると，プロサッカー選手が施設を訪問したことをきっかけにTはサッカーに興味をもち，すぐに上達していった。施設内でサッカーをしている時はとても楽しそうにしていたが，些細なことをきっかけにすぐに怒ってしまい，施設内の壁や扉などを破損させ，感情が抑えられなくなると職員に対しても手を振り上げたり，物を投げたりすることが見られるようになっていった。学校でも友達と口論になることが多くなり，学校の担任から「T君が暴れると，他の子たちまで落ち着きがなくなるので困っています」と連絡がくるよ

うになった。

　小学2年生の頃からTは勉強に苦手意識を持ち始め，帰宅後に宿題にとりかかると学習中の集中力のなさが目立つようになった。帰宅後に宿題をしている際，問題が解けないと癇癪を起こすようになり，次第に機嫌が悪い時は，特に施設内での日課（食前に入浴することやベッドメイキング，配膳等）にとりかかる前に長時間暴れるようになってしまった。職員が注意すると，「俺はダメ人間，嫌われ者なんだ！」と言って自己評価を低めるものの，暴れた理由を振り返ることはできずにいた。

　小学4年生になると，Tは自分より年下の入所児童に対して支配的な関わりが増え，男性職員がいる時は大人しいが，女性職員には軽蔑するような発言や，時には暴力も見られるようになっていった。また，落ち着きがなく多動的な言動が目立ち，とっさの嘘やごまかし等も増えていった。学校では元々クラスのムードメーカーのような存在だったが，クラスメイトに対する挑発やケンカが増え，友人関係も狭まっていった。

　Tは外出や外泊時に父親と些細なことから口論になることが多く，暗い表情で施設に戻ってくることもしばしばであった。ある日，外出から帰ってくると，「お母さんのことを聞こうとしただけなのに，『お父さんの言うことを聞かないならずっと施設にいな』と言われて喧嘩になった」と職員に語った。間もなくして，父親からも，「しばらくTに会いたくない」という申し出があり，小学4年生に進級した頃から，父親がTに会いに施設に来る回数が減っていった。

　年齢が上がるにつれて，Tの暴力的な言動が目立つようになったため，この施設ではTの支援に関係している支援者が集まってカンファレンスを開いた。担当者からの「どうしたらTの暴力は減らせられるか」という発言から，Tの怒りの背景やその支援方法について検討した。その結果，Tに関わるケアワーカーたちは，Tの目に見える言動だけでなく，彼の抱えるさまざまな葛藤や思いが理解できるようになり，今後の支援方針として，Tの悪いところではなく，良いところに注目し，意図的に褒めていくことを心がけることにした。

　まずは担当職員が就寝前にTと個別の時間を作り，一日にあったことをお互いに話すことで明るい話題を積み重ねたり，学習支援ではTが学校で習っている単元ではなく，少し前の単元で躓いている部分を一緒に探し，丁寧に指導することで学習に対する拒否感を減少させていった。

　また，サッカーをしている時に，担当職員がTに「学校の友達はどこでサッカーしているの？」と聞いたところ，「放課後に少年団でやってるらしいよ。でも，施設にいたら少年団なんて入れないでしょ？」と寂しそうに言っていたので，「そんなことないよ，今度一緒に見学に行ってみる？」と伝えたところ，とても嬉しそうにサッカーを続け，その日の日課は注意を受けずに全てこなすことができた。

Tには幼稚園の頃からの友人が2人いて，以前は施設の敷地内に連れてきて一緒に遊んだりしていたが，最近は彼らが学習塾に行き始めたため放課後に遊ぶ機会が減っていた。そこで，Tの担当職員が友達の保護者に許可をもらい，週に一度，施設で3人まとめて勉強を教え，その後遊ぶ時間を作ることにした。最初は3人ともふざけてしまうことも多かったが，職員が関わることで遊びと学習のメリハリがつけられるようになっていき，夏休みは3人でお泊り会の企画をするまで関係を作れるようになっていった。

　カンファレンス以降，Tは次第に褒められると嬉しそうな表情を見せ，時折，自ら褒められようとしたり，怒らずに自分の思いを伝えるような言動が見られるようになっていった。小学4年生の年度末には，これまでの父親との関係を振り返ることができ，父親への思いや，家庭復帰に向けて父親と話したいという本音を担当職員に語ってくれるようになった。

演習課題

2－1．Tはどのような支援ニーズを抱えているか，また，その支援ニーズにはどのような背景があるかを考えてみよう。

2－2．Tのストレングス（強み）に着目しながら，ケアワーカーにはどのような関わり方が求められるか。保育士の専門性を生かすことを意識しながら考えてみよう。

演習方法

① 自分の考えを記入してみよう。

② グループで意見交換して，グループの意見を記入してみよう。記入後に発表。

③ ほかのグループの発表を聞いて気づいたことを記入してみよう。

解　説

3－1．Tの支援ニーズ

　Tへの支援カンファレンスでは，Tの課題を表14-1のように「目に見える課題」と「背景としての課題」について分類した。

　カンファレンスのなかで，Tの問題と思われる言動の背景には，施設で生活しなければならないことに対する納得できない思い，またそこからくる不安や疑問といった感情をどこに向けて表現してよいのかわからないというニーズがあり，そのような複雑な思いが心のなかの「怒りのコップ」を満たし

表14-1 Tの課題

目に見える課題	背景としての課題
・怒りのコントロール ・低い自己肯定感・他者への支配的な関わり ・物を壊してしまう	・幼い頃から施設で生活をし続けており，T君自身は施設で暮らさなければならない理由を理解できていない ・父親からの抑圧的な関わりへの不安と，一緒に暮らすことができないことへの不満

ているのかもしれない。また，施設内の物を投げたり器物を破損させたりすることから，Tの物に対する自己所有感の低さがうかがえるが，この思いの背景にも，自分が人から大切にしてもらった経験が少ないことが考えられる。この怒りは本来職員や他の入所児童へ向けるべきものではなく，Tの生い立ちに対する怒りであると職員チームは一致してとらえるべきである。

　父親との交流時の様子を聞くと，父親から抑圧的に関わられていることが推測され，Tは父親から受けたかかわりやその関係性を施設内や学校で再現していると考えられる。カンファレンスでは，Tの女性職員への軽蔑するような発言は，外出時等に父親がTの母親である前妻に対する負の感情をTに語ったことが影響しているかもしれない。

　また，Tの行動上の特性から，LDやADHD（注意欠如・多動性障害）が疑われたが，ケアワーカーは心理判定等の専門家ではないため，診断がない状態で断定することはできない。Tの課題を性格や努力不足によるととらえてしまうと，本人を苦しめることにつながりかねない。児童相談所の児童心理司等と連携を取りながら，かかわる職員全体がTの発達的特性を理解し，肯定的なかかわりをしていくことが求められる。

3－2．ストレングス視点

　ストレングス視点とは，人は潜在的にストレングス（前向きな力，強み）をもっているが，さまざまな理由によりそのストレングスを発揮することができずにいるとするとらえ方である。本事例では最初に担当職員がTの怒りや暴力などネガティブな側面に注目してしまったが，そのような視点でかかわると，ケアワーカーの指摘や注意によって子どもは自己評価を低めてしまう。一方で，子どものストレングスを探すことは，子どもとの関係性を損なわずにその可能性を引き出すことにつながる。Tの事例の場合，表14-2のようにストレングスをまとめることができる。

　本事例でもTの「良いところに注目」したことで，Tの怒りを引き出さずにかかわることが容易となった。Tの「笑顔で周りを和ませてくれる」，「勉強が理解できれば，怒らずに日課ができる」という強みを利用したことで，

表14-2　Tのストレングス

性質・性格	関心・願望
・笑顔で周りを和ませてくれる ・勉強が理解できれば，怒らずに日課ができる	・サッカーが好き
才能・技能	環境
・(以前は) クラスのムードメーカーだった ・サッカーが上手	・友人関係が狭まっていった＝少数の友人はいる

　Tの怒りを引き出さずに，担当職員との肯定的な関係を築いていくことができたと考えられる。

　Tの「サッカーが好き」という強みを利用して，地域のサッカー少年団に入団させることを本事例では検討したが，決定事項として一方的に伝えてしまうと，Tの主体性が育まれないため，事例ではTの思いに寄り添いながら話を進めることとなった。

　この他にも，Tは以前より友人関係が狭まっているものの，「少数の友人はいる」という強みにカンファレンスでは注目し，Tへの質問を通して，仲が悪くなったわけではなく，友人たちが学習塾に通いだし，遊ぶ時間がなかったということがわかった。

　このように，Tは自身の失敗や親との分離体験によって自己肯定感が低下していたため，自分の強みに気づくことができずにいたが，ケアワーカーがTの良いところを見つけたり，本人との会話のなかで新たな強みを見つけ，根気強くほめ続けたりさまざまな機会を提供していった。これらの支援により，Tは生活のなかで楽しみや喜びを見いだせるようになり，職員を信頼し，少しずつ職員以外の他者ともコミュニケーションの輪を広げていくことに成功したといえる。

2．演習事例「社会的養護に関わる相談援助の実践」

　入所型施設における養育について，子どもが表出する心理的ニーズに対し，ケアワーカーにはさまざまな相談援助技術が求められる。子どもの社会的背景と施設における子どもへの支援について理解を深めるために，次の事例を通して支援のあり方について考える。

　中学1年生のKは，小学生の時に同居していた高校生の兄から激しい暴力を

受けた。父親は夜勤の仕事をしていたため不在になりがちで，母親には兄を止める力がなかったため，ネグレクト（同居人による虐待に対して監護を著しく怠ること）によって児童養護施設に入所した。

　入所当初，Kは他の入所児童に対して自ら仲良くなろうとしており，「家で辛いこともあったけれど，施設では毎日職員に遊んでもらえるし，友達もいっぱいできて嬉しい。」と職員に話し，また，兄から暴力を受けていたことで，入所当初から「家には戻りたくない。高校卒業までここ（施設）で生活していたい」と語っていた。

　しかし，施設での生活が始まって半年ごろから，ユニット内の年下の子どもたちに対して「こっちを見て笑っていたから」と，些細な理由でちょっかいを出したり，相手が嫌がっていてもやめなかったり，力の加減がわからない言動が目立ち始めた。また，学習に偏りや遅れが目立ち，それまで書くことができていた漢字もひらがなで書くようになった。また，遊びに誘ったり手伝いをお願いしたりしても「めんどくさい」「しらん」など投げやりな態度も増えた。

　ある日，Kを含めたユニット内の複数の子どもが発熱したが，病院で治療を受けたのは年下のQだけだった。Kは，「なんで？　俺はどうでもいいの？」と絞り出すように話した。Kから感情が発せられたことで，担当職員は寄り添う機会だと判断し，「Kのこともちろん大事に思っているよ。状況をみて決めたんだ。Kは薬が効いたよね」と伝えた。納得はできなかったようだが，この日を境に話す機会が少しずつ増えた。

　Kの誕生日が近づいたので，担当職員は2人で外出し，誕生日プレゼントを一緒に選び，回転寿司に立ち寄った。Kは，「誰も会いに来ない。お母さんは嫌だけど，お父さんには会いたい」と今まで語られなかった本当の思いを伝えてくれた。

　この時に，投げやりな態度の原因が，親による面会・外泊がないことへの不満であったことや，そうしたストレスが年下の子に向かっていることが分かった。「Kくんが自分のイライラする気持ちをコントロールできるようになれば，生活のなかで困ることが減ると思うし，施設での生活が今より楽しくなれると思うんだけど，一緒にその方法を考えてみない？」と伝えると，「やってみる！」とKもやる気を見せた。そこで，ノートを取り出して感情が爆発しそうになった時の落ち着く方法を一緒に考え，イライラすることがあったら，まず最初に深呼吸して10数えてみること，感情を他児にぶつけず，職員にその思いを伝えること，どうしてもイライラが収まらない場合はその場を離れることにした。また，その日の自身の感情を振り返るために「心のノート」を作り，その日起こったことと感じた気持ちをノートに書き，就寝前に担当者と振り返りの時間をもつことにした。

　これらの取り組みを始めてから，就寝前に担当者とのコミュニケーションを

通して，Kは自分の感情を客観的に振り返ることができるようになっていった。その後，他児との関係でイライラすることはあっても，相手が嫌がるそぶりを見せたら，距離を取ったり，職員に気持ちを伝えたりするようになった。心のノートに書く文字も，最初はひらがなが多かったが，年齢相応の漢字を交えた記述ができるようになっていった。

演習課題

2－1．Kはどのような支援ニーズを抱えているか，また，その支援ニーズにはどのような背景があるかを考えてみよう。
2－2．担当者はKへの支援として，どのような相談援助技術を用いただろうか。関係性に着目しながら，考えてみよう。

演習方法

① 自分の考えを記入してみよう。
② グループで意見交換して，グループの意見を記入してみよう。記入後に発表。
③ ほかのグループの発表を聞いて気づいたことを記入してみよう。

解 説

3－1．背景から見えてくる支援ニーズ

　Kの大きな支援ニーズとしては，イライラや怒りといった感情をコントロールするアンガーマネジメントの弱さが挙げられる。この支援ニーズの背景を考えると，Kは原家族にいた頃，実兄から暴力を受けて辛かったこと，両親に守ってもらえなかったことなどが考えられる。「家には戻りたくない」という思いを担当職員に話していることからも，現時点では施設での生活を望んでいると思われる。

　「めんどくさい」「しらん」といった表現の背景には，家族や職員から大切に扱われていないという失望があるのかもしれない。

　また，原家族では自分の思いを自由に表明することができず，「自分の思いを信頼できる誰かに聞いてもらい，解決してすっきりした経験」が乏しかったため，Kは感情を上手く表現できなかったのかもしれない。

3－2．ケアワークにおける相談援助技術

　Kの他者から受容された経験の乏しさに対し，担当職員は意図的に「Kの

思いを聞くことに専念し，Kの言葉を否定せずに話しを聞き続けた。」これには相談援助における援助関係を形成する諸原則（バイスティックの7原則）のうち，「意図的な感情表出」「統制された情緒的関与」「受容」「非審判的態度」といったさまざまな要素が含まれており，また，感情のコントロールについても，「一緒に考えてみない？」とKに伝え，本人の「やってみる！」という言葉を引き出すことによって「自己決定」を促すことができた。子どもが自己正当化するような発言や他罰的な発言をする時，「正してあげたい」というような気持ちが支援者にはこみ上げてくるが，担当者はKの言葉を否定せず，最後までKが言いたいことを言える環境を整えたことで，Kとのラポール（信頼関係）を築き，その本心を引き出すことにつながったといえる。

　また，事例後半で登場した「心のノート」は，Kが施設へ入所して間もないころに導入してもKは本心を書いていなかったかもしれない。担当者による肯定的なかかわりが積み重なっていったことで，少しずつ関係が深まっていき，ラポールが形成されていったといえよう。

3－3．子どもの権利を意識した支援

　入所児童の多くは問題と思われる言動の内に複雑な心理的ニーズを抱えているため，施設職員は各専門職と連携を図りながら，ニーズに応答していくことが求められる。支援を困難にさせることとして，子どもたちの多くは年齢や発達，愛着による問題を抱えていても，「満たしてほしい」と言語化できない場合もあることを考慮しなければならない。要保護児童が施設に入所

表14-3　子どもの権利

| ① 一人の人として大切にされる権利 |
| ② なぜ施設で生活するのか知る権利 |
| ③ 施設について知る権利 |
| ④ あなた自身や家族のことを知る権利 |
| ⑤ あなたのことがどのように考えられているのかを知る権利 |
| ⑥ 意見や希望を言う権利 |
| ⑦ 家族と交流する権利 |
| ⑧ プライバシーが尊重される権利 |
| ⑨ 自分のものを持つ権利 |
| ⑩ 情報や考え方を知る権利 |
| ⑪ 教育を受ける権利 |
| ⑫ 心身の健康が守られる権利 |
| ⑬ 自由に考え，信じたりする権利 |
| ⑭ 趣味・レクリエーションを楽しむ権利 |
| ⑮ いろんな人と交際する権利 |
| ⑯ いやな思いをしない権利 |

出典：東京都福祉保健局（2012）「子どもの権利ノート」。

する際に配布される「子どもの権利ノート（東京都版）」（東京都福祉保健局，2012）には，表14-3の内容が挙げられている。

　このなかでも，特に侵害されやすい権利の一つが「意見や希望を言う権利」である。子どもたちとラポールの形成に努めることはもちろんのこと，ケアワーカーには子どもが発する言語，非言語のメッセージを受け止め，代弁する「アドボケイト機能」が求められる。本事例では，「心のノート」の活用によって，Tが自分の感情を客観的に振り返り，それを職員の支援を通して言語化していったことも，アドボケイト機能の一つであるといえる。

　また，子どもには失敗する権利があることを理解し，過干渉にならず，つまずきや失敗の体験も大切にしつつ，子どもが主体的に解決していくプロセスを通して，社会性や自立への力を養うといった支援も必要である。

3．演習事例「社会的養護における家庭支援の実践」

　近年，要保護児童の処遇について，「パーマネンシー」（永続性）が重視されるようになり，子どもの最善の利益の観点からも，子どもの養育環境を安定的で継続的なものにできるよう，支援者は検討しなければならない。そこで，本節ではこのパーネンシーに焦点を当てて，考えていく。

　　D（8歳女児）とA（6歳男児）のきょうだいは，母親が精神的不安定な状況が続いたことと，子どもへのネグレクトが理由で1年前に東京の児童養護施設に措置されることとなった。

　　母親は幼児期から学童期にかけて養育困難で児童養護施設に短期入所していた経緯がある。中学卒業後に地元の工場で働いたがすぐに辞めてしまい，その後は水商売の店で働き，そこで出会った現在の夫と結婚し，二人を出産した。父母共に両親が亡くなっており，地元の親戚や知人とも疎遠だったため夫婦で東京に引っ越したが，母親は周りに知り合いがいないという環境下での子育てにより重度のうつ状態となり，入院することとなった。父親は東京で職を見つけ，サラリーマンとして働くことができているものの，誰も頼る人がいないなかで子どもたちを育てることができず，二人を施設に入所させることとなった。

　　施設での生活が始まり，担当ケアワーカーとの関係ができてくると，2人とも情緒不安定が目立つようになり，時折担当者が離れると不安定になったり，哺乳瓶を使いたがるなどの，退行現象（赤ちゃん返り）が見られたため，担当者がゆっくりと時間をかけて個別の時間をもつように努めた。また，Aは児童相談所の検査で軽度知的障害域と診断され，言葉の遅れが指摘された。また，怒りのコントロールが苦手で，一度怒ってしまうと癇癪が収まらず，物や人へ

の暴力を止めることができないと職員会議で報告されていた。

　この親子の交流は，ＤとＡの施設入所後，父親が２度面会に訪れただけだったが，２人の施設入所から１年が経った夏に，児童相談所の担当児童福祉司から「母親の退院が決まったので，すぐにでも家庭に引き取りたいという希望が出ているので，施設側の見立てを教えてほしい」という連絡があった。家庭支援専門相談員（ファミリーソーシャルワーカー，FSW）がＤとＡにこのことを伝えると，２人はにっこりしながら「おうちに帰りたい！」と語った。

　そこで，このきょうだいが入所している施設ではFSWが父親のいる自宅の家庭訪問，また退院前の母親が入院している病院を訪問し，モニタリングをしながら２人も家庭復帰を願っていることを伝えた。また，両親と相談し，ＤとＡになるべく負担がかからないようにするためには，Ａが小学校に進級するのと同時に親子再統合を目指すこととし，また，家庭復帰にあたり，当初２人をネグレクトの環境で生活させてしまったことに対して両親から謝り，適切な養育環境を３月までに整えてもらうことを約束してもらった。

演習課題

２−１．親子が復帰するためにはどのような支援ニーズがあるか，考えてみよう。

２−２．家庭復帰後のアフターケアとして，どのような支援が必要か考えてみよう。

演習方法

① 自分の考えを記入してみよう。

② グループで意見交換して，グループの意見を記入してみよう。記入後に発表。

③ ほかのグループの発表を聞いて気づいたことを記入してみよう。

解　説

3−1．親子関係再構築支援

　社会的養育ビジョン（2017）により，乳児院では入所後から長くとも数か月以内，児童養護施設では３年以内を目安に家庭復帰及び里親委託，養子縁組に向け最大限の努力を行う必要があるとされた。一方で，芝野（2002：152）は，「現在の親を取り巻く環境は，育む親の行動を引き出し強める環境となっているとはいい難く，むしろ育む親としては不適切な行動を引き出し

表14-4　親子関係再構築支援の種類

○ 分離となった家族に対して
① 親の養育行動と親子関係の改善を図り，子どもが家庭に復帰するための支援
② 家庭復帰が困難な場合は，親子が一定の距離をとった交流を続けながら，納得してお互いを受けいれ認めあう親子の関係を構築するための支援
③ 現実の親子の交流が望ましくない場合，あるいは親子の交流がない場合は，子どもが生い立ちや親との関係の心の整理をしつつ，永続的な養育を受けることのできる場の提供

○ ともに暮らす親子に対して
④ 虐待リスクを軽減し，虐待を予防するための支援
⑤ 不適切な養育を改善し，親子関係を再構築し維持するための支援
⑥ 家庭復帰後等における虐待の再発を防止し良好な親子関係を維持するための支援（アフターケア）

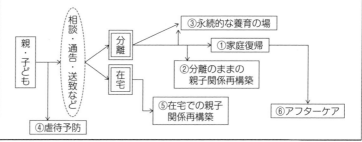

出典：厚生労働省 親子関係再構築支援ワーキンググループ（2014）『社会的養護関係施設における親子関係再構築支援ガイドライン』。

維持する環境となっていると考えられる。」と指摘している。そのため，パーマネンシー保障を念頭においた家庭復帰計画のためには，家庭の細かなモニタリングと支援計画の見直し，家庭復帰の実現性をアセスメントしなければならない。

　社会的養護関係施設における親子関係再構築支援ガイドライン（2014）では，親子関係再構築を「子どもと親がその相互の肯定的なつながりを主体的に回復すること」と定義づけており，子どものケアの主体を検討する際は，分離となった家族と，ともに暮らす家族に分け，支援の種類と優先順位を表14-4のように分類している。

　本事例では，母親のうつ状態の回復と，母親自身が被虐待児であったことが家庭復帰後の子育てに与える影響をリスクアセスメントとして考慮しつつも，親子の思いを優先させて家庭復帰をめざすことにした。ファミリーソーシャルワークにおいても前節における相談援助技術は重要で，保護者，また子ども自身が自己決定をし，親子自身が主役となって親子再統合に向けて歩みだせるような支援が必要となる。

3－2．親子関係再構築のあり方と自立支援

　親子再統合の際に重要な支援を担うのが家庭支援専門相談員（FSW）である。FSWとは，入所児童の保護者等に対し，児童相談所との密接な連携のもとに電話や面会等により児童の早期家庭復帰等を可能とするための相談・指導等の支援を行うことを目的とした専門職である。保護者と子ども，また，家庭の置かれている環境にもさまざまな支援ニーズがあるため，FSWは慎重に子ども・家庭双方のアセスメントをおこなわなければならない。特に保護者側は複合的な問題を抱えていることが多く，質・量ともに多くの支援を必要とする。たとえば，被虐待児へのトラウマケアを実施し，ある程度回復できたとしても，親側のケアができていない状態で家庭復帰してしまうと，子どもは再び虐待環境に置かれるだけでなく，「またダメだった」という失望から，自己肯定感や他者への信頼感を余計に低下させることにつながってしまう。

　また，子どもが親の虐待行為を「自分のせい」，「自分が悪い子だから」と自分の方に落ち度があったととらえていることが多いため，虐待行為の責任が親にあるということを伝えて親が謝罪することにより，子どもの否定的自己イメージを変化させることが，子どもの回復にとても重要である。一方で，子どもを保護されてしまった保護者も「親として失格」「子どもを育てる権利がない」とスティグマを抱え，施設から足が遠のいてしまうことが考えられるため，子どもたちの成長を施設側で支えることだけでなく，親と子の双方を支援していく姿勢を保護者に見せながら，同時に保護者へもエンパワメントしていく視点が重要である。

　子どもたちの特性，特にAの暴力性を考慮すると，今後家庭復帰した後，Aの成長と共に親子間のパワーバランスが逆転し，子が親を支配するようになることも予想される。家庭復帰をさせて支援は終結するのではなく，定期的な家庭への電話や，子どもたちの様子を見に行くことで，両親が施設にいつでも相談できる関係を築いていくようなアフターケアや見守りの視点が重要となる。

引用・参考文献

新たな社会的養育の在り方に関する検討会（2017）『新しい社会的養育ビジョン』。
犬塚峰子（2016）「子ども虐待における家族支援——治療的・教育的ケアを中心として」『児童青年精神医学とその近接領域』57(5)：769-782。
芝野松次郎（2002）『社会福祉実践モデル開発の理論と実際-プロセティック・アプローチに基づく実践モデルのデザイン・アンド・ディベロップメント』有斐閣。
F・P・バイスティック，（2006）『ケースワークの原則』誠真書房。

箱崎幸恵・せきあやこ（2008）『気持ちのキセキ──生きづらさから自由になる』明石書店。

（大村海太）

コラム7　要保護児童対策地域協議会における発達支援相談票の活用

　児童虐待対応件数は，年々増加しており，毎年最多件数を更新している。児童虐待対応の第一義的な窓口は，2005（平成17）年に都道府県から市町村に変わり，2016（平成28）年には，市町村が子ども及び妊産婦の福祉の支援を行うとされ，市区町村子ども家庭支援拠点の整備に努めることとされ，市町村に児童虐待対応のより高い専門性が求められるようになっている。ここでは，市町村の要保護児童対策地域協議会（以下，要対協）の調整担当業務の実践報告を取り上げる。

　市町村要対協調整担当は，協議会の事務を総括し，協議会の運営と共に，個別事案に関しても市町村内の保育所等の機関や住民からの児童虐待の通告対応，虐待者との面談や告知，関係機関との連絡調整や児童相談所との折衝などを担っている。児童虐待対応としては，数名からなるチームにより，虐待通告を受けてから，家庭訪問や子どもの所属機関に出向き，安全確認という子どもの現状把握と，虐待者への面談や警告・虐待告知といった業務を行う。

　そのような対応の中で，「叩かないで育てる方法はない」「自分も叩かれて育ってきた」「言っても無理だから叩く」など，子育てに行き詰っている切実な親の声を，市町村要対協の調整担当者は聞くことがある。

　児童虐待や体罰は禁止されており，子どもの成長発達や権利を守ることが最優先である。しかし，虐待対応をしていると，加害者である親に，虐待を受けて育った生育歴，子どもの障害等による育てにくさ，経済的な困窮，相談できる人がいない社会的な孤立，精神的な不調や疾患等があることを知る。そうした生きにくさなどが児童虐待の背景にあることを知ると，強制介入による虐待者への対応に限界を感じ，対応方法に悩み，児童虐待対応の難しさを痛感する。

　ある市町村要対協の調整担当が行った支援に焦点を当てた児童虐待対応に関する取り組みを次にみていくことにする。児童虐待を発見した場合は，要対協等の通告窓口に通告し，関係機関につなぎ，子どもとの関わり方を養育者と一緒に考えることになるが，その市町村では，障害のある子どもなど特別な支援を必要とする子どもが児童虐待の被害者となることが多い現状を受けて，共通の相談ツールである「発達支援相談票」を用いて保育所，幼稚園，小学校等と連携している。

　「発達支援相談票」を活用するにあたって，① 福祉，保健，心理の専門職がアセスメントを実施し，問題の所在とニーズを把握する，② 児童虐待のきっかけとなった本人の気になる（問題となる）行動の原因や背景を探り，療育の視点から，市町村内の児童発達支援センターの保育者が，その行動の原因に即した具体的な本人への関わり方を，養育者と一緒に考えたり，家庭で取り組める方法を助言する，③ 福祉，保健，心理の専門職と保育者がチームとなって，家庭に寄り添いながら，相談支援を継続的に実施していく。

　市町村要対協の調整担当として，粘り強く家庭に寄り添い，根拠に基づく支援を続けることにより，丁寧な支援ができるため，児童虐待の予防的対応の一助となるだろう。

　市町村要対協の調整担当者は，進行管理台帳を作成し，実務者会議等で全ケースの進行管理を行っているが，児童虐待のハイリスク家庭が，子どもにかかわる方法を具体的に理解し，体得するところまで到達することは難しいため，「発達支援相談票」が活用されているのである。

　　　　　　　　　　　　　　　　　　　（木村将夫）

第15章　社会的養護の課題と展望

　本章では，社会保障審議会児童部会社会的養護専門委員会が示した「社会的養護の課題と将来像」（2011年）および「児童養護施設等の小規模化および家庭的養護の推進について」（2012年）の検討を踏まえ，「改正児福祉法」（2016年）の理念と，それを受け示された「新しい社会的養育ビジョン」（2017年）を中心に，社会的養護における今後の課題と展望について考える。子ども虐待等によって保護や支援を必要とする子どもを措置するに当たって「子どもの最善の利益を主として考慮する」ときの代替養育としての施設養護・家庭養護のあり方を検討する。そして，新しい社会的養育ビジョンに示された「家庭養育優先の原則」の重要性について検討し，子どもの実家庭（birth family）を維持するための支援，すなわち家庭維持（family preservation）の重要性について理解することを通して，日本のこれからの社会的養育について展望する。

　また，本章では，こうした日本の社会的養護と社会的養育についての理解を深めるために，米国の子ども虐待に対する法制度的対応の変遷，家庭維持とパーマネンシー・プランニング，そしてファミリー・ファーストの取り組みについて考える。

1. 米国における子ども虐待に対する法制度的対応の変遷と家庭維持の取り組み，日本の社会的養護改革への機運の高まり

　本節では，日本の社会的養護の改革について理解を深める前提として，米国の子ども虐待対応における「子どもの最善の利益」の認知と対処法の変遷を概観し，いくつか関連するキーワードについて解説する。その上で，近年の日本における子ども虐待の深刻化と，子どもの権利条約批准国として「子どもの最善の利益の考慮」に真摯に向き合う姿勢とが，日本の社会的養護改革の機運を高めたことを確認したい。

（1）米国の児童虐待対応における「子どもの最善の利益」と「パーマネンシー法」

　米国の小児科医であったケンプ（Henry Kempe）が，米国小児学会大会のプログラム委員長として学際的な会を企画し，子ども虐待の事例を報告したのは1961年のことである。ケンプは身体的暴力を受けた子どもたちの症状を

「殴打された子ども症候群（Battered Child Syndrome）」と呼んだが，この報告が米国市民を震撼させることとなった（Kempe, et al. 1962）。しかし，「児童虐待防止および処遇法（Child Abuse Prevention and Treatment Act 1974）」が成立するまでには10年余りの歳月を要したのである。

　家庭において実の親から惨酷な虐待を受けた子どもたちの姿がなまなましく描き出されたことが世論を動かし，子どもの救命・緊急保護の必要性が立法化に至らせた。このため，米国初の児童虐待防止法は，虐待者から被虐待児を引き離し，保護するための法律であったと言える。この法のもと，虐待を受けたと判断された多くの子どもたちが保護者（親）から引き離され，施設や里親家庭で保護されることとなった。しかし，保護された子どもたちの多くは，実家庭（birth family）から引き離された後，要保護児童と家族を援助する公的機関などから，実家庭に戻れるように十分な援助がえられなかったために，施設や里親を転々とすることとなった。こうした現象は，「ドリフト現象」あるいは「リンボー（幼児の辺獄：天国と地獄の間で，洗礼を受けなかった幼児の霊魂のとどまる所）現象」と呼ばれた。児童虐待防止法によって多くの子どもの命が救われたが，育ちの場を奪われ，育つ権利を奪われた子どもも少なくなかったのである。

　こうした問題によって，やがて米国社会は，子どもたちの成長には安定した永続的な育ちの場が必要であることに気づくことになる。これを裏付ける研究がゴールドシュタインら（Goldstein, et al., 1979）によってなされ，膨大な研究成果が「子どもの最善の利益」にかかわる３部作の一つ『子どもの最善の利益の前に（Before the Best Interests of the Child）』としてまとめられた。彼らの主張するところは，子どもが成長するためには継続的で安定した「パーマネント（恒久的・永続的）な親」のいる環境が必要であり，そうした環境を社会が用意しなければならないとしている。パーマネントな親とは，必ずしも血縁のある実親である必要はなく，心理学的に安定した信頼関係を結べる保護者（「心理学的親」）を意味している。虐待する実親（「生物学的親」）とともに暮らす家庭は決して子どもが必要とする成長環境とは言えない。しかし，安定した心の絆を結ぶことのできる大人（心理学的親，例えば養親や里親，施設職員など）は生物学的親ではないが，子どもが必要とする継続的で安定したパーマネントな生活環境を提供できる。したがって，1974年の児童虐待防止法では，虐待されているかどうかを十分に見極めることなく，早計に子どもを実家庭から引き離してしまう「プリマチュアな措置（Premature Placement）」も多く，措置された施設や里親家庭においても安定した信頼関係を結べないまま子どもはドリフトすることになってしまい，多くの子どもから成長する権利を奪ってしまったのである。

① 米国のパーマネンシー・プランニング

　こうした問題点を修正するため，6年後の1980年には，永続的で安定した成長環境を守ること，すなわち「パーマネンシー」を重視した法律が生まれた。その法律は「養子縁組支援および児童福祉法（Adoption Assistance and Child Welfare Act）」であり，「パーマネンシー法」とも呼ばれる。この法律には3つの原則が謳われている（Schuerman, et al., 1995：6-8）。「法的拘束のもっとも少ない方法での援助（least restrictive alternatives）」，「適切な援助努力（reasonable efforts）」，「パーマネンシー（permanency）」の3原則である。

　最初の原則は，虐待を受けた子どもを処遇する際には，法律的な拘束がもっとも少ない方法で行う必要があるとするもので，施設や里親への委託と比較すると子どもの実家庭において援助するのがもっとも法的拘束力が少ないということになる。したがって，実家庭が安全ではない場合には，次に来るのは施設や里親よりは法的拘束力の少ない養子縁組ということになる。施設措置や長期の里親委託は養子縁組が叶わない場合の選択肢であり，里親を優先する日本とは少し考え方が違うのだが，選択肢としては同格となる。

　2番目の原則である適切な援助努力は，子どもを実家庭に留めるために「十分な援助」をしなければならないとするもので，子どもの最善の利益に資する極めて重要な原則である。ただ，"reasonable"という言葉は「適切」とか「道理をわきまえた」という意味であり，取りようによっては「十分ではないが納得できる」という意味にもなる。その意味で，当初よりこの原則には問題があるとされた。現実にソーシャルワーカーが「適切な」を安易に解釈し，十分な援助を怠ったために，子どもが大きな不利益を被ったケースが多く見られたとされる。そこで，筆者はあえて「十分な援助」と邦訳して，子どもの最善の利益を守るために十分な努力をしなければならないという意を明確にした。

　3番目の原則のパーマネンシーとそれに基づくプランニングは，虐待を受けた子どもに継続的（永続的）で安定した成長環境を用意するための計画的な援助のことである。虐待を受けたと判断された子どもは，安易に虐待者（親あるいは保護者）から引き離されるのではなく，子どもの成長にとって必要な環境としての実家庭を維持するために，原則2の十分な援助努力がなされなければならない。この手続きは「家庭維持（family maintenance）」と呼ばれた。1980年の法律では，"maintenance"（維持・保全）ということばが用いられたが，後に"preservation"が用いられるようになった。こうした家庭維持の努力にもかかわらず，家庭を維持することができないと判断された場合は，子どもを親（保護者）から引き離す家庭外措置が妥当かどうかについて審問がなされる。この手続きは「要保護審問（dependency hearing）」

と呼ばれた。家庭外措置の必要性が認められなければ，家族維持が継続されることになる。家庭外措置が必要であると判断されれば，親権は少年裁判所（juvenile court）などに移され，子どもの成長に必要な環境を整え，提供するために，原則1の法的拘束のもっとも少ない方法での援助が選択されることになる。先にも触れたように養子縁組が最初の選択肢となり，それが叶わない場合には施設措置あるいは長期の里親委託が選択肢となるが，この2つの選択肢は同格である。そして，そうした選択が叶わない場合には子どもの独立を支援することになる。家庭維持については，1991年には家庭維持努力を徹底するために「家庭維持法（Family Preservation Act）」が成立した。

　図15-1は，筆者が1980年のパーマネンシー法の内容に従って，パーマネ

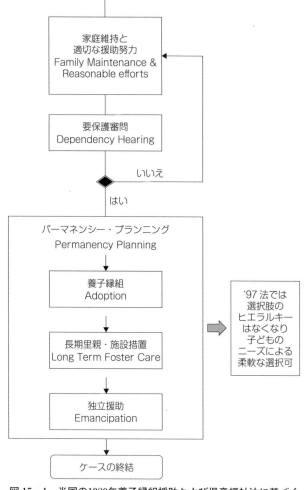

図15-1　米国の1980年養子縁組援助および児童福祉法に基づく
**　　　　援助の流れ**
出典：筆者作成。

ンシー・プランニングのデュープロセス（正当な法手続き）をフローチャートで表したものである。最後の「独立」の原文は「解放（emancipation）」ということばが用いられているが，子どもが年長である場合で，他の方法がすべてうまく行かなかった場合，子どもを法から解き放し独立を援助するという意味で，リンカーン大統領の奴隷解放宣言でも用いられた「解放」という単語が使われている。このように当時のパーマネンシー法では，選択肢には序列があったが，後に，子どもによっては養子縁組には向かない子どもや，施設あるいは長期里親の方が好ましいと考えられる子どももいることがわかり，単純に序列に従うと子どもの最善の利益に反することがわかった。そして，1997年に新たに定められた「養子縁組および安全家庭法（Safe Families Act)」では，順序は必ず守るべきものではなく，子どものニーズにあった援助方法を選ぶことが可能となった。養子縁組の可能性と施設・長期里親の可能性を同時並行的（コンカラント）に検討する援助方法も出てきた。さらには，要保護審問に関しても，虐待通報直後から，虐待リスクが高くなく，家庭維持が可能なケースを見極め，子どもを家庭から引き離すことによって生じる子どもと家庭への不利益を減らす試みもこの頃から始まった。これは「ディファレンシャル・レスポンス」と呼ばれている。

② ファミリー・ファースト・プリベンション・サービス法

　こうした米国における子どもの成長環境としての家庭を保全するための制度的取り組みは，2018年に成立した「ファミリー・ファースト・プリベンション・サービス法（Family First Prevention Services Act)」に至る。ファミリー・ファースト・プリベンション・サービス法は，精神的治療プログラムや薬物乱用治療プログラム，ペアレンティング能力訓練プログラムなど，さまざまな角度からの援助を駆使して，社会的養護に委ねられる可能性のある子どもとその家庭（親）を護るための予防重視の法律で，米国の児童福祉と，連邦による各州の児童福祉財政支援を大きく変える法律として期待されている。

　「社会的養護に委ねられる可能性のある子ども」と表現したが，米国の場合は社会的養護という場合，施設養護は稀で，里親が中心となる。したがって，社会的養護を意味する場合は，レジデンシャルケアやインスティチューショナルケアという表現よりは「フォスターケア」という表現が用いられる。そして，長期のフォスターケアは，家庭外措置の選択肢としては施設養護と同格ということになる。先に米国のパーマネンシー・プランニングについて述べた際に，里親と施設は同格であると説明したが，この意味である。

　このように米国では，初期の児童虐待への対応の問題から学び，子どもの

実家庭を守るための適切な努力と，それができない場合の育ちの環境を計画的に用意する制度および具体的な手続きが生み出されてきたのである。すべての子どもは，長期間にわたりウェルビーイングを支え，守る，安全で安定した持続性（永続性）のある家庭で成長すべきである。ことに虐待やネグレクトを経験した子どもにはそうした家庭が必要であるとする児童福祉の理念が，米国社会では尊ばれる。ファミリー・ファースト・プリベンション・サービス法は，各種の財源を確保し，この理念を具現化する法律であるといえる。

　日本でも，次節で述べるように，児童福祉法の理念改正がおこなわれ，子どもの最善の利益を全面に押し出した子ども虐待対応の制度および体制の強化，そして，そうした法改正に基づく新しい社会的養育ビジョンが示す「家庭養育優先の原則」によって，子どもが必要とする成長環境を整える取り組みが本格化しており，米国に近づきつつあるといえよう。

（2）子どもの権利条約と社会的養護改革の機運の成熟

　「子どもの最善の利益」について，米国の場合を取り上げ説明してきたが，ここで1989年に国連総会で採択された「児童の権利に関する条約（子どもの権利条約）」で示された子どもの最善の利益に関する記述について確認しておきたい。子どもの最善の利益に関する記述は，第3条に見ることができる。以下に一部を引用する。

第3条
1　児童に関するすべての措置をとるにあたっては，公的若しくは私的な社会福祉施設，裁判所，行政当局又は立法機関のいずれによって行われるものであっても，児童の最善の利益が主として考慮されるものとする。

　子どもに対する措置は，その子どもの最善の利益を主として考え，おこなわれなければならいとしている。したがって，たとえば子どもを実家庭から引き離し施設などに措置することを検討する場合には，それが子どもにとってもっとも利益となること，良いことなのかどうかをまず考えられなければならないとしているのである。

　子どもの権利条約の前文には，この最善の利益の考慮の前提となる記述がある。以下にその一部を引用する。

　……家族が，社会の基礎的な集団として，並びに家族のすべての構成員，特に，児童の成長及び福祉のための自然な環境として，社会においてその責任を十分に引き受けることができるよう必要な保護及び援助を与えられるべきであることを確信し，児童が，その人格の完全なかつ調和のとれた発達のため，家庭環境の下

で幸福，愛情及び理解のある雰囲気の中で成長すべきであることを認め，児童が，社会において個人として生活するため十分な準備が整えられるべきであり，……

　ここでは，家族および家庭環境が，子どもが社会においてその責任を十分に果たすことのできる人へと成長するために自然でかつ重要な環境であることを，社会は認識する必要があるとしている。これを第3条と重ね合わせると，子どもを家族や家庭から引き離すような措置をする場合には，それが子どもの最善の利益となるのかどうかを主に考える必要があるということになる。

　日本は子どもの権利条約を1994年に批准している。しかし，それ以降，今日に至るまでの日本における「施設養護」（乳児院・児童養護施設など養育）や「家庭養護」（里親・ファミリーホームでの養育）の有り様を見ると，たとえば，家庭養護と比較して施設養護の比率は先進国の中で際立って高いなど，条約の理念が十分に受け入れられてこなかったと思われる。子どもの権利条約批准国は，初回は2年目，それ以降は5年に1度，取り組みについて国連に報告しなければならい。しかし，条約の理念と直結する社会的養護の取り組みは国際社会の期待に応えるものとなっておらず，条約批准国として子どもの権利を十分に尊重していないとみられたのである。こうした日本の姿勢は，国際社会からの批判を受けることになる。このような社会的養護の現状と国際社会からの批判に対応すべく，社会的養護改革の機運が熟すこととなった。

　深刻化する子どもの虐待については，市民への啓発や全国共通の通告電話番号189（いちはやく）の開設などによって近隣からの通告が増加するとともに，警察からの通告も急増した。しかし，通告を受けた児童相談所の初期対応のまずさが問題とされ，避けられたかもしれない死亡ケースなど重篤化したケースの存在があるとして，社会からの批判を受けることとなった。2000年に公布された「児童虐待の防止等に関する法律」，いわゆる「児童虐待防止法」は幾度となく改正されるとともに，「子ども虐待対応の手引き」の改訂，「児童相談所運営指針」の「第3章　相談，調査，診断，判定，援助決定業務」の改正などにより，通告への迅速な対応や調査方法を改善することによって虐待ケースへの対応の改善が図られてきた。しかし，児童相談所の専門的人材の量的，質的不足から今日もなお初期対応の問題は解決されたとは言えないのが現状である。迅速かつ適切な初期対応と，的確な意思決定による処遇を可能とする観点から，人材の量および専門性の向上を図るために児童相談所の体制強化が重要課題となっている。

　一方，初期対応が適切になされ，虐待が認められたケースの処遇について

は，一時保護されたケースの場合でも家庭に戻されることが多い。そうした
ケースに対する児童相談所の在宅指導において，子どもとその保護者への指
導が十分なされないまま，あるいは市区町村の要保護児童対策地域協議会な
どとの連携が不十分なまま，再び通告されるケースや虐待が重篤化するケー
スも多くある。先に触れたように，在宅指導の場合の子どもと家庭に対する
しっかりした援助が子どもの最善の利益を守ることになり，ここにも課題が
ある。

　また，家庭外に措置されたケースに関しても，子どもの最善の利益を主と
して考慮してなされたのかどうか，早計な措置ではなかったかなどについて
も精査，検証すべき課題であろう。家庭外に措置された子どもについては，
児童相談所は社会的養護を担う施設や里親などとともに自立援助計画を策定
し，計画的に子どもとその家庭の自立に向けた援助をすることになるが，子
どもの成長を援助し，家庭が安全かつ安定した永続的成長環境となるように
保護者を援助して，子どもが家庭復帰・再統合できる状態になるよう適切な
援助ができているかに関しても課題がある。こうした状況を踏まえ，子ども
の最善の利益を考えた場合，子どもの実家庭に変わりうる代替養育としての
社会的養護のあり方について真摯に向き合い，社会的養護の将来のあり方を
再検討することが極めて重要な課題となる。

2．社会的養護の課題と将来像，家庭的養護・家庭養護と高機能化の推進

　本節では，日本の社会的養護の課題解決と将来の社会的養護の在り方とい
う観点から，制度的取り組みについて整理し，児童養護施設等の小規模化や
高機能化，そして家庭的養護の推進，さらに家庭養護の推進といった社会的
養護における改革について考える。

　子どもの権利条約において示された子どもを措置する場合の最善の利益の
考慮と，子どもの成長にとっての家族および家庭環境の重要性に鑑みると，
社会的養護の改革は，まずは，施設をより家庭に近い環境とすることと，里
親制度を推進することが課題となる。2011年に，社会保障審議会児童部会社
会的養護専門委員会は「社会的養護の課題と将来像」を公にするとともに，
翌年には「児童養護施設等の小規模化および家庭的養護の推進について」を
明らかにした。

　この時点での厚生労働省の調べでは，大舎制を採る児童養護施設の割合は
2008年の75.8％から2012年の50.7％に減少しており，小舎制の施設は40.9％
へと17.5ポイント増加した。また，同時期の家庭的養護としての小規模グル

ープケアについては，保有施設数が212施設から312施設へと増加，そして地域小規模児童養護施設は111施設から136施設へと増加した。2008年の児童福祉法の改正を受け，児童養護施設の小規模化は一定の成果を上げてきたと言えよう（厚生労働省，2014）。

しかし，家庭養護としての里親・ファミリーホームへの委託児童数は，同時期1,500人ほど増加し5,407人と急増しているものの，乳児院・児童養護施設の入所児童数は2013年で依然として３万1,900人と，家庭養護の約６倍あり，家庭養護の推進は期待されたほど進んではいなかった。一方，児童養護施設および乳児院の設置数は，10年余りでそれぞれ1.08倍と1.15倍と増加傾向を示していた（厚生労働省，2014）。

そこで，2012年の「児童養護施設等の小規模化および家庭的養護の推進について」では，家庭的養護および家庭養護の推進をさらに強化するために，施設は「家庭的養護推進計画」，そして都道府県は「都道府県推進計画」を策定することとしている。都道府県推進計画では，子ども・子育て支援法が本格的に施行される2015年度から15年かけて，本体施設の入所児童数，グループホーム（分園型小規模グループケア・地域小規模児童養護施設）の入所児童数，そして里親・ファミリーホームへの委託児童数をそれぞれ３分の１ずつとする方向で，施設と計画の始期と終期および内容を調整することとされたのである。子どもの最善の利益を守るための家庭的養護および家庭養護の推進を，数値目標を定め計画的に加速することが都道府県に求められたことになる。また，児童養護施設と乳児院では，都道府県と調整期間を設け，里親等への委託率の引き上げペースを考慮しながら，小規模化実現の計画を調整することとされた。さらに，被虐待体験があり精神的ケアを必要とする子どもの入所率が半数を超え，発達障害や知的障害を有する子どもの入所率も２割を超えている児童養護施設の状況を考えると，心理的問題のアセスメントと治療的援助を行えるようにすること，あるいは里親支援をすることなど，施設等を多機能化，高機能化する必要があると考えられた。児童養護施設には，本園を改築し，定員を引き下げ，全ユニット化と地域分散化を計画するとともに，本体施設の心理的ケアや里親支援など高機能化を実施すること。そして，乳児院には，本園を大規模修繕し，養育単位の小規模化と里親等の支援を実施するか，あるいは本園を改築し，定員を引き下げ，全ユニット化と里親等の支援を実施することが求められた。

３．児童福祉法改正と新しい社会的養育ビジョン，展望

社会的養護の課題と将来像が示され，児童養護施設および乳児院が家庭的

養護推進計画を策定し，都道府県に届け出る。都道府県は都道府県推進計画を策定し，両計画を調整することになった。そして，2015年から計画が実施されることとなった。しかし，その直後に，児童福祉法の大きな改正がおこなわれた。本節ではまず，この2016年の改正児童福祉法について概観する。そして，この改正児童福祉法を受け，社会的養護の課題と将来像を抜本的に見直し，新たに示された「新しい社会的養育ビジョン」について検討し，課題と展望をまとめる。

（1）児童福祉法改正による理念の明確化

　2016年に成立・公布された児童福祉法改正（「児童福祉法等の一部を改正する法律の改正」）は，戦後児童福祉法が制定されて以来の重要な理念改正であった。改正では，子ども虐待の発生予防から，被虐待児とその家族の自立支援までの一連の対策を強化するために，子どもの権利条約の理念の要である「子どもが権利の主体であること」と，「子どもの最善の利益の考慮」を踏まえ，児童福祉の理念が明確になった。そして，市町村の子ども家庭相談体制および都道府県の児童相談所の体制の強化，「母子健康包括支援センター」の全国展開，里親制度の推進などを図るとしたのである（厚生労働省，2016）。

　児童福祉法の理念の明確化については，「児童は，適切な養育を受け，健やかな成長・発達や自立等を保障されること等の権利を有することを明確化する」とともに，国・地方公共団体による保護者の支援，家庭と同様の環境での養育推進，国・都道府県・市町村の役割・責任の明確化，そして，監護・教育の範囲を超える親権者の懲戒禁止が明記された。この改正法では，これに加えて，子ども虐待の発生予防に関して，市町村による妊娠期から子育て期までの切れ目のない支援をおこなう「母子健康包括支援センター」の設置努力，医療機関や学校による特定妊婦の把握に伴う市町村への情報提供，母子保健施策が子ども虐待の発生予防に有用であることの認識なども明確化された。

　また，子ども虐待発生時の迅速かつ的確な対応については，要保護児童対策地域協議会の調整機関に専門職を配置すること，政令で定める特別区に児童相談所を設置すること，児童相談所に弁護士の配置またはそれに準ずる措置をすることなどが明記された。さらに，被虐待児の自立支援についても，親子関係再構築支援に関して施設，里親，市町村，児童相談所などが連携して行うこと，里親の開拓から子どもの自立支援まで一貫した里親支援を児童相談所の業務として位置づけること，自立援助ホームについては22歳の年度末までの間にある大学等就学中の者を対象として加えることが明記された。

　加えて，検討規定などには，特別養子縁組制度の利用促進のあり方を検討

すること，法施行後5年を目処に中核市や特別区に児童相談所を設置できるよう必要な措置を講ずることなどが記されている。

　こうした児童福祉法の改正で示された，①子どもが適切な養育を受け，健やかな成長・発達や自立が保証される権利を有する主体であること，②子どもの成長にとって極めて重要な保護者（家庭）を支援すること，③実親に養育されない場合も，家庭と同様の環境における養育を推進すること，といった理念の明確化は，社会的養護の改革，そして次項で述べる「社会的養育」の在り方に大きな影響を及ぼすことになった。

（2）新しい社会的養育ビジョンと家庭養育優先，家庭的養育と里親制度の推進，そして永続的解決としての特別養子縁組の推進

　2017年に新たな社会的養育の在り方に関する検討会が報告した「新しい社会的養育ビジョン」にはその意義が次のように記されている（新たな社会的養育の在り方に関する検討会，2017）。

> 虐待を受けた子どもや，何らかの事情により実の親が育てられない子どもを含め，全ての子どもの育ちを保障する観点から，平成28年児童福祉法改正では，子どもが権利の主体であることを明確にし，<u>家庭への養育支援から代替養育までの社会的養育の充実とともに，家庭養育優先の理念を規定し，実親による養育が困難であれば，特別養子縁組による永続的解決（パーマネンシー保障）や里親による養育を推進することを明確にした。</u>
>
> （下線は筆者による）

　改正児童福祉法に基づく新しい社会的養育ビジョンは，前の社会的養護の課題と将来像のように法的保護を必要とする子どもだけではなく，「全ての子どもの育ちを保証する観点から」子どもの育ちの環境としての実家庭（birth family）から，保護の必要性がある場合の実家庭に替わる代替養育までの全体を俯瞰するビジョンである。筆者が下線を附した部分にあるように，「家庭への養育支援から代替養育までの社会的養育の充実」を図ることを主眼とするとともに，「家庭養育優先」の理念を明確にしている。その上で，もしも家庭養育（実親による養育）が困難になった場合には，特別養子縁組による永続的解決や里親による養育を推進するとしている。

　このような新しい社会的養育ビジョンは，前節で述べた社会的養護の課題解決の仕方を越えるものであり，かつ，子どもの権利条約の理念が初めて明確に反映されたものとなっている。報告書では，「国会において全会一致で可決されたものであり，我が国の社会的養育の歴史上，画期的なことである」としている。

　報告書に示されたビジョンの骨格では，子どもの権利・ニーズを優先し，

家庭のニーズも考慮して，身近な市区町村においてすべての子どもと家庭を支援するソーシャルワーク体制の構築と支援メニューの充実を図らねばならないとしている。その上で，

> 中でも，虐待の危険が高いなどで<u>集中的な在宅支援が必要な家庭</u>には，児童相談所の在宅指導措置下において，市区町村が委託を受けて集中的に支援を行うなど<u>在宅での社会的養育としての支援を構築</u>し，親子入所機能創設などのメニューも充実させて<u>分離しないケアの充実を図る</u>。　　　　（下線は筆者による）

としており，リスクが高く，集中的な在宅支援を必要とする子どもと家庭に対しては，児童相談所による在宅指導のもと，委託を受けた市区町村において集中的な在宅支援体制を構築するなど「分離しないケア」の充実を図るとしている。こうした実家庭を維持するための取り組みは，第1節で述べた米国の「家庭維持（family preservation）」の考え方と同じであると考えることができる。そして，こうした分離しないケアのための集中的在宅支援を，親子分離に先立って検討し，実現するために努力するという日本の社会的養育の考え方は，まず子ども家庭サービスにかかわるソーシャルワーカーによって家庭維持のための努力がなされなければならないとする米国の「適切な援助努力（reasonable efforts）」の原則に等しいと考えることができる。改正児童福祉法および新しい社会的養育ビジョンでは，こうした考え方を「家庭養育優先の原則」としている。

　一方，親子分離が必要であると判断された場合も，一時保護も含む代替養育（家庭養育に替わる養育）において子どものニーズに合った養育を保障するとしているが，家庭的環境での養育が原則であるとしている。また，子どもが専門的な治療的ケアを必要とする場合は，短期入所を原則に，個別対応を基本とした「できるだけ良好な家庭的環境」を提供するとしている。

　親子分離の場合も，里親・ファミリーホームといった家庭養護，そして小規模グループケア・地域小規模児童養護施設といった家庭的養護を原則とすることが明示されている。

　また，里親制度の推進についても報告書では，

> 里親を増加させ，質の高い里親養育を実現するために，児童相談所が行う里親制度に関する包括的業務（フォスタリング業務）の質を高めるための里親支援事業や職員研修を強化するとともに，<u>民間団体も担えるようフォスタリング機関事業の創設を行う</u>。　　　　（下線は筆者による）

とした。里親養育の推進，そしてその質向上のため，児童相談所での里親支援事業と職員研修を強化するだけではなく，下線部にあるように，民間団体が担うフォスタリング機関事業の創設を明記している。

加えて，代替養育に関する児童相談所の役割を以下のように記している。

> 代替養育に関し，児童相談所は永続的解決を目指し，適切な家庭復帰計画を立てて市区町村や里親等と実行し，それが不適当な場合には養子縁組といった，永続的解決を目指したソーシャルワークが児童相談所で行われるよう徹底する。中でも，特別養子縁組は重要な選択肢であり，法制度の改革を進めるとともに，これまで取組が十分とはいえなかった縁組移行プロセスや縁組後の支援を強化する。

　すなわち，家庭養育を断念し代替養育を選択した場合には，児童相談所は，永続的解決をめざしたソーシャルワークを徹底しておこなうものとしている。児童相談所が親子分離による代替養育においてめざすゴールは「家庭復帰」であり，児童相談所は市区町村や里親等とともに援助計画を立て，それを実行に移すことになる。しかし，家庭復帰が適当ではないと判断した場合は，養子縁組といった永続的解決をめざすことになるとしている。こうした永続的解決をめざしたソーシャルワークを，児童相談所が徹底しておこなうとされている。このように新しい社会的養育ビジョンでは，代替養育の永続的解決への道筋が明確に示されたのである。なかでも，特別養子縁組が重要な選択肢であることも明示された。

　こうした新しい社会的養育ビジョンに基づき，都道府県および政令指定都市では2019年度末までに「社会的養育推進計画」をまとめることになった。

（3）展　望

　これまで見てきたように，「社会的養護の課題と将来像」から，「改正児童福祉法の理念」を踏まえた「新しい社会的養育ビジョン」への展開は，日本が限られた子どもの成長を保障する「社会的養護」から，すべての子どもの育ちを保障する「社会的養育」へと大きく踏み出したことを意味している。

　まとめると，本章では，まず米国における子ども虐待への法制度的対応の変遷について検討した。米国社会は，早計な親子分離が子どもから成長の権利を奪い，子どもの最善の利益に反する結果をもたらすというエビデンスから学び，子どもの最善の利益を考慮すると「家庭維持（family preservation）」がもっとも望ましい解決策であるということを認識することとなった。そして，米国社会が，被虐待児に限らず，あらゆる子どもが家庭に留まれるようにさまざまな角度から子どもと親を支援することによって，子どもに成長する権利を保障する「ファミリー・ファースト・プリベンション・サービス法」の制定に辿り着いたのである。

　一方，日本における社会的養護の改革については，施設養護の小規模化の推進，家庭的養護の推進，そして家庭養護の推進が，社会的養護の課題解決

であり，将来のあるべき姿であることを，社会保障審議会児童部会社会的養護専門委員会が示した「社会的養護の課題と将来像」から確認した。しかし，2016年の児童福祉法の改正とそれに基づく新しい社会的養育ビジョンから，家庭養護と家庭的養護の推進のみならず，子どもの最善の利益を考慮する場合，子どもにとって家庭が極めて重要な成長の環境であることを踏まえた「家庭養育優先の原則」の重要性を確認した。また，親子分離を余儀なくされた場合の代替養育に関しては，その永続的解決としての家庭復帰，そして特別養子縁組へ向けて児童相談所と里親などが協力して計画を立案し実行することが重要であることも確認した。

　新しい社会的養育ビジョンでは，児童相談所が市区町村と協力して，子どもと家庭のニーズに合わせ，家庭養育あるいは代替養育の永続的解決を目指して支援することになることも確認した。

　これらを踏まえ，今後の「社会的養護」を展望するに当たっては，すべての子どもの成長を保障するより大きな枠組み，すなわち「社会的養育」の枠組みから社会的養護を考えなければならない。子どもと家庭のニーズや子どもの最善の利益を考慮すると，里親やファミリーホームといった家庭養護が代替養育の中心を担うことになろう。それを可能とするためには，都道府県や政令指定都市における児童相談所の里親支援機能のさらなる向上や，民間の里親支援機関，施設・里親との協力強化による里親支援の推進が不可欠となる。また，代替養育を担う児童養護施設や乳児院では本体施設の一層の小規模化・ユニット化の推進，あるいは家庭的養護の推進が必要となるが，施設等の代替養育における役割は相対的に縮小することになる。そして，施設本体の役割としては，多様化，高機能化がいっそう求められることになろう。ことに高度な治療的ケアや，児童相談所，市区町村と連携した里親支援の役割がいっそう期待されることになる。

　さらに一歩進めて，「社会的養育」の観点からは，児童相談所が，本章において縷々説明してきた「家庭養育優先の原則」の背景および趣旨を十分に理解した上で，措置に当たってはその原則を尊重しなければならい。

　児童相談所は，子どもと家庭のニーズを的確に把握し，得られたエビデンスの吟味に基づき意思決定することよって，家庭を維持するための援助，すなわち「家庭養育」の支援を優先的かつ適切におこなうことが求められることになる。親子分離をせず，家庭養育支援を図ることを選択した場合に不可欠なのは，子どもと家庭にとってより身近な市区町村の子ども家庭支援との緊密な連携である。新しい社会的養育ビジョンでは「市区町村子ども家庭総合支援拠点」（総合拠点）の設置を市町村および政令指定都市の区に求めている。家庭養育を優先し，家庭維持を徹底して支援する場合，総合拠点は，

都道府県および政令指定都市の児童相談所に対する市区町村側のカウンタパートと考えられられよう。要保護児童対策地域協議会の調整機関としての役割を担うことになると考えられる総合拠点は，児童相談所と情報を共有し，密接に連携することによって家庭維持を実現する，極めて重要な機関となろう（芝野 2020）。要保護児童対策地域協議会のメンバーである多機能化・高機能化した児童養護施設や児童家庭支援センターとの協力も不可欠であろう。加えて，子ども・子育て支援で展開される教育・保育の包括的な支援や地域子ども・子育て支援事業など，さまざまな事業との連携も家庭維持のためにはよりいっそう推進されなければならい。なかでも，母子健康包括支援拠点との連携は，人的，質的なパワーアップが必要であるが，子ども虐待に対する予防的観点から，家庭維持にとって極めて重要な拠点であり，総合拠点との連携が期待される。

　図15-2は，保護や支援を必要とする子どもと家庭が，都道府県・政令指定都市の児童相談所と市区町村の子ども家庭総合支援拠点の連携によって，地域で支援されるシステムをイメージした概略図である。児童相談所は，家庭養育優先を意識しつつ，的確かつ厳密なアセスメントをおこない，子どもと家庭のニーズに合った支援目標として家庭維持（家庭養育）か代替養育を選択することになる（図中右側の支援目標参照）。家庭維持が選択された場合は，図の左側に示すように市区町村の子ども家庭総合支援拠点と児童相談所が連携して徹底した支援をおこなうことになる。一方，代替養育が選択された場合は，里親等の家庭養護あるいは施設，グループホーム等の家庭的養護を選択し支援しつつ，代替養育の永続的解決として自立支援をめざした援

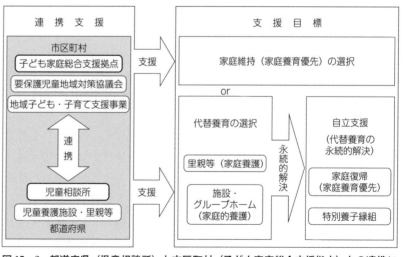

図15-2　都道府県（児童相談所）と市区町村（子ども家庭総合支援拠点）との連携による家庭維持（家庭養育優先）と代替養育（家庭養護・家庭的養護等）の支援
出典：筆者作成。

助がおこなわれる。永続的解決の目標は，家庭復帰あるいは特別養子縁組となり，子どもに安全で永続的な家庭環境が保障されることになる。

　本章をしめくくるに当たって，今一度新しい社会的養育ビジョンにおける「家庭養育優先の原則」の重要性について補足しておきたい。2019年度末までにまとめられた各都道府県および政令指定都市の「社会的養育推進計画」では，残念ながら，先に家庭的養護推進および家庭養護推進のために策定された「都道府県推進計画」と同様，もっぱら里親の委託比率をどの程度，いつまでに引き上げるかに議論が集中した感がある。しかし，社会的養育は子どもの成長の権利として，成長のために必要な安全で安定した永続的家庭をどう護るかが焦点になるべきであった。言い換えれば，家庭養育優先の原則が十分に議論されないまま，里親委託率の数値目標が議論された。しかし，国が期待するような数値目標を設定する自治体は少なかったのである。

　家庭養育を優先し，家庭を護るために何をすべきかを議論し，そのために，都道府県と市区町村の連携システムをどう強化するかを議論することが重要なのである。そうした議論から，連携システムが構築され，実際に機能すれば，家庭養育を護り家庭維持が実現されることになり，結果として代替養育を必要とする要保護児童数は減少することになる。考えるべきは里親委託率をあげることではなく，「分離しないケア」を社会全体で支えるための社会的養育のあり方である。

　柏女（2017）は，社会的養育をさらに広い枠組みでとらえている。本書の範疇を超えるので詳しくは述べないが，保育も社会的養育ととらえて中心に据え，両端に私的養育（家庭養育）と社会的養護を含む代替養育（公的養育）を配置して，社会的養育のスペクトラム（範囲）を示した。保育に関して，「親と事業者は，子供の最善の利益を共通の目標として役割を担う」（柏女，2017：230）とする「共同養育」という新たな概念を提示した。この共同養育には，私的養育寄りに子ども・子育て支援における地域子育て支援拠点事業や一時預かり事業が，代替養育寄りには特定教育・保育施設や社会的養護の一部が含まれる。こうした極めて包括的な社会的養育のとらえ方は，「私的養育と代替養育の二元体制を解消し，いわゆる子育ては親と社会で担うことを原則とする社会的な養育（これを仮に「共同養育」と呼ぶ）を基本に据えることである」（柏女，2017：229）としている。柏女が提唱した「私的養育↔共同養育↔代替養育」の全体を社会的養育とする考え方は，すべての子どもの最善の利益を保障し，すべての子育て家庭を社会全体で支えるという理念あるいは政策を具現化する近未来を描いた優れた提案であるといえよう。

演習問題

1．児童養護施設や乳児院における小規模化やユニット化について，どのような取り組みが行われており，入所児童にとってのどのようなメリットとデメリットがあるかを，具体的に調べてみましょう。
2．各自治体が将来，里親委託率をどの程度まで上げようとしているのかを調べ，なぜそのように設定し，それを達成する場合の問題点について，少なくとも5つの都道府県の実態を調べてみましょう。
3．都道府県や政令指定都市の社会的養育推進計画において「家庭養育優先の原則」をどのようにとらえているのか，少なくとも5つの都道府県について調べ，分析してみましょう。

引用・参考文献

新たな社会的養育の在り方に関する検討会（2017）『新しい社会的養育ビジョン』。
柏女霊峰（2017）『これからの子ども・子育て支援を考える——共生社会の創出をめざして』ミネルヴァ書房。
厚生労働省（2014）『社会的養護の課題と将来像の実現に向けて（平成26年3月版）』。
厚生労働省（2016）『児童福祉法等の一部を改正する法律（平成28年法律第63号）の概要』。
芝野松次郎（2020）「超少子高齢社会における子ども家庭福祉」芝野松次郎・新川泰弘・宮野安治・山川宏和編『子ども家庭福祉入門』ミネルヴァ書房，1-16。
Goldstein, J., Freud, A. & Solnit, A. J. (1979) *Before the Best Interests of the Child*, NY: Free Press.
Kempe, C. H., Sliverman, F. N., Steele, B. F., Droegemueller, W. & Silver, H. K. (1962) "The battered child syndrome," *JAMA*, 181(1): 17-24.
Schuerman, J. R., Rzepnicki, T. L. & Little, J. H. (1995) *Putting Family First: An Experiment in Family Preservation*, NY: Aldine De Gruyter.

（芝野松次郎）

執筆者紹介（執筆順，執筆担当，＊は編著者，編著者紹介参照）

山縣 文治（やまがた・ふみはる，関西大学　教授）　第1章
花岡 貴史（はなおか・たかし，京都保育福祉専門学院　専任講師）　第2章
渡邊 慶一（わたなべ・けいいち，京都文教短期大学　教授）　第3章
本田 和隆（ほんだ・かずたか，大阪千代田短期大学　准教授）　第4章
松本 充史（まつもと・あつし，奈良佐保短期大学　専任講師）　第5章
古川　　督（ふるかわ・さとし，大阪芸術大学短期大学部　教授）　第6章
大西 清文（おおにし・きよふみ，豊岡短期大学　専任講師）　第7章1
山本由紀子（やまもと・ゆきこ，太成学院大学　専任講師）　第7章2
石塚 正志（いしつか・まさし，京都保育福祉専門学院　専任講師）　第7章3
木村 容子（きむら・ようこ，日本社会事業大学　教授）　第8章
＊山川 宏和（やまかわ・ひろかず，京都華頂大学　教授）　第9章
＊新川 泰弘（にいかわ・やすひろ，関西福祉科学大学　教授）　第10章
中川 陽子（なかがわ・ようこ，大阪成蹊短期大学　専任講師）　第11章
寅屋 壽廣（とらや・としひろ，日本メディカル福祉専門学校　専任講師）　第12章
堺　　　恵（さかい・めぐみ，龍谷大学短期大学部　准教授）　第13章
大村 海太（おおむら・かいた，桜美林大学　助教）　第14章
＊芝野松次郎（しばの・まつじろう，関西学院大学　名誉教授）　第15章

コラム
古木 由美（ふるき・ゆみ，三ケ山学園　里親支援専門相談員）　コラム1
上瀧 雅也（こうたき・まさや，児童家庭支援センター岸和田　次長）　コラム2
岡本 直彦（おかもと・なおひこ，京都大和の家　施設長）　コラム3
井上 寿美（いのうえ・ひさみ，大阪大谷大学　教授）　コラム4
荒屋 昌弘（あらや・まさひろ，大阪人間科学大学　助教）　コラム5
大橋 和弘（おおはし・かずひろ，和泉幼児院　施設長）　コラム6
木村 将夫（きむら・まさお，関西福祉科学大学　専任講師）　コラム7

編著者紹介

芝野松次郎（しばの・まつじろう）
1983年　シカゴ大学ソーシャルワーク政策実践大学院博士課程卒業
　　　　博士（社会福祉学）（シカゴ大学）
現　在　関西学院大学　名誉教授
主な著書　『ソーシャルワークとしての子育て支援コーディネート──子育てコンシェルジュのための実践モデル開発』共著，関西学院大学出版会，2013
　　　　『ソーシャルワーク実践モデルのD&D──プラグマティックEBPのためのM─D&D』単著，有斐閣，2015
　　　　『社会福祉入門』共編著，ミネルヴァ書房，2021

新川泰弘（にいかわ・やすひろ）
2015年　関西学院大学大学院人間福祉研究科博士課程後期課程修了
　　　　博士（人間福祉）（関西学院大学）
現　在　関西福祉科学大学　教授
主な著書　『地域子育て支援拠点におけるファミリーソーシャルワークの学びと省察』単著，相川書房，2016
　　　　『ソーシャルワーク研究におけるデザイン・アンド・ディベロップメントの軌跡』分担執筆，関西学院大学出版会，2018
　　　　『社会福祉入門』共編著，ミネルヴァ書房，2021

山川宏和（やまかわ・ひろかず）
2002年　佛教大学大学院社会学研究科博士後期課程単位取得満期退学
　　　　修士（社会学）（佛教大学）
現　在　京都華頂大学　教授
主な著書　『社会的共同親と養護児童』ボブ・ホルマン著，共訳，明石書店，2001
　　　　『社会的養護内容演習』共編著，建帛社，2017
　　　　『子ども家庭福祉入門』共編著，ミネルヴァ書房，2020

社会的養護入門

| 2021年10月30日　初版第1刷発行 | 〈検印省略〉 |
| 2024年2月25日　初版第3刷発行 | 定価はカバーに表示しています |

	芝　野　松次郎
編　著　者	新　川　泰　弘
	山　川　宏　和
発　行　者	杉　田　啓　三
印　刷　者	田　中　雅　博

発行所　株式会社　ミネルヴァ書房
〒607-8494 京都市山科区日ノ岡堤谷町1
電話代表　（075）581-5191
振替口座　01020-0-8076

ISBN978-4-623-09223-9
Printed in Japan

▌保育・幼児教育・子ども家庭福祉辞典

中坪史典・山下文一・松井剛太・伊藤嘉余子・立花直樹編集委員
四六判　640頁　本体2500円

●子ども，保育，教育，家庭福祉に関連する多様な分野の基本的事項や最新動向を網羅し，学習から実務まで役立つ約2000語を収載した。実践者，研究者，行政関係者，将来は保育や教育の仕事に携わろうとする学生，子育てを行う保護者，これから子育てを担う人たちなど，子どもに関わる様々な人々を傍らから支える用語辞典。テーマごとの体系的な配列により，「読む」ことで理解を深められる。

▌社会福祉入門

芝野松次郎・新川泰弘・山縣文治編著　Ｂ５判　220頁　本体2400円

●保育士養成課程の「社会福祉」の教科書。社会福祉の法・制度とソーシャルワークを学ぶことに主眼を置いた。子どもと子育て家庭を支援するにあたっての様々な基礎的・専門的な知識や技術を網羅して取り上げる。

▌子ども家庭福祉入門

芝野松次郎・新川泰弘・宮野安治・山川宏和編著　Ｂ５判　164頁　本体2200円

●「子ども家庭福祉」の理論と実際について，わかりやすく解説する。子どもと子育て家庭を支援するための基礎的・専門的な知識や技術を網羅。「子ども家庭福祉の理念・法制度と子育て家庭を支援するソーシャルワーク」を学ぶことに主眼を置いた。また，子育て支援にかかわるいくつかの重要なテーマについて，コラムで解説した。

▌子ども家庭支援・子育て支援入門

才村　純・芝野松次郎・新川泰弘編著　Ｂ５判　200頁　本体2400円

●保育士養成課程の「子ども家庭支援論」「子育て支援」の教科書。子ども家庭支援・子育て支援の理念，理論，歴史，法・制度，支援に関する専門的知識・技術を，わかりやすく解説する。

▌子ども家庭福祉専門職のための子育て支援入門

才村　純・芝野松次郎・新川泰弘・宮野安治編著　Ｂ５判　176頁　本体2200円

●保育士養成課程「子ども家庭支援論」「子育て支援」で使用できる教科書。児童福祉法，子ども・子育て支援新制度における地域子ども・子育て支援事業，保育所保育指針の改定における子育て支援などを踏まえて，子ども家庭福祉の理論と実践に関する専門的知識・技術と実践力を修得するために必要となる内容をわかりやすく解説する。

── ミネルヴァ書房 ──

https://www.minervashobo.co.jp/